シリーズ
新福祉国家構想 5

日米安保と戦争法に代わる選択肢

憲法を実現する平和の構想

渡辺治・福祉国家構想研究会──◉編

大月書店

シリーズ刊行にあたって

このたび、福祉国家構想研究会が、その研究の成果を「シリーズ新福祉国家構想」として大月書店から刊行することになった。本書はその一冊である。刊行開始にあたって、本研究会がこうした企画を行なうに至った理由、ならびに研究会が共有している立脚点などを明らかにしておきたい。

本研究会は、現代日本で進行している構造改革政治を止めさせ政治を新たな福祉国家建設の方向に転換させるために、福祉国家型対抗構想を作成、発表して活発な論議を喚起することを目的としてつくられた。

では、いま、なぜ福祉国家型対抗構想が求められているのか。その点から説明しよう。

最も基本にある理由は、一九九〇年代中葉から推進された新自由主義改革により引き起こされた深刻な社会の危機に対処するためである。一九八〇年代初頭から一部先進国ではじまり九〇年代に入って世界的に普及した新自由主義改革は、日本でも「構造改革」の名のもとに展開されたが、その矛盾と被害はとりわけて深刻なものとなった。ヨーロッパ福祉国家では、新自由主義改革はグローバル企業の蓄積の増大、競争力強化をねらって福祉国家を成り立たせる二本柱、すなわち産業別労働運動による労働市場規制と、社会保障の制度に攻撃をしかけたが、ほかでもなく、これら二本柱の頑強な抵抗にあってジグザグを余儀なくされた。それに対し、戦後日本国家は、この二本柱がもともと致命的に脆弱であり、企業支配と日本型雇用、「土建国家」すなわち自民党政権の開発型政治による地方への補助金と公共事業への資金撒布を通じて国民統合をはかってきた。これが、日本企業の類い稀な競争力の源泉となり、他の先進国にない経済成長の持続を可能にしたのである。ところが、構造改革は、企業のリストラにより日本型雇用を縮小・改変し、さらに大企業負担の軽減のため地方に対する公共事業を容赦なく削減した。その結果、社会保障需要は大きくなったが、政府は、またしても大企業負担軽減のため、ただでさえ脆弱な社会保障制度についても本格的な削減に乗り出したから、社会の破綻は劇的なものとなった。企業リストラによる正規従業員の大量整理、非正規労働者の激増、いままで失業の吸収装置となっていた地域経済の停滞と雇用の縮小、最後の砦たる社会保障の削減が相俟って、餓死、自殺、ネットカフェ難民、ワーキングプアの激増というかたちで爆発したのである。

構造改革の矛盾が顕在化した二〇〇六年以降、政府も、それに対処するための対抗策を模索しうちだしたが、それは二つの方向をとった。一つは、構造改革の矛盾に対して一定の財政支出を行なうとともに大企業負担の増加を防ぐために消費税の大幅引き上げで対処しようという構造改革の漸進路線であり、他の一つは、大規模な公共事業による開発型政治への回帰である。しかし、いずれも事態の根本的な解決にはなっていない。国民の側からは、構造改革を停止するにとどまらず、その被害を拡大した「企業社会・開発型政治」のあり方を変革し、福祉国家型の対抗策すなわち労働市場規制と社会保障制度の拡充を行なうことが不可欠となった。これが、私たちが福祉国家型の対抗構想の必要を訴え、その研究を開始した基本的理由である。

こうした対抗構想の必要性は、この間の政治の激動のもとで、いっそう緊急性をおびるに至った。

第一に、二〇〇九年の総選挙で民主党が大勝し、民主党政権が誕生したことである。民主党政権の誕生自体が、構造改革政治を止めてほしいという国民の期待の所産であった。もともと、急進構造改革の路線を掲げて自民党と政権の座を争うべく登場した民主党は、二〇〇七年の参議院議員選挙を境に構造改革に懐疑的な路線に転換し、国民はその民主党に期待し、政権を委ねた。鳩山政権は、期待に応えるべく構造改革の枠から踏み出したが、財界、マスコミの圧力のもと、動揺をはじめ、続く菅政権での構造改革回帰をふまえて、野田政権ではふたたび構造改革政策の強行路線に立ち戻ることになったのである。

民主党政権という国民的経験は、二つの教訓を与えた。一つは、政権を替えれば、構造改革型政治に歯止めをかけて福祉型政治に転換できるという確信を与えたことである。子ども手当の半額支給、公立高校授業料無償化でさえ、自公政権下では、その実現は覚束なかったであろうことは明らかである。二つ目は、しかし、選挙めあての、トッピングのような福祉支出では、構造改革政治を止めることなどとうていできないという教訓である。構造改革政治を止めるには、労働市場の規制による安定した雇用の確保、体系的な社会保障制度、それを支える税・財政政策さらには大企業本位でない経済政策を含む国家レベルの対案が必要であることが明らかとなった。この二つの教訓は、いずれも福祉国家型対案が緊急に必要であることを示している。

第二に、三月一一日に日本を襲った大震災と原発事故の復旧・復興という課題も、福祉国家型対案の切実性、緊急性を示した。東北地方を襲った津波や原発事故の被害が異常に深刻化し、その復旧・復興が遅延しているのは、大企業本位の開発型政治と構造改革の結果にほかならない。東北地方を中心とした被災地域は、高度成長期から農業や地場産業の衰退にみまわれてきたが、自民党政権は自らの支持基盤維持のために大量の補助金、公共事業を撒布し雇用の場をつくると同時に企業の誘致をはかって、その衰退を取り繕ってきた。「土建国家」である。ところが、構造改革は、大企業負担軽減のため地方に対する財政資金を削減したから矛盾は一気に深刻化した。公共事業の削減は、地方の雇用を収縮し、財政危機は公務員の削減、医療、福祉、介護施設の統廃合をまねいた。財政支出削減をめざして強行された市町村合併も、公務員の削減、地方の公共サービス、福祉、医療の削減を加速した。地方が構造改革によって破綻しているところに、地震と津波が襲ったのである。

原発事故は、徹頭徹尾、大企業本位の政治の所産である。大企業本位のエネルギー政策が国策として原発建設を推し進め、利益誘導政治が、補助金撒布を通して地域に原発誘致を押しつけた結果である。オイルショック以降、いっそう原発重視に踏みこんだ政府は、通例の公共事業投資の行き届かない「僻地」にねらいを定め、電源三法交付金、固定資産税、電力会社からの補助金、原発への雇用をえさに、原発建設、増設を誘導した。さらに、地方構造改革のもと、原発誘致地域は、原発増設を認めるなかで自治体財政と地域の雇用をやりくりせざるをえなくなり、原発依存の悪循環に入りこんだのである。

したがって、大震災、原発事故の復旧・復興のためには、緊急に農地・漁港の修復、医療・社会保障施設の再建・充実、公務員の拡充をはかるとともに、長期的には農業、地場産業の本格的再建、福祉施設拡充による雇用拡大などを通じた福祉国家型の地域づくりが不可欠である。原発事故の被災地域においても、国の責任で、事故を収束させ、除染を行なうと同時に、原発ぬきのエネルギー・電力政策の実行、原発に依存しない地域づくりの構想が不可欠となる。これらは、いずれも福祉国家型対抗構想の重要な柱となる。

第三に、三月一一日後、政府は、構造改革路線を反省するどころか震災を好機として、それまで停滞していた構造改革路線の再強化のため、構造改革国家づくりの構想を提起したことである。一つは、構造改革型復興をうちだした東日本大震災復興構想会議の「復興への提言」である。これは、震災復興をテコに東北地方を構造改革型地域づくりのモデルとするべく、被災地域の農業・漁業の集約化、東北州というかたちでの道州制の先行モデル化、特区制度による企業活動に対する規制緩和、法人税引き下げ、原発再稼働などをうちだした。二つめは、消費税の当面五％引き上げを謳った「社会保障と税の一体改革」構想である。こうした構想を批判し、その実現を阻止するためにも、福祉国家型の対抗構想が急がれることとなったのである。

こうして、三月一一日を機に、大震災の復旧・復興の方向をめぐっても、構造改革か福祉国家型政治かの対決が激しくなっている。しかも、菅政権のあとを継いだ野田政権は、菅政権期の構造改革政治の停滞に苛立って、消費税引き上げ、環太平洋経済連携協定（TPP）参加、原発再稼働、普天間基地の辺野古移転などの早期実行を求める保守支配層の期待に応えるべく、これら課題の実現を急いでいる。以上の諸点から、構造改革国家に対抗する福祉国家型対抗構想の策定、対置がますます急がれている。


では、構造改革に対置される「新しい福祉国家」とは何か。その構想の詳細は、本書も含めシリーズ各巻をご覧いただくほかはないが、ここで最低限の説明をしておかねばならないことがいくつかある。

まず、「福祉国家」とは何か、いかなる概念かという点にふれておかねばならない。福祉国家をひとまず定義づければ、産業別労働運動と国家による労働市場への規制、国と自治体による社会保障・教育保障をつうじて、すべての人々の最低生活保障に責任をもつ国家ということができる。この定義は、福祉国家による生活保障の二つの柱を包含している。福祉国家では、就業している労働者は、労働運動と国家の労働市場規制により安定した雇用と適正な賃金が保障される。他方、労働市場から排除された失業者、リタイアした高齢者、労働市場に参入する準備期にある子ども、障害のある人々等に対しては、社会保障、教育保障により生活保障がなされる。良質な雇用と社会保障によって生活保障に責任をもつ国家、これが福祉国家である。

こうした福祉国家は、歴史的には、一九世紀末に、産業資本主義、自由主義国家の矛盾の深刻化のもとで登場し、第二次世界大戦後の生産力増大に裏づけられて確立をみた。このような戦後福祉国家の雇用と社会保障の制度的確立には、労働組合の力を背景とした労働者政党の政権掌握があった。その意味では、労働者政党の政権獲得は、福祉国家の定着・確立の土台あるいは条件となったということができる。

福祉国家という理念は、第二次世界大戦後に普及したが、この理念はきわめて政治的、論争的なものであった。冷戦期には、資本主義的生産様式でも矛盾の解決が可能であることを証明する、社会主義に対する対抗国家構想として「西側」で頻繁に使われ、そのため戦後日本の社会運動の分野では「福祉国家」は資本主義の矛盾を隠蔽するものとして批判の対象でもあった。それでも、本研究会があえて「福祉国家」を対抗構想として使用したのは、現代の新自由主義改革が攻撃したのが、また私たちが追求する対抗国家構想の主たる内容が、「福祉国家」が掲げ確立した、雇用保障と社会保障という二つの柱だからである。

この点は、研究会がなぜ「新しい」福祉国家というのかという問いにつながる。

戦後ヨーロッパで確立をみた「旧い」福祉国家は、冷戦期に社会主義との対抗として登場したことから、アメリカを盟主とする軍事同盟体制の一翼に組みこまれ、その枠内で自由市場に参入し、またアメリカに軍事的負担の一部を肩代わりしてもらうことで成立した。冷戦体制の一翼としての国家であった。それに対して、新しい福祉国家は、アメリカを盟主とする帝国主義がグローバルな世界秩序の維持拡大のため、新自由主義と軍事大国化をめざして福祉国家の旗を投げ捨てていることに対し、反グローバリズム、反帝国主義、多国籍企業を規制する国家構想として掲げられている点で、正反対の位置に立っている。

また、旧い福祉国家が、重厚長大型の産業発展と大企業の成長に乗りその繁栄から得た税収で福祉国家政策を展開し、大企業も労使関係の安定のためにこの体制を容認したのに対し、新しい福祉国家は、現代の大企業がグローバル競争に勝ちぬくために福祉国家的制度を否定し、新自由主義を要求するのに対抗し、大企業に対する強い規制と負担によりその運営をはかろうとする点で、大きく異なっている。

にもかかわらず、旧福祉国家にもめざすべき新福祉国家にも共通するのが、そしてほかでもなく、戦後日本国家に欠落していたのが労働市場規制による雇用保障と強い社会保障制度である点は、あらためて強調しておかねばならない。

本研究会がめざす「新しい福祉国家」は、新自由主義型国家に対抗して、六つの柱をもっている。

第一の柱は、憲法第二五条の謳う、人間の尊厳にふさわしい生活を営むことを保障する権利を実現するために必要な雇用保障と社会保障の体系である。安定した雇用と社会保障は、車の両輪であり、どちらが欠けても人間らしい生活を営むことはできない。その意味で、この柱は、福祉国家型構想の中核をなすものである。この柱については、本研究会の特別部会である「福祉国家と基本法研究会」が社会保障憲章、社会保障基本法というかたちで具体化し、『新たな福祉国家を展望する――社会保障基本法・社会保障憲章の提言』（旬報社）として刊行した。

第二の柱は、そうした雇用と社会保障の体系を実現し福祉国家を運営する税・財政政策である。福祉国家型の税・財政とは、雇用、社会保障、地域の産業を支える大きな財政である。新しい福祉国家構想は、税・財政政策ぬきには現実性をもちえない。菅政権が集中検討会議の議論をふまえて決定した「社会保障・税一体改革成案」は、社会保障制度改革と消費税引き上げを主とする税制改革――つまり第一の柱と第二の柱に対応する構造改革型構想を文字どおり一体のものとして提示した。私たちの対抗構想は、これに正面から対置されるものである。

第三の柱は、政府の「新成長戦略」や復興構想会議の「提言」が示すような、大企業本位の経済成長ではなく、農業、漁業、地場産業、福祉型公共事業、教育・医療・福祉領域の雇用を中心とする地域社会と地域に根ざす産業主体の経済構想である。大震災からの復興において、復興構想会議は、大企業本位の「地域主権型」地域づくりの構想を提示しただけに、被災地域の住民本位の復旧・復興のためにも、対案の具体化が急がれる。

第四の柱は、国家責任を放棄して地方に構造改革を丸投げする、いわゆる「地域主権改革」に対抗する福祉国家型の国と地方のあり方を示す対案である。今度の大震災、原発事故ほど、国家が、生存権の保障のためにいかに大切な責任と役割をもっているかがわかったことはない。同時に、人々の暮らしが、市町村をはじめとした自治体、その制度の支えにより成り立っている「地域」の結びつきなくしてはありえないこともあらためて実感された。国と地方自治体は、人権保障のにない手として共同しなければならない。

第五の柱は、原発を廃止し原発に代わる自然エネルギーを中心としたエネルギー政策である。これも福島原発事故という、きわめて高い代償を払って私たちが実感した点である。原発ぬき、脱化石燃料依存のエネルギー政策がうちだされなければならないし、そのためには、エネルギー多消費型産業の転換、過労死社会のライフスタイルの転換も展望されねばならない。

第六の柱は、日米軍事同盟を見直し安保条約を廃棄し、自衛隊を縮小し、憲法第九条を具体化する安保・外交構想である。

本研究会のめざす新しい福祉国家は、大企業本位の資本主義に強い規制をかけるものではあるが、資本主義そのものの否定ではなく、それに修正をくわえるものである。

この新しい福祉国家構想を日本で掲げるさいに留意すべき点が二つある。一つは、日本における新福祉国家戦略では、戦後日本国家の特殊性から、まずは、ヨーロッパ福祉国家がすでに確立した労働市場規制と強い社会保障制度そのものの継承と実現、すなわち旧い福祉国家の完成をもめざさねばならない、という大きな課題をもっている点である。企業主義的労働運動による産業別労働運動の弱体と相俟って、これら制度の致命的脆弱性が、現代日本社会に特別の困難をもたらしているからである。

二つめは、日本の新福祉国家建設は、その拠り所として、日本国憲法の諸原則、とくに憲法第九条と第二五条をもっているということである。日本国憲法が、アジア・太平洋戦争に対する強い反省と、当時世界史的に課題となっていた貧困の克服、福祉国家建設をめざして制定されたことから、日本国憲法は新福祉国家の理念を規範的に表明したものといえるからである。

本研究会は、構造改革の被害が顕在化し福祉国家型の対抗構想の必要性が高まった、二〇〇八年に四名を共同代表に発足した。私たち四名は、すでに一九九〇年代半ばから、冷戦終焉後の経済グローバル化のもとで大企業の競争力強化をねらって展開された構造改革を批判し、それへの対抗構想として新たな福祉国家構想の具体化を主張してきたが、その具体化のためには研究会による共同作業が不可欠であると考えたからである。

本研究会は、二つの目標をもって出発した。一つは、全領域で展開されている構造改革の手法とその新たな展開について機を失せず、批判的解明を行うことである。もう一つが、生活の領域ごとに、構造改革に対抗する福祉国家型対案を具体的に作成・公表することである。

本研究会は、構造改革に反対し、雇用の確保や社会保障の充実をめざすさまざまな領域の運動が進むべき方向を提示することで運動の期待に応えようとしてつくられたものであるから、対案作成においても、各領域の活動家と研究者の緊密な共同作業を心がけた。そのため、研究会には研究者だけでなく、多数の現場の活動家がくわわることとなった。本研究会は、全体会において、つねに進行する構造改革の現段階の分析を行ない、国家レベルの対抗構想を念頭におきながら、同時に分野ごと課題ごとに部会や検討チームを設けて、各論的対案の作成にあたることとした。本シリーズは、そうした全体会、部会での共同の検討の成果である。

本研究会では、先に掲げた福祉国家の六つの柱を念頭におきつつ、第一の柱に対応して、医療と介護部会、教育の無償化や後期中等教育などを議論する教育部会、失業時保障の構想や労働市場政策を議論する雇用部会、所得保障構想部会などを設け、続いて、第二の柱に対応する税・財政構想部会、第三の柱に対応する地域経済構想と産業構造を研究する部会、第四の柱に対応して原発政策の政治・経済学的検討を行なう部会、第五の柱に対応し「地域主権改革」批判、福祉国家型地方自治体構想を策定する部会、第六の柱に対応する安保・外交政策部会、さらに、全体にかかわって福祉国家の理論と思想を検討する部会などを設け、その成果を逐次、出版物として発表していくつもりである。

本書の読者が、本研究会の意図に応えて、本シリーズの全体に目を通しこれら対抗構想を批判的に検討され、運動や分析の武器として活用されることを期待したい。

二〇一一年一一月

福祉国家構想研究会共同代表　岡田知弘・後藤道夫・二宮厚美・渡辺治

◉目次

第I部 攻防の歴史と現在

第III部　対抗構想

序章 安倍政権による戦争法強行と対抗構想

1 戦争法、参院選が示した日本の岐路

戦争法が示した、戦後日本の二つの岐路

戦後七〇年目の二〇一五年、日本は奇しくも戦後最大の岐路に立たされた。いうまでもなく安倍政権が強行した安保関連法制（以下、戦争法）によってである。戦後日本は、ほとんどが保守党政権のもとでありながら憲法の改変を許さなかった結果、ただの一度も海外で戦争や武力行使をせず、その結果でもあるが一度も戦争に巻き込まれずに七〇年を歩んできた。一〇年に一度戦争を繰り返した戦前期日本とくらべれ

ばもちろん、戦後のアジア諸国とくらべても特異な国をつくってきたといえる。安倍政権の戦争法は、こうした戦後日本の「国是」ともいえるあり方を大きく転換し、アメリカの戦争にあらゆるかたちで加担する体制をめざすものであった。戦争法に対し多くの市民が反対と懸念を表明し未曾有の運動が盛り上がったのは、こうした戦後のあり方の変更に対する危惧の念にもとづいていたからであった。

しかし、ここで、あらためて注意を喚起しておかねばならないのは、戦後日本の七〇年は、憲法が息づく平和な国づくりであったかといえば、決してそうではなかったということである。それどころか、戦後の日本は、憲法をもちながら、安保条約を締結して日本の全土に米軍基地を容認し、また自衛隊という歴とした軍隊を保持してきた。冷戦期に米軍基地はアメリカの極東戦略の拠点としてフル稼働し、ベトナム戦争の拠点となった。その象徴が、米軍の直接支配下におかれ、返還後も多数の米軍基地を抱えてアメリカの戦争の根拠地とされつづけてきた沖縄である。アメリカは、日本を極東戦略の基地として使用しつづけたばかりでなく、冷戦後は、アメリカの行なう戦争に人的な加担をも求めて自衛隊派兵の強い圧力をかけてきた。日本側もこうしたアメリカの要請に応えるかたちで、自衛隊のイラク派兵に応じるだけでなく、その要請に全面的に応えるべく憲法の改変の企ても繰り返してきた。しかしにもかかわらず、たび重なる改憲の試みが阻止されることで、自衛隊が海外で武力行使をすることは阻まれてきた。

安倍政権は、戦争法によってこの制約を打破し、基地提供のみならず自衛隊の派兵をもつうじて全面的にアメリカの戦争に加担することで日米軍事同盟体制の完成をめざした。その意味では、戦争法は、戦後七〇年にわたる安保体制と日米軍事同盟の帰結、到達点を示す画期でもあったのである。

日本の平和と安全をめぐる三つの選択肢

この戦争法をめぐる攻防は、日本の平和と安全をいかに確保するかをめぐり複数の選択肢の存在を浮き彫りにした。

第一の選択肢は、これまで戦後日本の平和と安全は、安保条約により米軍が日本に存在し自衛隊と協力してにらみをきかせることで確保されてきたが、アメリカの力が落ちてきた一方、世界の安全に対する環境も悪化しているなか、憲法の制約を打破して自衛隊がより積極的に米軍を支援することで日米同盟を強化し日本の安全を確保しようという選択肢である。いうまでもなく安倍政権が示すのはこの選択肢である。

これに対する第二の選択肢は、戦争法廃止にとどまらずその根源となる安保条約の廃棄を求めるものだ。日本の平和は、安保や自衛隊のおかげで守られてきたわけではない。それは日本をアメリカの戦争に加担させ戦争の基地とすることでアジアと日本の平和を脅かしてきた。日本がかろうじて直接戦争にコミットしないですんだのは、憲法の力で自衛隊の海外派兵を阻んできたからにほかならない。今後の日本の平和と安全は、安保条約をなくし憲法のめざす「武力によらない平和」を実現することで保障するという選択肢である。

しかし、第三の、有力な選択肢があることも戦争法をめぐる攻防は示していたことが注目される。それは、戦後日本の平和はとくに冷戦期までは安保条約と自衛隊の力で守られてきたが、冷戦後は、第一の選択肢が求める日米同盟強化では日本の平和を保持することはできない。むしろ安保と自衛隊を維持しつつ自衛隊に課してきた制約を維持することで、平和を保持することが望ましいというものである。

安保条約と自衛隊を認めるという点では、第一と第三の選択肢は重なるが、戦争法により自衛隊を海外で武力行使させない、改憲には反対だ、という点では第二と第三の選択肢は一致する。

戦争法に対する大きな反対運動、「戦争させない・9条壊すな！総がかり行動実行委員会」（以下「総がかり」）というかたちでの戦争法反対の共同は、第二の選択肢を支持する人々と、第三の選択肢を支持する人々が合流した結果、できあがったものであった。この戦争法反対運動は、戦争法が強行採決されて以降、戦争法廃止・立憲主義を取り戻すという一致点での共同に発展した。二〇一五年一〇月三〇日、「総がかり」は、戦争法廃止の二〇〇〇万人署名を提起し、さらに、「総がかり」、学者の会、SEALDsが集まって「安保法制の廃止と立憲主義の回復を求める市民連合」（略称、市民連合）が結成され、選挙に向けての共同を求めて声をあげた。この圧力を受けて、一六年二月一九日、当時の五野党が集まって、参院選での協力を合意したのである。選挙での政党間の共同は戦後はじめてのことであった。

参院選は何を示したか――戦争する国づくりへの懸念と中国、北朝鮮への不安

こうして、二〇一六年の参院選は、第一の選択肢を掲げる自民、公明連合と、第二、第三の選択肢を掲

げる四野党の共同が、激突した。

結果は、与党が改選過半数を超え、衆院に続いて、参院でも改憲勢力が三分の二を占める事態となった。議席だけをとってみれば、国民の多数は、第一の選択肢を選んだかにみえる。

しかし、選挙の結果は、もう一つの事態の出現をも示した。戦後七〇年ではじめて、四野党が選挙で協力し、三二の一人区で野党統一候補が擁立され、戦争法賛成派と反対派が激突した。ここでは、与党の二一勝に対し野党統一候補が一一選挙区で勝利したのである。統一候補の勝利した選挙区では、野党各党支持者のみならず無党派層、おおさか維新の支持者、さらに公明党支持者の一定層もが野党統一候補に投票した。三二の一人区ではほとんどの選挙区で、野党四党の合計比例得票率を上回って統一候補への投票がなされた。参院選一人区の結果は、選挙前の世論調査にも表れていたように[*1]、海外で武力行使することには反対という声が根強いことを議席のうえでも示したのである。選挙時の出口調査[*2]でも、改憲には反対の声が多数にのぼり、明文改憲に対する懸念の強さもあらためて確認された。

つまり参院選の結果は、一方では日米同盟の強化を唱える自民党への支持の強さを示すと同時に、戦争法や改憲への根強い不安と懸念の強さをも示しているのである。これは国民の平和に対する気持ちの揺れを象徴しているようにみえる。

一方で、日本国民は、戦争法により海外で戦争する国になること、それをめざす安倍政治に強い危惧をもち、また憲法への強い親近感をもちながら、他方、中国や北朝鮮の行動にも恐れや不安を感じている。

そのため、安保条約や自衛隊を支持する声は増大し、安倍政権の戦争法に理解を示す人も少なくない。戦争法に反対し海外で戦争する国になることに反対するとともに、ではそれに代わる平和保障のあり方とは、という問いに答えることが、いまほど切実に迫られていることはない。本書の課題は、こうした問いを正面から検討することである。

本書で一番考えたいこと――本書の概要

本書で最も明らかにしたい点は、以下の一連の「なぜ」に答えることだ。すなわち、戦後日本が、冷戦期にも冷戦後も戦争に巻き込まれなかったのはどうしてなのか、本当に安保条約で米軍がいたからなのか、それとも憲法があったからなのか？　日本の安全のためには沖縄の米軍基地は不可欠だったのか、米軍基地は日本とアジアの平和のために設置され、機能してきたのか？　そして、安倍政権が日本の安全のためには不可欠といっている戦争法は本当に日本の平和を確保するのか、そうでないとしたら日本とアジアの平和を実現するにはいったいどうすればよいのか？　などの問いである。

本書第Ⅰ部「攻防の歴史と現在」には、四本の論文を収録した。第1章では、戦後日本の安全保障政策の基軸として機能してきた安保条約と米軍基地、自衛隊の体制がはたして日本の平和に貢献したのか、そうでないとしたら何をめざしたのかを歴史的に検討する。ここでは、安保体制は日本の安全ではなくアメリカの極東戦略遂行を目的としてつくられ運用されてきたこと、日本の平和が維持されたのは、国民の運動の力で自衛隊の海外派兵など安保体制の全面発動が制約されてきた結果であること、九〇年代以降日米同盟の強化、自衛隊の海外派兵の企てが進行しその頂点が安倍政権の戦争法であることを明らかにした。

続く第2章では、第一の選択肢の立場から強行された戦争法がいったいどのようなねらいをもってつくられたかを正面から検討した。そこでは、戦争法が二〇一五年「日米防衛協力の指針」(一五年ガイドライン)の実行のため、自衛隊をアメリカの戦争にあらゆるかたちで加担させるためのものであることを明らかにした。同時に戦争法には憲法に制約された限界があり、それが安倍政権の憲法改悪の衝動を生んでいることを示した。第2章ではまた、日米同盟強化が平和と安全を確保するものではないことを明らかにした。

第3章では、安倍政権が戦争法に続いて憲法の明文の改正にまで踏み込んでいるのはなぜか、その要因を、明文改憲のとりくみの歴史を振り返って明らかにした。九〇年代以降の明文改憲の企てをたどり、二〇一二年の自民党草案「日本国憲法改正草案」をその改憲の試みの頂点として検討した。また本章では、戦争法の強行採決以後にあらためて明文改憲の企てが登場している理由を明らかにした。

第3章「補論」では、第三の選択肢を支持する人の一部から出された改憲論、すなわち九条を改正して自衛隊の存在を明示したうえで自衛隊の活動に対する制約も明記することで九条の解釈改憲の横行に歯止めをかけようという改憲論を批判的に検討した。そこでは、こうした改憲は決して自衛隊の活動に制約をかけるものではなく、逆に自衛隊の活動の拡大を容認・促進することを明らかにした。

第Ⅱ部「安保・平和構想をめぐる論点」では、安保体制と戦争法に代わる選択肢を考えるさいに必要な論点を探った。この部に収録した三つの論文は、いままでほとんど正面から論じられなかった問題を検討している。

第4章では、安保体制に代わり日本の独立と平和をめざした運動と、そこから生まれた対抗構想の歴史を振り返った。ここでは、五〇年代初頭から、平和運動のなかから第一の選択肢に代わる第二の選択肢、安保のない日本を追求するさまざまな対抗構想が提出されてきたことをとりあげ、その構想の変化を追うとともに、安保のない日本をつくるための共闘と連合政府構想の努力が継続してきたことも明らかにした。

第5章では憲法研究者による安保と自衛隊に代わる平和構想の営みを検討した。戦後日本の平和運動は、憲法九条に支えられ九条の非武装平和の理念の実現をめざしてきたことから、憲法研究者がつねに、平和運動に積極的に参加しただけでなく、安保と自衛隊に代わる対抗構想の作成にもとりくんできたからだ。ここではまず五〇年代以降の憲法研究者の通説的な憲法九条解釈の輪郭——安保・自衛隊違憲論をあらためて振り返った。そのうえで、そうした九条論にもとづいてつくられた平和構想を、恵庭、長沼などの憲法裁判を理論面から担った深瀬忠一を中心とした研究グループの構想に焦点をあてて検討し、対抗構想が、時代とともに、とくに九〇年代以降、変貌することを明らかにした。

戦争法に対しては、先述のように、安保に反対する人々のみならず、安保条約と自衛隊を認める第三の選択肢を求める人々のなかからも反対の声があがった。第6章では、この第三の選択肢を掲げる人々を「リベラル」派と呼んで、その構想を、第一の選択肢と比較しながら批判的に検討した。ここではまず九〇年代以降の歴史を振り返って「リベラル」派が形成されてくる過程を分析したうえで、その集大成ともいえる岩波書店『シリーズ日本の安全保障』(全八巻)を中心に「リベラル」派の言説の特徴を、全体として日米安保や自衛隊について現状維持的立場に立ちつつ日米同盟強化には反対するという点に焦点をあてて、批判的に分析した。

そして、第Ⅲ部「対抗構想」の第7章では、安倍政権の追求する安保と戦争法の道に代わる選択肢の輪郭を、「リベラル」派の構想と対話しつつ明らかにした。

以下、序章では、本書が扱う問題の所在、対抗構想について、大雑把な見取り図を書いておきたい。

2 戦後世界と戦争
——冷戦期の戦争と冷戦後の戦争

冷戦期の戦争とはどんな戦争か

第二次世界大戦が終わったとき、世界は今度こそ平和が到来するという希望をもったが、現実には、米ソ冷戦時代の幕開けとともに戦争が絶えることはなかった。

安倍政権はじめ支配層のみならず、その政策に批判的なリベラル層も含めて、冷戦時代は米ソ対決のもとで核戦争の勃発と侵略を避けるには安保条約、日米同盟は不可避だったという主張が強いが、冷戦期の戦争はそのような単純なものではなかった。

ドイツや日本の敗北、イギリス、フランスの衰退とともに、いまや圧倒的な生産力と軍事力を背景に自由世界の盟主となったアメリカ帝国主義の戦略は、大きくいって二つあった。[*3] 第一は、世界の自由市場の主敵となったソ連を盟主とする「社会主義」圏の拡大を阻止し、自由市場圏を守ることであった。ソ連や東欧圏、中国は、いまや、アメリカが一貫して求めてきた資本が自由に活動する世界への巨大な挑戦者として立ち現れたからである。アメリカにとっての冷戦の目的はここにおかれた。とくにアメリカが警戒したのが帝国主義の支配下にあった旧植民地諸国が解放運動の過程で「社会主義」圏にくわわることであった。それを防ぐために、アメリカは旧帝国主義宗主国に代わって容赦なく介入し戦争に訴えたのである。

もう一つは、イギリス、フランスなどの帝国主義諸国が、旧来の植民地支配や勢力圏に固執することをやめさせ、植民地・勢力圏の排他的なブロックを壊し、資本の自由に活動できる市場圏を維持・拡大することであった。戦争によって巨大な生産力を獲得したアメリカの資本は、「自由な」市場さえ確保すれば、競争で他国の資本を駆逐し市場を制覇することができたからである。「冷戦」もこうした自由な市場への敵対物の打破という点では同じ目的によるものであった。おまけに、旧帝国が植民地にしがみつけばつくほど、植民地独立運動が、「社会主義」になびくことは避けられなかった。アメリカは必要とあらば、イギリスやフランスの紛争にも介入し植民地を放棄するよう圧力をかけたのである。

冷戦期のアメリカ主導の戦争や介入は、こうしたアメリカ帝国主義の利害にもとづいて行なわれた。アメリカは「社会主義」圏の周辺諸国、旧植民地諸国と軍事同盟網を張りめぐらせ、植民地解放運動や内戦が自由主義圏を蚕食するとみなした場合には、軍事同盟網を動員して介入し戦争に踏み切った。朝鮮戦争への介入、フランス帝国主義のあとを継いでのベトナム戦争はその典型例であり、独立した中東諸国やアフリカの旧植民地諸国に対しても、それらの政府が自由陣営から離脱の動きをみせると容赦なく介入し、転覆をはかった。とくにベトナムは、万一その「社会主義」化を容認するようなことがあれば、東南アジア全体の自由市場圏が瓦解し、この市場を失った日本の「中立化」をすら誘発しかねないとして、アメリカの軍事介入の重点となった。

他方、ソ連も、冷戦の一方の旗頭として、「社会主義」圏という名のもと、勢力圏の拡大をはかった。第二次世界大戦後ソ連は、軍事占領した東ヨーロッパ諸国を次々に衛星国化し軍事同盟を締結してその版図を拡大した。とくに、ソ連が「死活的」とみなした東欧圏を維持するためには、東欧諸国のソ連の覇権からの自立の動きや民主化運動にも容赦なく介入し軍事力でそうした動きを潰した。北朝鮮の南進によってはじまった朝鮮戦争への介入・支援は、「社会主義」圏の拡大・維持をはかるとともに、ヨーロッパにおける米ソ戦争の危機を回避しアメリカの眼をアジアに向けさせる「第二戦線」構築の意味もあった。*4
一九五六年のポーランドやハンガリーへの介入や六八年のチェコへの侵攻は、「死活的」圏域防衛の軍事行動であった。ソ連もアメリカ主導のＮＡＴＯに対抗して、自らの衛星国とワルシャワ条約という軍事同盟条約を結んだが、チェコ侵略は、社会主義に対する「脅威」を口実に条約四条の「共同防衛」を発動して行なわれた。七九年のアフガニスタン侵略も、アフガニスタンとの間で結ばれた友好・善隣・協力条約を口実にした、傀儡《かいらい》政権づくりのために行なったものであった。

ソ連の核保有によって、核戦争が壊滅的破壊を生むのではという恐れから、米ソ両国では、正面からの米ソ戦争を回避しながら二つの勢力双方の利害の実現のためには、戦争と武力行使を繰り返したのである。

このように、冷戦期の戦争は、アメリカ帝国主義とソ連覇権主義が、双方の勢力圏の維持や拡大をめざして、自己の「勢力圏」内で勃発した民族解放運動、内戦、動揺、勢力圏からの離脱を食い止めるため、戦争と武力行使に踏み切ったものであった。しかもそのほとんどで、軍事同盟条約が介入や侵略の口実となったのである。ある朝突然、社会主義国が自由主義国に侵略するなどという戦争は一つもなかった。むしろ日本が戦争に巻き込まれるとすれば、あとでもう一度振り返るように、アメリカとの軍事同盟条約にもとづいて、アメリカの戦争——朝鮮戦争やベトナム戦争——に参加を強いられ巻き込まれる危険であった。

冷戦後の戦争はなぜ頻発したのか？

冷戦は「社会主義」圏のソ連・東欧の崩壊というかたちで終焉し、世界には今度こそ平和が訪れると思われたが、実際には、冷戦期以上に紛争と戦争が続発した。冷戦後は、冷戦期と異なる新たな戦争が勃発したことに注目する必要がある。

ソ連・東欧圏の崩壊、中国の市場経済への突入により、資本が自由に活動できる市場世界は大きく拡大し、一個の「世界」を形成した。アメリカが長年にわたり追求した冷戦の目的——単一の自由な世界の形成——はついに達成されたかにみえた。フランシス・フクヤマが、新たな時代の到来を「歴史の終わり」と称したのは、[*5]かかるアメリカの自己意識であった。多国籍企業が世界を自由に活動する「グローバル経済」の時代、多国籍企業にとっては夢のような時代が到来したのである。

世界規模に拡大した自由世界の唯一の覇権者となったアメリカ帝国主義の行動は、三つのねらいをもっていた。[*6]

一つは、拡大した自由市場秩序の維持と陶冶である。この課題はアメリカ帝国がリーダーシップをとるが、多国籍企業を抱える諸大国の共同の課題であるから、その実行はイギリス、ドイツなどのEU大国や日本のみならず、中国も含む帝国主義・覇権主義国同盟というかたちで実行されてきたし実行されている。

これには、また二つの活動が含まれていた。第一は、こうした自由な市場秩序に歯向かう「ならず者国家」を場合によっては軍事力で転覆させる「世界の警察官」としての活動である。冷戦期の軍事援助で力をつけたイラクのフセイン政権によるクウェート侵略に対し、国連決議で多国籍軍が組織されイラク攻撃がなされたことは冷戦期にはなかった大国の共同の利害の存在・共同行動の可能性を象徴していた。第二は、新たに自由市場に組み込まれた旧「社会主義」圏や途上国で自由通商秩序を形成・強化するという活動であった。IMF、世界銀行、G7さらにはWTOなどによる自由市場の調整、ルールづくり、普及が行なわれた。中国のＷＴＯ加盟はこうした自由通商秩序の拡大の象徴であった。

二つ目のねらいは、こうしたグローバル企業総体の擁護者としてふるまうだけでなく、自国のグローバル企業の権益の擁護者となることである。

そして、三つ目のねらいは、こうしたグローバル経済によって影響を受ける自国国民経済の利益を擁護するという課題である。ただし、この最後のねらいは、グローバル経済秩序維持とグローバル企業の利益擁護のために、場合によっては容赦なく犠牲にされた。ＴＰＰをめぐる各国の激しい利害対立の背景には、アメリカ主導の自由通商秩序の新たなルールをいかにつくるかという対立、自国の多国籍企業の利益を貫徹するためにいかに有利なルールをつくるかという対立にくわえ、このルールにより被害を受ける自国国民経済の擁護をはかるための攻防が複合している。

冷戦後の戦争の主なものは、こうしたアメリカ帝国主義の三つのねらいのうち前二者の利害の実現をめざして遂行されたものであった。湾岸戦争、アフガニスタンのタリバン政権攻撃、イラク戦争はじめ、アメリカはつねに、第一の「自由通商秩序」維持という共同利害の維持とそれに歯向かう「ならず者」国家の討伐を掲げて戦争と介入を繰り返したが、それは同時に、石油の安定的確保など個々のアメリカ多国籍企業の利害の実現の意図もあったのである。

冷戦後の戦争の三つの時期区分

そうしたアメリカ主導の戦争、それを背景としたグローバル経済は、世界を大きく変貌させ、新たな矛盾を生み出し、大国は、この矛盾への対応を余儀なくされた。

冷戦期にはなかった新たな戦争がはじまった。こうして、冷戦後の四半世紀は、戦争の性格の変化という視点から大きく三つの時期に区分してみることができる。

第一期：自由市場秩序形成の戦争　第一期は、一九九〇年から二〇〇一年までの一〇年、アメリカの一極覇権のもとで自由市場秩序の形成、陶冶、それに歯向かう「ならず者国家」掃討の戦争が起こされた時代である。国連を巻き込んでその正当性を確保しつつ遂行された湾岸戦争は、この時期の戦争の典型であった。こうした地ならしのもと、アメリカをはじめとしたグローバル大国の多国籍企業は拡大した世界に進出し、生産力をさらに巨大化した。一九九〇年から二〇〇〇年までのアメリカの名目GDPは、五兆八三〇二億ドルから九兆九六三一億ドルへと一・七倍に増加した。[*7]

この時代には、ユーゴスラビアなど旧「社会主義」圏の崩壊が引き起こした新たな国民国家の形成や再編にともなう内戦も起こった。

これら戦争は、いずれもアメリカにとっては、新たな自由な市場世界の形成と地ならしのための一時的な外科手術と痛みにすぎないととらえられた。

第二期：「反動」に対する制裁戦争　二〇〇一年から〇八年に至る第二期は、第一期におけるアメリカの戦争・介入やグローバル経済の浸透による地域の破壊に対する反発として、イスラム原理主義勢力の拡大やテロが顕在化し、アメリカはじめ大国がそれに対応する新たな戦争や介入を余儀なくされた時期である。第一期におけるアメリカの自由な市場秩序の拡大をめざす戦争・介入、多国籍企業によるグローバル経済によって、新たに市場に巻き込まれた諸国や地域では、伝統的な支配体制、経済、文化が破壊され、変貌を余儀なくされた。国家が破壊され、さまざまな地域的対立が顕在化し、しばしばその対立は内戦化した。その矛盾が、テロというかたちで台頭した。世界の大国がそれへの対処のための戦争や介入に追い回されたのがこの時期である。

第二期が、二〇〇一の年9・11を機にはじまったことは、第二期の性格を象徴していた。アメリカは、「対テロ戦争」を呼号して、テロ勢力の一掃をはかるべく、テロの温床とみなしたアフガニスタン、イラクへの侵攻を繰り返した。拡大した市場世界を舞台に、アメリカをはじめとする多国籍企業は、旺盛な蓄積を続けたが、アメリカ帝国主義は、対テロ戦争の泥沼に巻き込まれ、疲弊し国内の矛盾も激化した。

第三期：アメリカの疲弊、テロの拡散　二〇〇八年、オバマ政権の登場にはじまる第三期は、アメリカの戦争の結果、ISなどの台頭もあってテロが氾濫・拡散し、アメリカの矛盾が深刻化した時期である。

この時期の特徴の第一は、アメリカの財政赤字や国民の厭戦・不満の増大により、同盟国への肩代わり政策が強まったことである。オバマ大統領は、アメリカが世界の警察官になることを拒否する発言を行なったが、これはアメリカが世界の覇権国をやめることにはならなかった。その覇権を維持しながらアメリカの負担を軽減するための戦争・介入の重点化と同盟国への肩代わり政策が前面に出たのである。

第二に、シリア内戦、ISの横行など、アメリカの戦争により破壊された地域の紛争の激化が収拾不能なかたちで露顕した。それに対する大国の共同軍事行動が組まれたことも注目される。

第三に、アメリカの覇権の相対的な低下に反比例して、グローバル経済で力をつけた中国が覇権主義国家として世界政治に登場し、また、大国としての復権をねらうロシアの国際政治内での比重が増大したことである。

中国は脅威か？——中国経済の発展と大国化

安倍政権の戦争法—日米同盟強化論の大きな理由の一つは、中国脅威論である。

「中国の脅威」は、冷戦後の第三期に入って、とくに強調されはじめた。冷戦後のグローバル経済のもとで中国は急激な経済成長をとげ、それをふまえて、とくに習近平政権になって以降、覇権主義的な戦略を鮮明に打ち出すようになってきたからである。

大国化を支えた中国の経済システムは、一言で特徴づければ開発独裁型国家資本主義とでも規定できるものであるが、それは二つの柱によって発展してきた。第一の柱は、国営企業に対する保護育成、大規模公共事業を中心とする財政出動を柱とした、手厚い党・国家の介入、国家的支援による開発型成長政策である。[*8] アメリカや日本などのグローバル企業主導経済と異なって、中国では党・国家主導で巨大国有企業が育成された。二〇〇〇年代に入って、党・政府は国有企業の私有化を進めたが、同時に、軍需産業、電力、石油化学、航空など戦略部門では党の支配下にある国有企業への投資を強化した。二〇〇八年のリーマンショック後の四兆元にのぼる巨額投資のほとんども国有企業や不動産部門に投下された。こうした党・国家による戦略部門の国有企業への系統的投資と保護が中国経済の成長を推進したのである。

第二の柱は、こうした巨大企業、大量の民間企業、さらに大規模に導入された外資系企業による、農村から流出した大量の低廉な労働力＝「農民工」を資源としグローバル経済の流れに乗った輸出主導型経済の発展である。そうした体制をつくるために、共産党主導によって国内の地場産業や農業に対する新自由主義的規制緩和措置が強行された。ハーヴェイが中国を新自由主義に数えているの*9は、中国のこの側面に着目したものである。

いずれの柱も、中国共産党とその指導下の中央、地方の政府による強力な介入が威力を発揮した。

こうした二つの柱で中国はグローバル経済の波に乗り、急速な経済発展をとげ、それを武器に、覇権主義国家戦略をとるに至った。中国は一九九一年以降七年連続で九％以上の成長をとげ、二〇〇二年からふたたび一〇年連続の九％以上の成長を記録し、ＧＤＰを著増させ、〇七年にはドイツを、一〇年には日本を抜き去って一六年のＩＭＦ予想では、中国のＧＤＰ比率は一六・一％に及び、五・五％を占める日本の三倍に達した。アメリカと合わせれば世界ＧＤＰの四割を占める状況が現出した。

覇権主義国家化

この経済成長に乗り、それを上回るペースで国防費が増額した。公表国防費は、一九八九年以来、二〇一五年度まで、一〇年を除いて二けた増を続け、その結果、〇四年から一〇年で国防費は四倍に跳ね上がり、いまやアメリカに次いで第二位となり、世界の国防費に占める比重も、三五・六%のアメリカに次いで、一二・八%を占めるに至った。[*10] しかも中国人民解放軍は、近年エネルギー資源開発、海外資源の獲得をめざして、海空軍の強化、外征軍化を強めている。

こうした土台のうえに、二〇一二年に主席に就任した習近平は、「中華民族の偉大な復興を実現する」「中国の夢」という大国主義・覇権主義戦略を打ち出したのである。[*11]

中国覇権主義の二つの側面

中国の覇権主義は、二つの性格の複合体として成り立っている。第一の側面は、中国の経済発展が、自由市場世界とグローバル経済秩序の拡大に乗って行なわれているため、アメリカとともに、自由市場秩序の維持と安定を死活的利益としていることだ。その面では、中国は、アメリカと共通の利害を有し、アメリカをはじめとしたグローバル競争大国としての面をもっている。

第二の側面は、共産党の大国主義戦略にもとづく覇権主義である。これは、多国籍企業の利害の実現をめざす現代帝国主義とは異なり、すぐれて政治優位の覇権主義である。覇権主義のこの側面は、いわば列強帝国主義時代の帝国主義国のように、自国の領土や勢力圏を拡大し、政治的・軍事的力によって原燃料の確保や市場を優越的に確保しようという志向を強くもっている。たとえば中国は、アフリカの独裁政権にもODAを撒布して、原燃料の安定的確保や軍事拠点の設定に力を入れている。

アメリカの場合には、他国に自由通商秩序を強制することで自国のグローバル企業の利益を実現するが、中国の場合には、むしろ国家の介入と特権の付与によって自国資本の蓄積をはからざるをえず、その分排他性をおびざるをえないのである。

二面的な米中関係

強調したい点は、こうした中国と、アメリカを盟主とする帝国主義勢力の関係は、冷戦時代の米ソ関係とは異なる性格をもっていることだ。

市場圏としては相互に分離していた冷戦期の米ソ対立と異なって、冷戦後は、アメリカ、中国も、拡大した自由な市場の維持と陶冶・安定や、それに歯向かう「テロ勢力」の鎮圧については共通の利益をもっている。その点では共同の行動を不可欠としている。アメリカが対ロシアと異なり、中国との共通の関係づくりに固執するのも、中ロ両国のグローバル経済秩序内での比重の差によっている。また、アメリカ支配層内で唱えられた「G2」論や「ステークホルダー(responsible stakeholder)」論[*12]、二〇一三年六月の訪米以来、習近平が唱えた「新しいタイプの大国関係」の提言[*13]も、こうした共通利害を基礎に登場している。

しかし他面、中国の優越的勢力圏志向については、アメリカは、あくまで「自由な市場秩序」の擁護者としてそれを抑止しなければならない。南シナ海における中国の人工島建設、軍事施設建設にみられる「力による現状変更」に対するアメリカの軍事的示威行動はその典型である。オバマ政権下で対中国政策が揺れ、次第に前者から後者に比重がかかっているのは、中国覇権主義のこうした二面性に対応したアメリカの二面政策の重点の移動にほかならない。

こうした中国とアメリカの二面的関係――とくに世界の自由通商秩序維持についての共同利益――をふまえれば、米中戦争物の氾濫にもかかわらず米中の正面からの軍事的衝突の可能性は、冷戦期の米ソ以上に少ない。中国が日本を攻撃するとか米中戦争に日本が巻き込まれる可能性も少ない。

中国とアメリカが軍事衝突に至る危険があるとすれば――いずれもその可能性は高くはないが、台湾と北朝鮮問題である。台湾については中国が自国の国内問題ととらえているため、中国が武力や威圧によって台湾の「解放」・統合を強行しようとした場合にアメリカは自由な秩序維持をかざして介入する可能性がある。逆に、北朝鮮については、アメリカが武力によって北朝鮮の体制崩壊を強行しようとする場合に中国と衝突する可能性である。

これらの問題は、いずれも冷戦期以来の懸案であるが、冷戦期の文脈とはまったく異なる問題に変わっている点に注目しなければならない。たとえば北朝鮮は、アメリカにとっては、冷戦期のような、「社会主義」圏との対峙の最前線という位置づけはなくなり、もっぱら、グローバル秩序の安定を阻害する「ならず者国家」問題の一つとなっている。だからこそ、冷戦期にはありえなかった六カ国協議という中国との協調の枠組みもできているのである。

結論からいえば、中国の覇権主義大国化は明らかであるが、それは、「中国脅威」論のいうような、中国のやみくもな侵略や、米中の戦争の危機を生み出すものではない。強調しなければならないのは、中国の覇権主義的行動を規制していくには、アメリカや安倍政権が行なっているような軍事的対峙では成功しない。中国のそうした行動に懸念をもちながら経済的関係などから声を出せない国も含め、多国間で紛争解決における軍事行動の禁止と紛争解決機構をルール化しなければならない。そのうえで覇権主義、帝国主義を生い立たせているグローバル資本の活動の国際的規制を行なわねばならない。

現代の戦争の危機とグローバル経済

現代の戦争や武力行使を生んでいる要因の第一は、アメリカをはじめとするグローバル企業の野放図な進出、さらにアメリカや大国がそうした「自由な市場」秩序維持・拡大のために引き起こした戦争が生み出した国家の分裂・解体や地域の分裂、貧困や格差の増大である。そうしたグローバル経済や戦争は、それに反発するテロや紛争を生み、これに対して大国が、さらに「秩序」回復のため共同で介入する武力行使や戦争を起こすという悪循環が生まれている。ISによる戦争と国家の分裂、シリア内戦、さらには、ISに対するアメリカなどによる空爆がそれである。

第二は、台頭した覇権主義大国が、自国の勢力圏の拡大・維持のために行なう武力行使や紛争である。大国の復権をめざすロシアのウクライナ戦争、南シナ海での中国と他国との軍事衝突などがそれである。

こうした現代の戦争、とりわけ第一の戦争や紛争の背景には、いずれもグローバル経済による地域や国家の大規模な変容、貧困・格差の増大による不満の鬱積がある。したがって、その解決には、第一段階として、国家秩序の再建のための警察的・軍事的活動は不可避である。しかし、それは対症療法にすぎない。第二段階として、根本的にはグローバル企業の野放図な展開に対する規制、地域の地場産業の再建、貧困と格差の解消が不可欠である。また、グローバル経済を促進するWTOをはじめとした多国籍企業優位の国際ルールの見直し、各国の国民経済の保護と再建のための規制などが行なわれなければならない。

安倍政権は、第一の戦争に日本も武力行使を含めて参加することで大国としての仲間入りを果たし、また第二の紛争に対しては、中国脅威論を煽りつつ日米同盟強化によって軍事的対決で押さえ込もうという志向をもっている。この二つを同時に達成しようとするのが戦争法である。しかし、そのいずれも上記の紛争や戦争の解決の展望をもたらすものではない。

日本がなすべきは、以下のことである。第一の戦争に対しては、第一段階では非軍事の支援活動を強め、第二段階の措置には積極的イニシアティブを発揮する。第二の戦争を引き起こしかねない紛争、たとえば尖閣諸島をめぐる紛争に対しては、領土紛争にさいしての武力不行使の確約をはじめとする、二国間の協議、多国間ルールの形成のイニシアティブをここでも積極的にとることである。

3 安保体制は日本の平和と安全を確保したのか？

冷戦時代、安保と米軍基地は日本の平和を守ったか？

自民党政権は、冷戦期から今日に至るまで日本が平和であったのは憲法のおかげなどではなく安保条約による米軍のプレゼンスのおかげである、と繰り返し主張してきた。戦争法もその前提に立って日米同盟を強化し、実効性のあるものとすることにより中国等の脅威から日本の安全を確保する、ということが制定の表向きの理由となっている。また、先にふれたように、安倍政権の戦争法に反対する「リベラル」派の論者のなかでも、冷戦時には安保条約は有効であったと主張する者が少なくない。

しかし、この言説は、第1章、第2章で詳しく検討するように、大きな誤りである。

冷戦時の戦争の危険で第一にあげられたのはソ連等の侵略であるが、ソ連や中国は、自国の勢力圏とみなした国家や地域の「反乱」に対する介入・侵攻は行なったが、自由主義陣営の国に対する侵攻はなかったし、当時の日本の防衛担当者もその可能性は低いと認識していた。

そもそも、アメリカが、安保条約を締結して日本全土に基地を維持し、さらに沖縄の直接占領下で基地を拡張し返還後にも基地の維持を求めた理由は、決して日本の安全の保持ではなかった。アメリカが日本への米軍の駐留にこだわった理由は、アメリカの極東戦略、すなわちアジア地域における「社会主義」陣営の拡大を抑止し、あわよくばそれを転覆させる拠点として活用することにあった。朝鮮戦争は占領下にある日本の基地がなければ戦えなかったし、ベトナム戦争も日本と沖縄の基地を拠点に遂行された。その後も、一九八二年、当時の首相中曽根康弘が明言したように、日本はアメリカの極東戦略における「不沈空母」でありつづけたのである。

冷戦時代に日本が戦争に加担したり巻き込まれたりする現実的危険は、安保条約を梃子にアメリカの戦争に自衛隊が組み込まれるかたちしかなかった。現に、アメリカのベトナム侵略戦争には、日本と同様にアメリカとの二国間軍事同盟条約を結んでいたアジアの諸国、韓国やフィリピンは、アメリカとの集団的自衛権を根拠に派兵を強いられたのである。日本が安保条約にもとづいて侵略戦争の補給基地となったにもかかわらず、かろうじて直接軍事的加担を免れたのは、憲法九条とそのもとでの政府解釈——これは自衛隊の違憲を唱える運動の圧力によるものであった——によって自衛隊の海外派兵ができなかったためであった。つまり憲法の存在によって、アメリカと日本政府の意図にもかかわらず、安保条約が「本来の」軍事同盟条約として機能することを制約されたことが、日本が冷戦時に戦争に巻き込まれずにすんだ理由であった。

冷戦後の日本はなぜ戦争に加担しなかったか?

冷戦の終焉後、米ソの対決の時代が終わったから戦争の時代は終わったという言説が流行したが、これは冷戦終焉の意味を理解しない誤りであった。先にみたように、戦争の時代は終わったどころか逆に、冷戦後唯一の覇権国となったアメリカは、世界の警察官としてイラクやアフガニスタンなどへの介入を繰り返し、日本に対しても直接戦争に加担せよとの圧力を強めた。むしろ、冷戦後になって自衛隊の海外出動への圧力と危険が増したのである。こうした圧力に対して、保守政権は日米安保のグローバル化に応じ、九七年ガイドライン―周辺事態法で、米軍の作戦行動を補完する自衛隊の後方支援への第一歩を踏み出した。さらに、9・11のあとアメリカのアフガニスタン侵攻にともなう圧力に応えて、小泉政権は自衛隊のインド洋海域への派遣、続いてイラク戦争に呼応して自衛隊のイラクへの派遣に踏みきったのである。

しかし、こうした日米同盟強化は九条による政府解釈が生きていたため、依然大きな制約を余儀なくされた。自衛隊の派遣は武力行使をともなわない「人道復興支援」に限られ、また「武力行使と一体化した活動」は相変わらず制約されたままであったため、イラクのサマーワやバクダッドは、「戦闘地域」ではないと強弁されざるをえなかったのである。この制約を取り払って米軍と一体化した自衛隊の海外での行動の解禁をはかったのが、戦争法であった。戦争法は決して安倍個人の跳ね上がりではなかったのである。

4 安倍政権の安保構想で日本の平和は確保できるか？

戦争法は日本の平和を確保するのか？

安倍政権が戦争法を制定する理由としてあげているのは二つである。一つは日米同盟強化による抑止力の強化であり、もう一つは「積極的平和主義」による国際貢献で、世界の平和を促進するというものだ。

このねらいは、現代世界に対するアメリカの世界戦略の二つの性格——一つは自由な市場秩序に歯向かう「ならず者国家」やテロリスト勢力に対しては大国の共同軍事行動であたり、他方中国などの覇権的行動に対してはそれを抑止する軍事的対決を強めるという戦略——に呼応し積極的に加担することで、日本の安全と世界の平和を確保しようというものである。アメリカの戦略に積極的に加担し協力することで中国の脅威に対し日米同盟を発動させることができ、同時に、対テロ戦争などに積極的に協力することで、日本の大国としての威信をあげることもできる。これが安倍政権の思惑である。

しかし、こうした路線で日本の安全は確保できるのか？　詳しくは第2章をみてほしいが、それはない。

ＩＳが猛威をふるっている現在、秩序回復のための警察的な行動は不可避であるかもしれない。しかし、それに後方支援の名目であれ、日本が大国の一員として加担することは、中東諸国で日本が果たすべき役割に疑念をもたせ、それら諸国の日本に対する信頼を損なう危険性がある。そればかりか、日本のアジアでの平和構築のイニシアティブに対してもアジア諸国の懸念を増大させることになる。おまけに、後方支援の名目であれ、自衛隊を戦場に送ることで、自衛隊は「殺し殺される関係」に入ることになる。海外での武力行使を前提しない憲法のもとではこうした事態で必ず生ずる自衛隊員の「抗命」「敵前逃亡」に対処して軍の規律を維持する軍法も軍法会議も、またテロリストの報復に対処するための非常事態規定もない。戦争法の発動は、九条にとどまらず憲法全体の体系と矛盾し衝突する。ここから、あらためて、九条明文改憲への衝動が生まれている（第3章）。

しかし、改憲は日本の平和のみならずアジアの平和のために日本が貢献できる憲法という武器と、武力によらずに事にあたってきた日本への信頼を捨て去ることになる。

また、中国の軍事大国化に対しては、日米同盟の抑止力で対処できるのか？　尖閣をめぐる紛争は、南シナ海をめぐる紛争で明らかなように、軍事的行動の強化では解決できない。日米同盟の強化をしても紛争解決には結びつかないし、むしろ対決のエスカレートは、中国の軍事力強化の口実となる。

日本は、領海侵犯に対しては、まずは警察行動で毅然として対処しつつ、領土をめぐる紛争についての「力による現状変更」の否定、紛争の解決に武力を用いないこと、こうしたルールを多国間で締結することを急ぎ、そのイニシアティブをとることが重要である。そして、日米安保によらないアジアの平和と日本の安全保障の構想の実現にとりくむことである。

5 安保と日米同盟強化に代わる選択肢は？

戦争法に代わる二つの道

では、安倍政権のめざす日米安保と戦争法に代わる対案、選択肢はいかなるものか？

本書の第Ⅱ部、第Ⅲ部はその検討にあてられている。

選択肢を考えるうえでとくに重視したのは、冒頭にふれたように、安保廃棄派と安保維持を前提とする「リベラル」派の二つの構想があることである。

これら二つの構想は、いずれもアメリカの戦争への日本のこれ以上の加担には反対であるが、安保条約と日米同盟を認めるか否か、そのもとで自衛隊を将来にわたっても維持するかどうかについては大きな違いがある。

本書は、安保条約の廃棄と段階的な活動の縮小による自衛隊の解消こそ、アジアと日本の平和を確保する、しかも日本が平和のイニシアティブをとる唯一の選択肢であると主張する。

安保条約と米軍基地は、冷戦時も冷戦後も、日本の平和にもいわんやアジアの平和にも役に立ってこなかった。それどころか、安保と米軍基地はアメリカの戦争政策の不可欠の道具として機能しつづけてきた。

安保条約は沖縄における米軍基地の居座り、首都圏に基地が居座るという「非常識」を戦後七〇年たった現在も続けさせる根拠である。

したがって、私たちは、アメリカの戦争加担の道を根本的に拒否し日本が平和のイニシアティブをとるには、戦争法の廃止のみならず安保の廃棄が不可欠だと考えている。こうした安保廃棄と自衛隊の解消による平和の選択肢は、平和運動（第4章で検討）や憲法研究者（第5章で検討）によって探究されてきた。私たちはこの試みを受け継ぎたい。

それに対して、「リベラル」派の構想は、安保による米軍のプレゼンスと自衛隊は日本の安全には不可欠であり、この廃棄は論外だという。しかし、安倍政権の戦争法、集団的自衛権行使容認による日米同盟強化の路線は、冷戦が終わり核戦争が非現実的となりグローバル経済の進展で米中経済関係も緊密化した現代には間違った路線であり、日米同盟の肥大化を抑え一九六〇年の改訂時の安保条約に戻すとともに、その活動を「個別的自衛権」に限定した専守防衛の自衛隊によって日本の安全を守ろうという構想である。

本書では、第6章、第7章で、戦争法に代わる、この二つの選択肢を比較・検討することをつうじて、あるべき選択肢を探っていきたい。

安保のない日本こそ選択肢

本書の結論だけをいえば、こうである。まず、「リベラル」派の構想について。じつは「リベラル」派の思いは存外、安保廃棄派と重なる。沖縄辺野古新基地建設阻止、普天間基地撤去、首都圏の米軍基地への批判、自衛隊を集団的自衛権行使などはしない「専守防衛」の軍隊にする、などの点である。

しかし、「リベラル」派のこうした構想を実現するにも安保をそのままにしてはできない。たとえば、沖縄の基地一つとっても、辺野古新基地建設を止めるだけならまだしも普天間撤去になれば地位協定の改定は不可欠となる。しかし日米地位協定において米軍基地建設が何ら限定されておらず、また米軍に大きな特権が与えられているのは、安保条約の六条が根拠となっているからである。だから、アメリカ政府に協定改定について真摯にテーブルにつかせるには、そもそも安保条約による米軍基地の設置そのものを問うことなくしては難しい。

また自衛隊を「専守防衛」にしてアメリカの戦争への加担を止めさせるといっても、これはアメリカ自身の強い圧力によるものであることをみれば、日米同盟そのものを問うことなくして、アメリカが容認するはずがない。また、「専守防衛」の自衛隊といっても、安保条約により日本を拠点とした米軍の核戦略体制とセットでの自衛隊は、とても「専守防衛」とはいえないのではないか。専守防衛への改革の第一歩は、ガイドラインをはじめとした、日米の軍事的従属同盟関係を断ち切る改革からはじめねばならない。

安保のない日本という選択肢の柱

安保のない日本という私たちの選択肢の柱は、以下の諸点である。

(1) 戦争法を廃止し一五年ガイドラインを日米間で再検討・破棄し、特定秘密保護法、国家安全保障会議（NSC）は廃止する。辺野古新基地建設を中止し、日米地位協定の改定により普天間基地を撤去する。

(2) 国民の合意を得て、安保条約を廃棄し、沖縄をはじめとするすべての米軍基地を撤去する。

(3) アジアにおける非核・平和保障協定の締結、世界的レベルの核軍縮、通常軍備軍縮を推進する。

(4) 安保条約廃棄を前提として、自衛隊については(3)の条件の構築を進め、国民の合意を得つつ二段階に分けて改革する。第一段階は、安保条約廃棄と並行して日米軍事関係を破棄し、自衛隊の米軍への装備・訓練、行動の従属関係を断ち切り、名実ともに「専守防衛」の軍隊に改革する。

第二段階は、平和保障・軍縮についての国際的保障の前進と相俟って、自衛隊を、災害復旧活動と非武装の国際支援活動部隊に改組する。

(5) 軍事的保障だけでは、現代の戦争の根源を絶ちきることはできない。大国化への衝動の基礎にある多国籍企業中心の経済構造を改革し、新自由主義改革を停止し福祉国家型経済に移行する経済改革が不可欠である。

(6) 平和のためには、国際的な市場の規制も行なわねばならない。多くの地域の経済を改変し農業や地場産業を破壊してきた多国籍企業の活動を規制し、各国国民経済を再建する改革を進める。グローバル企業の「自由な」活動を保障し促進するWTO、TPPの再検討と改革のイニシアティブをとる。WTOその他の国際ルールを見直し、グローバル企業の規制、各国地場産業の保護を認め、各国の国民経済の存立を確保するゆるやかな地域経済圏に変えていく。

「安保のない日本」をめざす担い手の形成と過渡的政権

以上のうち⑵以降の改革は、ただちに着手することはできない。何よりも安保条約と自衛隊については国民の多数が容認・支持しているので、こうした安保や自衛隊の改革に対する国民の合意を獲得することが不可欠である。

しかし、安保のない日本へと進む国民的基盤は戦後七〇年をへるなかで分厚い岩盤として存在している。世論調査で示されているように、戦争法がめざす海外で戦争する国に対する懸念と反対は、国民の五割に達する。九条の改憲に反対する人々はさらに分厚く存在している。

しかも、そうした分厚い岩盤のうえに、今度の戦争法反対運動は、安保のない日本をつくっていく担い手が形成されつつあることを示した。[*14] 総がかり行動実行委員会という、安保闘争以来五五年ぶりの共同が結成され、二〇一五年八月三〇日には、国会前に一二万人、全国一〇〇〇ヵ所以上で一〇〇万人以上の市民が立ち上がった。安保や自衛隊を認めるという人々も含め、立ち上がった多くの市民たちが共通に掲げているのは憲法九条である。この力は、安保のない日本を展望する担い手となる可能性をもっている。しかもこの戦争法反対運動は強行採決のあとも発展し、戦争法廃止の野党共同を生み出した。この政党間共同は、戦争法廃止の政府をつくる合意には至っていないが、安保闘争のさいにもできなかった選挙に向けての共同を実現して参院選を闘ったのである。

安保のない日本への第一歩は、こうした共同からはじまる。なぜならこの共同によってこそ、日米同盟強化の道に、まずストップをかけられるからである。

こうした共同が、当面する一致点で政府を形成できれば、それは、日本とアジアの平和を構築する画期的な政権となる。この政府は、まず当面する戦争法の廃止を実行する。同時に一五年ガイドラインをはじめとする日米軍事同盟の見直しを行なう。辺野古新基地建設を凍結したうえで、辺野古新基地建設阻止、普天間基地をはじめとする沖縄等の基地の縮小・廃止のための地位協定見直しに着手する。

この政権は、六カ国協議の拡充など中国を含めた多国間協議により、領土紛争での武力行使禁止をはじめとした協定締結を進める。またこの政府は、あらためて、日韓、日中の歴史問題について日本の責任を明確にし、個人補償を含めた解決にとりくむ。

こうした政府の経験を積み重ねるなかで、安保のない日本への道が国民的に議論されねばならない。

6 憲法と日本の平和

戦後日本の平和構想を考えるさいの大きな特徴は、「武力によらない平和」の構想を打ち出した憲法の存在である。その結果、戦後日本の平和と安全保障の構想をめぐる彼我の攻防は、つねに、憲法の改正をめぐる攻防と重なって行なわれてきた。憲法とそれを擁護してきた国民の経験は、安保のない日本へと踏み出すうえで最も大きな力である。

講和後保守政権は何度も改憲を試みたが、つねに国民は「ノー」という意思表示を行なって、その試みを挫折に追い込んだ。こうして国民は、憲法を何度も選び直したのである。また、憲法研究者は、第5章でみるように、憲法前文と九条の平和主義的解釈を豊かにしてきた。

こうした力によって五〇年代の改憲の試みが挫折に追い込まれて以降、保守政権は、憲法九条のもとで、安保と自衛隊の維持・存続をはからねばならなくなった。そのため、政府は、自衛隊は「自衛のための必要最小限度の実力」で、憲法が保持を禁止している「戦力」ではないという「自衛力」論を採用した。政府が、〝憲法九条は自衛のための戦争も自衛のための戦力の保持も禁止していない〟として、「自衛のため」といえば制限なく軍隊を保持できるとする芦田解釈をとらなかったことは、一個の見識であった。その結果、六〇年代以降の自衛隊違憲論の攻勢のもとで、自衛隊は、通例の軍隊＝「戦力」には許される行動も厳しく制約されることとなった。自衛隊の海外派兵の禁止、集団的自衛権行使の禁止がその一つであり、もう一つの制約が、たとえ「武力行使」をしなくとも「他国の武力行使と一体化するような行動」、具体的には自衛隊の戦場への派遣や戦闘行動と一体化した「後方支援」の禁止であった。こうして、憲法論が日本の安全保障政策に無視できない方向づけを与えたのである。

九〇年代、冷戦後のアメリカの圧力に応えて自衛隊を海外に出動させようとしたさいに立ちはだかったのがこうした制約であり、政府は、この制約のため、自衛隊の海外出動にさまざまな歯止めをかけざるをえなくなった。

戦争法から明文改憲へ

自衛隊の海外出動の大きな歯止めとなる制約の打破、アメリカの戦争への全面加担の体制をねらったのが、戦争法であった。戦争法は、九条についての政府解釈を改変し、自衛隊の海外での行動の縛りを解禁し、アメリカの戦争が、日本の存立を脅かすと政府が判断したときには集団的自衛権行使もできるとしたが、それにもかかわらず、なお憲法上の障害が立ちはだかっていることを、安倍政権は自覚せざるをえなくなったのである。

第3章でみるように、戦争法を強行したあとの二〇一六年通常国会で、安倍首相が明文改憲を打ち出したのは、そうした憲法の壁をあらためて自覚せざるをえなかったからである。

戦争法反対側からの改憲論は日本の平和を実現するか？

注目されるのは、こうした安倍政権側の明文改憲論とは別に、戦争法に反対し自衛隊のアメリカの戦争への加担に反対する側から、改憲論が提起されたことである。論者は、「リベラル」派同様、安保と自衛隊を容認しながら、日米同盟の強化、集団的自衛権容認は、日本の平和の方向ではないとして反対する。彼らは、しかし、戦争法のような解釈改憲の進行により、憲法九条の「戦力」不保持の原則と自衛隊の実態があまりにもかけ離れ、もはや憲法に対する権威がなくなってしまった、このうえは、自衛隊を正々堂々と認めたうえで、自衛隊の活動に対する制約を憲法に明記すべきだという。

こうした改憲論＝新九条論についての批判は、第3章補論で行なうが、結論を述べておくと、新九条論は、そのねらいには共感できるところはあるにしても、彼らのいう「改正」によって、憲法九条の核心である、「武力によらない平和」という構想は根本的に改変されてしまうという点である。

九条の核心とは憲法前文とも相俟って、日本の平和を武力によらないで実現する、そのために、「陸海空軍その他の戦力はこれを保持しない」という軍隊放棄の規範にある。この点で、九条は、いま、あらためて世界の平和の方向として注目されているのである。

論者たちは、こうした規範は理想ではあるが、現実には自衛隊の存続と活動の拡大によって規範と現実は乖離し、憲法の威信は失われてしまったというのだが、この規範が生きていて国民のなかに定着しているからこそ、戦争法反対運動は未曾有の高揚を示したのではなかったか。国民が怒ったのは、自衛隊が政府も禁止されているといってきた「集団的自衛権行使容認」にまで踏み切ったことに対してであった。

憲法九条のいう「戦力」をもたないという点については、国民はとうの昔に自衛隊容認というかたちでそれを否定しているではないかという反論が返ってくるかもしれないが、それは間違いだ。

なぜなら、政府の解釈も、九条の「戦力」をもたないという原則を維持しており、自衛隊は憲法の禁止する「戦力」ではないという点は、現在でも一貫しているからである。だからこそ、自衛隊は「普通の国」の軍隊が当然にもっている、海外派兵や集団的自衛権行使をはじめとする権利を禁じられてきたのである。戦争法はたしかに憲法九条の解釈を改変し憲法に大穴をあけた。しかし、たとえ百歩譲って戦争法が発動されたとしても、九条は死んでいない。日本は九条のもとでなお、「普通の国」同様の戦争ができるわけではない。戦争法が発動されても、たとえば、自衛隊は、アメリカ、イギリス、フランス、ロシアの軍がシリアで行なっている空爆にくわわって爆撃することはできない。たとえ、いま国連決議がでて多国籍軍が組織されても参加はできない。

九条は、日本の軍事大国化をいまなお阻んでおり、だからこそ、安倍政権は、戦争法を強行したあと、あらためて明文改憲に踏み込まなければならなかったのである。憲法は死んでいない。だからこそ安倍政権が九条改憲に乗り出しているのである。そのとき、新九条論は、九条は死んだとして九条改憲の合唱に加わろうとしている。新九条論の最大の欠陥は、憲法の力に対する不信である。

憲法の理念と平和構想

憲法典に非武装平和主義が規定されているから、私たちは、その方向を追求するわけではない。もし、私たちのめざすべきアジアと日本の平和の構想が憲法の理念と異なるものであるなら、私たちは憲法の改正を提起すべきであろう。

しかし、憲法の理念は、戦後の日本の平和のあり方を規定しさまざまな蹂躙、無視にもかかわらずその規範が堅持されたことで、海外で戦争しない国を続けることができた。それのみならず、憲法の理念は、今後のアジアと日本の平和を形成するうえで、なお堅持し実現すべき方向を打ち出している。だからこそ、私たちは、憲法の改変に反対するだけでなく、その実現をめざすべきだと考える。

なぜ、第二次世界大戦直後に制定された憲法がかかる方向を打ち出しえたかといえば、第二次世界大戦の惨禍に対する痛苦の思いと、その惨禍の主導者の一人であった日本の国策に対する痛切な反省があったからである。この反省の大きさこそが、世界のどの国でもなく、ほかならぬこの国の憲法のなかに九条を埋め込む力になったということができる。

こうした意味では、本書は、断固として護憲派の立場に立っている。

◉注

＊1　共同通信世論調査、『東京新聞』二〇一六年三月二八日付では、安保関連法を「評価する」と答えたもの三九％に対し「評価しない」は四九・九％であった。『読売新聞』四月四日付も、「評価する」三八％、「評価しない」四九％。

＊2　共同通信社が実施した出口調査では「安倍首相の下での憲法改正」について反対が五〇％に達し賛成は三九・八％にとどまった。

＊3　渡辺治「アメリカ帝国の自由市場形成戦略と現代の戦争」渡辺治・後藤道夫編『講座戦争と現代1「新しい戦争」の時代と日本』大月書店、二〇〇三年、後藤道夫「現代帝国主義の社会構造と市場秩序」前掲、渡辺・後藤編『講座戦争と現代1「新しい戦争」の時代と日本』参照。
＊4　不破哲三『スターリン秘史　第6巻』新日本出版社、二〇一五年。
＊5　フランシス・フクヤマ『歴史の終わり』渡部昇一訳、三笠書房、一九九二年。
＊6　現代帝国主義の三つの原動力につき、前掲、後藤「現代帝国主義の社会構造と市場秩序」二四一頁以下。
＊7　合衆国商務省センサス局編『現代アメリカデータ総覧』四一七頁。
＊8　この点につき、毛利和子『中国政治──習近平時代を読み解く』山川出版社、二〇一六年、加藤弘之ほか『21世紀の中国　経済編』朝日新聞出版、二〇一二年、参照。
＊9　デヴィッド・ハーヴェイ『新自由主義──その歴史的展開と現在』渡辺治監訳、二〇〇七年、一六九頁以下。
＊10　SIPRI Yearbook 2015.
＊11　前掲、毛利『中国政治』、中澤克二『習近平の権力闘争』日本経済新聞社、二〇一五年、参照。
＊12　とりあえず、渡部恒雄「オバマ政権の対中政策の歴史的意味」久保文明ほか編著『アジア回帰するアメリカ』NTT出版、二〇一三年ほか。
＊13　前掲、中澤『習近平の権力闘争』一七六頁以下。
＊14　渡辺治『現代史の中の安倍政権──憲法・戦争法をめぐる攻防』かもがわ出版、二〇一六年、第五章。

（渡辺　治）

第 I 部

攻防の歴史と現在

第1章 安保体制と改憲をめぐる攻防の歴史

戦争法に至る道

1 課題と時期区分

アジア・太平洋戦争で日本に勝利したアメリカは、戦後のアジア・太平洋地域の自由な市場秩序を維持するため、その最も大きな障害物であった日本の軍国主義復活を抑えるべく日本の非武装化を実行した。二〇世紀前半のアジアを舞台とした戦争はすべて日本が中国ではじめた侵略戦争であったから、日本の軍国主義を抑えることでアジアの安定は確保できると考えたからである。しかし、アメリカは占領当初から、アジア政策展開の柱として沖縄の軍事支配を同時に追求した。日本の非武装化と沖縄の軍事拠点化はセットだったのである。

しかもアメリカは一九四〇年代後半には冷戦激化をふまえて対日政策を大転換し、一九五二年には安保条約締結を強要し、以後一貫して日本を極東戦略の拠点として活用する政策をとりつづけた。七二年の沖縄返還後も沖縄は依然アメリカの軍事戦略の拠点でありつづけた。さらに冷戦終焉後も、アメリカは、アジア・太平洋地域の自由市場秩序維持の要として軍事的プレゼンスを続けるだけでなく、自由市場秩序維持のために日本の軍事分担をも求めるに至った。こうして、戦後七〇年の間、米軍は一貫して日本に居座りつづけ、安倍政権の戦争法で、日米同盟は新たな段階に入ろうとしている。

そこで本章では、日米の軍事同盟の七〇年を駆け足で振り返りつつ以下の三つの点を明らかにしたい。

第一は、戦後一貫して続いてきた日米安保体制と自衛隊は、アメリカのアジア支配、世界戦略にとっては死活的重要性をもっていたし、現在ももっているが、それは、日本とアジアの平和には貢献してこなかったことである。第二は、戦後日本の平和がかろうじて守られたのは、安保体制と自衛隊のおかげではなく、むしろ平和運動と国民の警戒心によって日米安保体制が十全な発動を制限された結果であるということである。そして第三は、沖縄は、こうした日米の軍事同盟の歴史において一貫してその軍事的要でありつづけたという点である。これら諸点を明らかにすることで、アジアと日本の平和のために戦後日本の大きな転換が不可欠であるという、後段の諸章の前提となれば幸いである。

以上の視角から歴史を振り返るにさいし、本章では、アジア・太平洋戦争における敗戦、日本の非武装化を定めた憲法の制定という戦後の出発時から、日米同盟のもとで自衛隊という軍事力をグローバルな規模で国益追求のために行使する国家体制の構築に向けた戦争法の強行に至る七〇年を、五つの時期に分けて検討したい。

本論に入る前にこの時期区分について簡単にふれておきたい。

第一期は、一九四五年から五二年の旧安保条約締結期まで、すなわちアメリカの占領期である。この時期は二つに分けられ、前期はアメリカが日本の非武装化と民主化を求めた時期であり、四八年以降の後期は冷戦の激化により占領政策が転換し日本の軍事拠点化、再軍備がめざされる時期である。すでにこの時期に沖縄の軍事基地化がはじまっていたことが注目される。

第二期は、講和にともない米軍基地を存続させるために安保条約が締結された一九五二年から改定が強行される六〇年までである。この時期に、アメリカの極東戦略の拠点として日本が位置づけられ、そのもとで自衛隊というかたちでの再軍備が確定する。同時に、憲法の「武力によらない平和」の立場から、安保条約反対、米軍基地反対、憲法擁護の運動が台頭し大きな力をもつ。

第三期は、一九六〇年安保改定から九〇年の冷戦終焉までの時期である。この時期には米軍基地の自由な使用、自衛隊のさまざまな加担、沖縄の軍事拠点化という戦後安保体制の柱が確定した。同時に運動の力で、自衛隊の海外派兵を制約する解釈が定着した時期でもある。

第四期は、冷戦終焉から二〇一二年、民主党政権の時代までである。この時期は、アメリカの圧力で、自衛隊の海外派兵と戦争への加担が追求され、イラク派兵も実現をみたが、なお憲法上の制約のもとで、海外での武力行使は阻まれ、アメリカの求める後方支援にも制約があった時期である。注目されるのは、この時期後半の鳩山政権下で、普天間基地の県外・国外移転が追求されたが、挫折をみたことである。

そして、第五期は、日本が憲法にもとづいて設けてきた自衛隊の海外での武力行使をはじめとする制約打破をめざした安倍政権が、戦争法の制定を強行した時期である。しかし、第五期は、第2章、第3章が本格的に検討するため、ここでは概観にとどめる。

2 第一期：占領期（一九四五～五二年）

(1) 憲法制定

象徴天皇制と非武装

アジア・太平洋戦争の敗戦後の憲法制定過程において日本国内における最大の争点は、「大日本帝国ハ万世一系ノ天皇之ヲ統治ス」（大日本帝国憲法第一条）とする「国体護持」問題であった。しかし、日本を占領したアメリカにとっては、憲法制定は、より広範な目的を実現することをめざしたものであった。それは、日本がふたたびアジアの平和の脅威とならないよう、専制体制を民主化することと同時に軍国主義の根源となる軍隊保持の禁止をセットで憲法典に埋め込むことであった。

憲法制定議会であった第九〇回帝国議会で吉田茂首相は、「連合国から致しますと、上に皇室を中心として一致団結する、そうしてそこに平和に対する危険があり、世界の平和を紊《みだ》す原因がそこにあると考えられたのであります。斯《か》くの如き疑惑の下にあって、又斯くの如き危険なる疑惑の下にあって、日本が如何にして国体を維持し、国家を維持するかという事態に際会して考えてみまするに、日本の国体、日本の国家の基本法たる憲法も、先ず平和主義、民主主義に徹底せしめて、日本憲法が毫《ごう》も世界の平和を脅かすごとき危険のある国柄ではないということを表明する必要を、政府といたしましては深く感得したのでありまする」と答弁していた（衆議院本会議一九四六年六月二五日）[*1]。

天皇制のありようについては、「主権者国民の総意に基づく」「国政上の権能を有しない」「象徴天皇制」へと原理的に大転換をすることになった。しかし、世襲にもとづく天皇という政治制度は維持され、天皇裕仁は戦争責任を負わず、退位もせず、象徴天皇へと横滑りをすることとなった。この天皇制度の転換は原理的にはたしかに大転換であったが、国際的な関心であった「日本軍国主義の払拭・復活阻止」という課題に十全には応えるものではなかった。アジア諸国への日本軍の侵略行為は、「天皇の軍隊」＝「皇軍」として展開されたものであり、「日本が再び天皇の名のもとにアジアへの侵略を行うことは防止される」と語りうるためには、憲法第一章の象徴天皇制に続けて、第二章に戦争の放棄の章を設定することが必要であった。その意味で第一章「天皇」と第二章「戦争の放棄」はワンセットのものであった。アジア・太平洋戦争におけるアジアへの抑圧と加害の深刻な総括をふまえた第九条の「戦争の放棄・戦力の不保持」は、まずは、「日本の安全保障」としてではなく、「日本からのアジアの安全保障」として登場したものであった。

九条の受容と当初の政府解釈

国家総動員体制のもと、すべてが軍事力に動員され三〇〇万人を超える死者をもたらした国民生活破壊、自由抑圧の国家・社会システムから解放されて、敗戦直後の国民の〝もう戦争はまっぴらだ、平和に暮らしたい〟という強い実感は、戦死、空襲、疎開などに象徴される戦災体験＝圧倒的な被害体験に裏打ちされた、戦争の悲惨さや平和に対する強い意識を生み出すことになった。この意識は、憲法の平和主義条項を強い支持をもって受け入れる基盤となった。

この憲法制定議会では、九条の規定は事実上、自衛権を否定したものであるとの解釈が示されていたことを確認しておくことが必要である。吉田首相は、「戦争放棄に関する本案の規定は、直接には自衛権を否定しては居りませぬが、第九条第二項において一切の軍備と国の交戦権を認めない結果、自衛権の発動としての戦争も、又交戦権も放棄したものであります」（衆議院帝国憲法改正案特別委員会一九四六年六月二六日）、「近年の戦争は多くは国家防衛権の名において行われたることは顕著なる事実であります。故に正当防衛権を認むることが偶々《たまたま》戦争を誘発するゆえんであると思うのであります」（六月二八日）と答弁していた。*2

(2) 冷戦の開始と占領政策の転換

一九四六年一一月三日に公布され、四七年五月三日に施行された日本国憲法は、日本の非軍事化・民主化というアメリカの前期占領政策の産物であったが、憲法制定直後から開始される冷戦政策によってその占領政策は大転換されることになった。四七年三月のトルーマン・ドクトリン*3を画期とするヨーロッパを舞台とする冷戦構造は、四九年一〇月の中華人民共和国の成立、五〇年六月の朝鮮戦争の勃発によって東アジアに拡大され、占領政策は、日本の反共軍事基地化へと大きく転換された。早くも四八年にはロイヤル米陸軍長官の「日本の再軍備のための憲法改正」発言まで飛び出し、朝鮮戦争勃発にともなうマッカーサー指令により警察予備隊が組織され、日本の再軍備の歩みが開始されたのである。「日本の非武装化」政策は否定され、アメリカの「目下の同盟者」として位置づけられていく。アメリカの世界戦略のもとに日本を構造的に位置づけることになったのが日米安保条約であった。

沖縄を「太平洋の要石」へ

本土決戦準備のための基地として確保された沖縄は、その後「忘れられた島」とされていたが、アメリカ政府は一九四九年七月にはじまる五〇会計年度にはじめて本格的な沖縄基地建設予算を計上した。そして七月四日の米独立記念日にさいし、マッカーサーの「日本は共産主義進出阻止の防壁」とする声明が出され、沖縄はアメリカの軍事戦略にとって「太平洋の要石」として位置づけられていくことになった。*4

3 第二期：日米安保条約締結と自衛隊の成立（一九五二〜六〇年）

(1) 日米安保条約の締結

講和条約に込められたねらい

朝鮮戦争の勃発のもとで講和条約の内容が具体化されることになるが、そこでの眼目は日本における米軍基地の確保であった。国務・国防両省によって合意され、トルーマン大統領が承認した「対日講和覚書」（一九五〇年九月八日）は講和交渉を進めるための条件を次のように列挙していた。①講和後もアメリカが「日本のどこでも」、「必要と思う程度に」、「米国の同意」があるまで軍隊を維持すること（全土基地・無制限・無期限駐留方式）、②琉球など南方諸島はアメリカの「独占的な戦略上の支配」のもとにおくこと（期限も権限も限定しない沖縄の軍事基地化）、③日本の再軍備を準備するため、平和条約に軍備制限を入れないこと、かつ講和交渉中も両者は協議して再軍備のための手順を考えること。*5

一九五二年四月に発効したサンフランシスコ平和条約は、九〇日以内の占領軍の撤退を規定していたが、同時に締結・発効した日米安全保障条約によって、占領米軍は安保にもとづく駐留米軍としてそのまま存続することとなった。また、平和条約三条によって沖縄は引き続いて米軍の支配下におかれた。

安保条約合憲論

平和条約が発効すると、安保条約にもとづく駐留米軍の存在が憲法九条の理念に抵触しないかが問題となった。その点について、政府は、「憲法第九条第二項にいう『保持』とは、いうまでもなくわが国が保持の主体たることを示す。米国駐留軍は、わが国を守るために米国の保持する軍隊であるから、憲法第九条の関するところではない」とする統一見解を発表して合憲としていた。*6 国際法学者・横田喜三郎は朝鮮戦争勃発前には「外国の軍隊や軍事基地を置くことは憲法からみて適当とかんがえられない」としていたが、戦争勃発後は、「外国の軍隊が日本に駐在することは、憲法の規定に触れるものではない」、日本自身の再軍備が適当でないとすれば「軍事協定はやむをえないもの、むしろ必要なものといわなくてはならない」と一八〇度態度を変更した。*7

憲法学の主流も、自衛隊についての違憲論とは対照的に、外国の軍隊は憲法のいう「戦力」に該当しないとする解釈を展開した。渡辺治は、「安保条約による米軍駐留に対し違憲論が急速に盛り上がるのは、一九五〇年代中葉以後の基地反対闘争の高揚とそれに支えられて出現した砂川事件の第一審判決によるところが大きかった」ことを指摘する。*8

米軍基地闘争の激化

アメリカは冷戦の激化、朝鮮戦争継続のもとで在日米軍基地の新設・拡張を要求し、日本政府がこれを承認するなか、全国各地で激しい基地闘争が展開されていった。米軍の試射場設置に反対する石川県内灘村の闘争を軸に、浅間山、妙義山麓の米軍演習場化反対、横田、立川、板付などの米軍飛行場拡張反対など全国各地で基地闘争が展開され、『朝日新聞』は「解決迫られる基地問題・懸案二百が慢性化」と報じていた（一九五五年五月一日付）。こうして基地闘争は、全面講和運動における「平和と独立」の課題を日常的な生活と暮らしの問題からとらえ直していった。

沖縄の軍事要塞化

この時期、米軍支配化の沖縄においては強権的な土地収用に対し、多くの住民が土地提供を拒んだため文字どおりの「銃剣とブルドーザー」による土地とりあげが進行した。一九五四年には「軍用地の買い上げ、永久使用を狙った軍用地料の一括払い反対」「軍用地に相応の金額を一年ごとに支払う適正保障」「米軍が加えた損害に対する適正な損害賠償」「未使用の土地は返還し新たな土地の収用を行わない新規接収反対」の「土地を守る四原則」が立法院で全会一致で採択され、「島ぐるみ闘争」と呼ばれる大闘争へと発展した。

本土における重要基地の確保をめざしたアメリカは、一九五七年の岸・アイゼンハワー会談で「日米新時代」を謳い、そこでは本土での基地の大幅削減と沖縄の基地の確保・拡充が合意されていた。一三〇〇平方キロメートルであった本土の米軍基地は、六六年には三〇〇平方キロ、七一年には一九六平方キロと急速に削減されていった。これに対し沖縄の米軍基地は軍用地料の一括払いは阻止したものの、五四年一六二平方キロであったものが五八年に二六九平方キロ、六六年に二九九平方キロ、復帰直前の七一年には三五三平方キロと膨れ上がり、「基地の中に沖縄がある」という状況になっていった。本土の米軍陸上部隊は撤退し、海兵隊は沖縄に移設された。この本土から移設された海兵隊が現在の沖縄米軍の兵員の六〇%、基地の七五%を占めている。

(2) 自衛隊の成立と護憲運動の高揚、九条解釈の転換

憲法九条のもとでの日本の再軍備は、朝鮮戦争勃発にともなうマッカーサー指令による警察予備隊創設にはじまり、一九五二年の保安隊・警備隊への改組、そして五四年の自衛隊法、防衛庁設置法制定による陸・海・空三自衛隊体制の発足へと展開していった。

この再軍備の進展に対して革新勢力の側から、「憲法違反」との論議が起こった。政府は、当初、警察予備隊等は、「警察力の補完」であるから憲法の禁止している「戦力」にはあたらないとし、さらに保安

隊に改組されると、保安隊は「戦力」の要件である「近代戦争遂行能力」を有していないから「戦力」ではない、と釈明をしていたが、一九五四年七月に歴とした装備をもつ自衛隊が発足すると、こうした解釈では乗り切れなくなったため、新たな政府解釈を余儀なくされた。一二月には政府統一見解を示して「自衛力」論による自衛隊の合憲化を展開したのである。*9

それは、日本は独立国家である以上、国家固有の自衛権は九条によっても否定されていない。したがって自衛権発動のための必要最小限度の実力である自衛力の保有は合憲である。すなわち、九条が否定する「戦力」ではない「自衛力」の保有とその行使は憲法に反するものではない、とするものである。こうして憲法制定議会においては自衛権の発動それ自体に否定的であった憲法解釈は大きく転換されることとなった。

しかし、こうした転換にもかかわらず、この解釈にも九条の縛りは存在していた。政府の九条解釈論は次の三点の制限を含んでいたのである。①政府解釈でいう自衛権とは自国に対する武力攻撃がなされた場合にそれに反撃する権利、すなわち国連憲章でいう「個別的自衛権」のことであり、他国に対する武力攻撃を自国に対する脅威とみなして武力行使を展開する「集団的自衛権」の行使は憲法上否認されている。②自衛隊創設のさいの一九五四年六月の参議院本会議決議「自衛隊の海外出動禁止に関する決議」にも示されているように「海外派兵」は九条によって禁止される。③また「戦力」の保持は禁止されているので、いかなる兵器も保持することができるわけでなく、九条によって保有兵器に限定がくわえられている。この解釈の基本枠組みは、二〇一四年七月の閣議決定における憲法解釈の変更まで、六〇年にわたって維持されたのである。

九条と自衛隊との矛盾は憲法改正問題を政治課題として浮上させることとなった。一九五四年には自由党、改進党に憲法調査会が設けられ、改憲案が作成された。五五年一一月には「自主憲法制定」を党是として保守合同＝自由民主党が結成された。しかし保守勢力の改憲構想がたんに軍事力の保持に限定されずに自由・人権・民主主義にかかわるものであることが自覚されるもとで、改憲発議に必要な三分の二を許さないという護憲運動が広がり、衆参両院で、相次いで護憲派が三分の一を超える議席を確保するに至った。

(3) 安保条約改定

一九五七年に発足した岸信介内閣は安保条約の改定にとりくむことになる。占領下に締結された五二年安保条約は、在日米軍の完全に自由な行動の保障、内乱条項の存在、無期限条約など対等な独立国家間の条約の体裁をなしているものとはいえなかった。また相次ぐ米軍機墜落事故や米軍犯罪と米軍優位のあり方に対する国民の不満・反発が高まっていた。

こうした声を受けるかたちで、岸内閣は「日米安保の対等化」を掲げて、安保条約の改定から憲法改正による軍事大国への復活をめざしたのである。しかしそれがアメリカに従属・依存した軍事大国化への道であったことはその交渉過程、とりわけ「密約」の存在が明らかにしている。

事前協議と密約

六〇年安保条約は「交換公文」において、①米軍の日本への配置における重要な変更、②米軍の装備における重要な変更、③在日米軍基地からの戦闘作戦行動の場合には、日本との事前の協議を必要とすることが確認された。

事前協議制はその後、「非核三原則」とのかかわりなどで大きな論点となっていったが、「事前協議」において次の密約が取り交わされていた。一つは事前協議の対象となる「装備の変更」には核兵器の持ち込みは入るが、その場合協議対象となるのは、核兵器の持ち込み（イントロダクション・地上配備）だけで、核兵器積載の軍用機や軍艦の立ち寄り・通過（エントリー）はこれまでどおり対象とはならないことである。もう一つは、在日米軍基地の使用について、基地から直接出撃することは事前協議の対象となるが、日本から出ていく場合、すなわち日本からの移動（トランスファー）は対象とならない（米軍の外国への出撃を事実上「移動」として容認）、また朝鮮有事のさいの出撃は対象とはならないとするものであった。[*10]

日米地位協定

在日米軍駐留に関する日米間の法的関係を取り決めた「日米地位協定」も締結された。地位協定は、占領下に締結された五二年安保における「日米行政協定」がほとんど見直されることなく引き継がれたものであった。そこには日本の国内法の適用除外特権、米軍の出入国自由の特権、米軍の基地への排他的管理権、裁判における米軍の優先権、返還基地の原状回復義務の免除など膨大な「不合理、不条理、不平等な権利」が米軍側に与えられていた。[*11] 安保改定は表面的には一定の「対等性」を回復したが、日米地位協定と密約によってアメリカは、より安定的に在日米軍基地の確保と自由な使用を可能なものとしたのである。

砂川事件判決

この安保改定交渉のさなか、立川基地拡張に反対する砂川事件で東京地裁は「合衆国軍隊の駐留を許容していることは」九条二項によって禁止されている戦力の保持に該当すると安保条約違憲の判断を下し（一九五九年三月三〇日）、日米両政府を驚愕させた。検察が最高裁へ跳躍上告して、最高裁は、外国の軍隊は九条二項にいう戦力には該当せず、高度の政治性を有する安保条約は一見極めて明白に違憲無効でないかぎりは司法審査の範囲外であるとして地裁判決を覆すこととなった（一二月一六日）。この過程でマッカーサー駐日米大使が藤山愛一郎外務大臣や田中耕太郎最高裁長官と秘密裏に何回か打ち合わせをしていたことがその後明らかになった。[*12]

安保反対闘争の高揚

一九六〇年一月、新たな安保条約がワシントンで調印された。この安保改定は五二年安保が米軍への基地提供条約であったのに対して、それにとどまらずに五条の日米共同軍事行動規定によって日米軍事同盟へとその性格を大きく転換することとなった。六〇年安保国会で最大の争点となったのは、「極東における国際の平和及び安全の維持に寄与」する（六条）在日米軍の軍事行動により日本が自動的にその軍事紛争に巻き込まれるという「紛争巻き込まれ条約」「主権侵害条約」であるという点であった。政府は「極東」という地域限定や事前協議制によってその恐れはないと主張した。

「安保条約改定阻止国民会議」による闘いは、警察官五〇〇人を衆議院本会議場に導入しての強行採決（五月）を境に、平和と民主主義の闘いが合流することによって、爆発的な盛り上がりをみせることになった。岸内閣は六月に批准書を交換して新安保条約を発効させて、岸首相の退陣が表明された。

この安保闘争の高揚は、支配層に衝撃を与え、五〇年代改憲に示されたような復古的権威主義的な統治構想を断念させることになった。岸内閣を継いだ池田勇人内閣は「国民所得倍増計画」を掲げ、経済主義的な国民統合を中核にすえることになる。また自分の任期中は憲法改正をしないと言明し、これ以降明文改憲は後景にしりぞくこととなった。

4 第三期：日米安保の展開と平和運動との対抗（一九六〇～九〇年）

(1) 六〇年代平和運動の展開と安保・自衛隊体制への制約

一九五四年に発足した自衛隊は、五八年にはじまる第一次防衛力整備計画以後、その増強が計画的に推進されていった。

憲法裁判と九条の定着

しかしこの時代には、六〇年安保闘争を引き継いで、自衛隊の違憲を問う裁判が相次いだ。自衛隊の基地拡張や演習による生活破壊に対する農民、周辺住民の闘いのいくつかは、恵庭事件、百里基地訴訟、長沼ミサイル基地訴訟に代表される九条裁判闘争として展開された。

戦争の悲惨さ・愚かさを基礎とした「厭戦・非戦」の意識は、五〇年代改憲との対抗や安保闘争をへるなかで、九条を媒介とすることによって、軍事的な価値それ自体を否定する自覚的・能動的な意識、規範的価値意識を有する人々を生み出していった。軍事的なものによる生活侵害を拒否するという意識は、軍事的なものに公共的な価値を認めないことを意味していた。「軍の論理」に対する「生活の論理」による否定の意識であった。この意識を支え、価値的確信にまで高めていったのが九条の存在であった。長沼ミサイル基地訴訟における一九七三年九月の札幌地裁判決は、平和的生存権を中核にすえて自衛隊違憲の画期的判断を下すことになった。

ベトナム戦争と日本

ベトナムにおいてアメリカは、敗北したフランスに代わって社会主義勢力の拡大を抑え込むために、一九六四年以降本格的にベトナム侵略戦争を展開することとなった。日米共同軍事行動を規定した新安保五条は、集団的自衛権の行使は憲法によって禁止されているという解釈のもとに規定されたため、ベトナム戦争への日本の参加は具体化されなかった。これに対してアメリカの同盟国・韓国は集団的自衛権の発動として延べ三〇万人を超える軍隊をベトナムに派遣し、五〇〇〇人近い戦死者を出すこととなった。ベトナム戦争への日本の直接的参加は行なわれなかったが、在日米軍基地はベトナム侵略戦争への後方支援拠点の役割を果たした。日本から武器・弾薬・食料などの物資が運び出され、修理・整備の拠点とされ、負傷米兵の治療、休養の地とされた。在日米軍基地からの出撃に関して「事前協議」が問われると、「単なる移動（トランスファー）」であって問題なしとされた。米軍支配下におかれていた沖縄は文字どおりの最前線基地とされ、直接出撃が繰り返された。

国際的なベトナム反戦運動の一翼を形成した日本におけるベトナム侵略反対、ベトナム人民支援の運動が高揚していった。

ベトナム戦争の激化は在日米軍基地機能の強化をもたらすことになった。その象徴的出来事は米原子力潜水艦の寄港問題であった。一九六四年八月、池田内閣は米原潜の日本寄港を承認する決定を行ない、一一月佐世保に、六六年五月に横須賀に米原潜が寄港し、六〇年代後半以降寄港が日常化していった。七三年一〇月には米第七艦隊の横須賀の母港化が強行され、空母艦載機の夜間離発着訓練は厚木基地など基地周辺住民に耐えがたい苦痛を与えつづけている。

沖縄返還闘争

米軍支配下の沖縄において一九六〇年四月「沖縄県祖国復帰協議会」が結成され、島ぐるみの闘争が展開されていった。佐藤栄作首相は六九年三月「核ぬき・本土並み」返還の方針を表明し、一一月の日米共同声明は七二年中の日本への返還を謳うことになった。アメリカは沖縄県民の復帰闘争の高揚を前にして、沖縄における米軍基地を安定的に確保するために施政権返還に応じることとしたが、その一方で安保体制の強化をはかった。共同声明における「韓国条項」「台湾条項」は事前協議制の形骸化をはかるものであり、[*13]返還協定調印時には、緊急時における沖縄への米軍の核持ち込みに同意する佐藤・ニクソンの密約が交わされていたことがその後明らかにされた。[*14]そして「本土並み」といわれながら、七二年の復帰時点で、本土一九七平方キロ、沖縄二七九平方キロであった米軍専用基地は、二〇一五年時点で本土八〇平方キロ、沖縄二二八平方キロであり、約七四%が沖縄に集中している。

集団的自衛権の行使を違憲とする解釈

こうした六〇年代における平和運動・国会論戦との対抗のなかで田中内閣は七二年一〇月、国会への提出資料「集団的自衛権と憲法の関係」において、「他国に加えられた武力攻撃を阻止することをその内容とするいわゆる集団的自衛権の行使は、憲法上許されないといわざるを得ない」ことを明確にした。政府の九条解釈は、「国家固有の自衛権」を基礎に「戦力」ではない「自衛力」の保持は許されるとしたが、それは「専守防衛」論に帰結し、集団的自衛権の行使の否定、海外派兵の禁止、保有兵器の限定という憲法論上の制約をともなうことになった。

憲法九条にそった政策、原則

また、六〇年代における平和運動への対応から政府は、憲法九条の精神を忖度した以下のような制約を設けることを余儀なくされた。

第一は、武器輸出禁止三原則である。一九六七年、佐藤内閣が、①共産圏諸国、②国連が禁止した国、③紛争国およびその恐れのある国、の三地域には武器輸出を禁止するとしたが、七六年、三木武夫内閣が、

①三原則対象地域については禁止、②それ以外の地域についても武器輸出を慎む、③武器製造関連設備についても武器に準じて取り扱うとの新三原則を決定し、事実上日本企業は武器輸出を禁止された。

第二は、非核三原則である。これは、一九六七年に佐藤首相が沖縄返還問題にかかわって表明し、七一年の衆議院本会議決議「非核兵器ならびに沖縄米軍基地縮小に関する決議」で「政府は、核兵器を持たず、作らず、持ち込まさずの非核三原則を順守する」とし、「国是」とされるに至った。

第三は、軍事費の国民総生産（GNP）の一％枠である。これは、一九七六年の三木内閣の閣議決定「当面の防衛力整備について」で決められ、防衛費の量的制限に貢献した。

第四は、徴兵制は憲法一八条により禁止されるという表明であった。

防衛計画の大綱「基盤的防衛力構想」

三木内閣は一九七六年に「防衛計画の大綱」を閣議決定することになった。これは防衛力整備計画の進行で倍々ゲームのように軍事費が増大するもとで、防衛計画のあり方について基本的考え方を定めたものであった。この七六年の大綱の理論的基盤をなしていたものは「基盤的防衛力構想」という考え方であった。基盤的防衛力構想とは、敵を想定してその敵との戦いに必要な軍事力を備えるという「脅威対応型」の考えをとらずに、冷戦構造を前提として「力の空白」をつくることは国際政治に不安定要因をもたらすので、必要最小限の軍事力を均衡をもって日本国内に配置して抑止的効果を期待するという考え方であった。つまり自衛隊をどのように活用するかということではなく、存在させること自体に意味があるという考えであった。

(2) 七〇年代半ば以降のアメリカの対日軍事要求の変化

七〇年代の前半、アメリカの経済的・政治的・軍事的な国際的地位の相対的低下を象徴する出来事が相次いで起こった。その主要なものを時系列的に並べると、金・ドル交換停止(一九七一年八月、この結果七三年に全面的に変動相場制に移行)、貿易赤字に転落(七一年度)、中華人民共和国国連復帰決定(七一年一〇月)、第一次オイル・ショック(七三年一〇月、これはメジャー・石油独占体ではなくアラブ諸国が原油価格の決定権を握っていることを示した)、ベトナム戦争敗北(七三年一月ベトナム和平協定調印、七五年四月サイゴン陥落)となる。アメリカは七〇年代半ば以降、その世界戦略の立て直しにとりくむことになった。

アメリカの軍事面における日本への要求は、七〇年代までは、安保にもとづく在日米軍基地の自由な使用と自衛隊の強化における兵器輸出市場としての日本という二点が主要なものであった。しかし七〇年代末から八〇年代に入ると、これら二点にくわえて次の三点が対日要求となる。

米軍基地経費の負担と日本の先端技術の導入

一つはアメリカの財政赤字軽減のための、在日米軍基地経費の負担である。日米地位協定においては土地の提供以外の基地経費は日本側に負担義務がないものとされていたが、一九七八年以降「思いやり予算」の名目で経費負担がはじまり、最大時には二七〇〇億円を超え、いまでは基地経費の七割、およそ二〇〇〇億円の経費が日本側の負担となっている。次いでアメリカの軍事産業に日本の民間企業の有する最先端技術を導入することである。これは八三年一月に安保体制の効果的運用を名目に「武器輸出禁止三原則」の例外として認められ、その後拡大されていくことになる。

日米防衛協力の指針（ガイドライン）の締結

第三が日米共同軍事行動の体制づくりに向けての動きである。六〇年の安保改定は、五条で日米共同軍事行動を定めていたが、六〇年代にはその本格的具体化はなされないままであった。七八年に制定されたガイドラインは、「侵略の未然防止」「日本有事」「極東有事」の三つの場面に分けて、日米両軍がいかに役割分担するかの基本を定めたものであった。ガイドラインはすでにこの時点で安保条約の規定を超えて「日本以外の極東における事態で日本の安全に重要な影響を与える場合の日米間の協力」の項目を設定していたが、この具体化は冷戦終焉後に追求されることとなる。七八年ガイドライン以降、「日本有事」「シーレーン防衛」「波及型有事」などの場面設定にもとづく日米共同作戦計画が次々に制定され、それにもとづく実践的共同演習が開始されることとなった。八六年には初の日米統合実動演習「キーン・エッジ八七」が一万三〇〇〇人規模で行なわれた。また日本に対する大軍拡要求がなされ、八〇年代は軍拡の時代となった。この軍拡の時代を担ったのが「戦後政治の総決算」を掲げた中曽根内閣であったが、八七年には軍事費のＧＮＰ一％枠を撤廃する閣議決定を行なった。

5　第四期：冷戦の終焉と日米安保のグローバル化（一九九〇～二〇〇三年）

(1) 冷戦の終焉と安保再定義

湾岸戦争と自衛隊の海外派遣問題

一九八九年から九一年にかけて米ソ冷戦体制は終焉を迎えることとなった。そしてこの終焉と重ね合わせるようにして九〇年のイラクのクウェート侵略・併合、九一年の国連安保理決議にもとづくアメリカを盟主とする多国籍軍によるイラクへの武力攻撃が展開された。この湾岸戦争においてアメリカは、日本に対して軍事的貢献を強く要求した。ここには世界単一の自由市場形成に向けて日本の軍事力を組み込むねらいがあった。

渡辺治はアメリカは冷戦期の当初から「対ソ封じ込めといういわば戦略的、政治的な目標にくわえ、それとは別に、自由な世界市場の再建、形成、拡大という目標を掲げていた」ことを強調する。「冷戦の終焉で飛躍的に拡張した自由な市場秩序の維持はアメリカ一国では手に余るため、同盟国をこうした秩序維持に動員する必要性が生まれたのである」[*15]。

当時の海部俊樹内閣は国連平和協力法案の国会提出、特例政令制定による自衛隊機の派遣などを画策したが、いずれも失敗に終わった。だがここに自衛隊の海外派遣問題がクローズアップされることとなった。自衛隊の実践的軍事目的をもった初の海外派遣は、湾岸戦争終了後のペルシャ湾における機雷除去のための掃海艇の派遣であった(一九九一年)。次いで九二年には国連平和維持活動等協力法が強行可決され、国際緊急援助隊法も改正され、PKOや海外大規模災害への自衛隊の派遣が可能となった。九二年九月にカンボジアのPKOに自衛隊が派遣されて以降、この二つの法的枠組みのもとで自衛隊はほぼ常時海外に派遣されるようになっていった。九四年一一月には自衛隊法が改正され、邦人救出のために海外への自衛隊機派遣が可能となった。

安保再定義

冷戦の終焉は「対ソ脅威」論を前提としていたNATOや日米安保などの軍事同盟の正当性を問うこととなった。軍事費を大幅に削減し、社会保障、経済力の回復に振り向けるべきとの「平和の配当」という論議もなされたが、アメリカは一九九三年に「アメリカ戦略構造の徹底見直し(ボトム・アップ・レビュー)」を出し、もはや米ソ対決、世界戦争という事態ではなく、二つの大規模地域紛争(中東と朝鮮半島)に対処しうる戦力構造の保持を軍の基本にすえることとした。単一世界市場形成・確保に向けての市場民主主義の拡張戦略であった。一九九五年二月には「東アジア・太平洋地域に対するアメリカの安全保障戦略」を発表し、東アジア一〇万人体制の維持を明確にした。そして九五年の米軍による少女強姦事件に端を発する米軍基地の縮小・整理を求める沖縄での島ぐるみ闘争のなかで、普天間基地の返還を表明したうえで発表されたのが、橋本龍太郎首相とクリントン大統領の「日米安全保障共同宣言——二一世紀に向けての同盟」(九六年四月一七日)であった。

この共同宣言は日米安保条約の実質的な大改正であった。第一に安保六条は在日米軍の存在を「極東における国際の平和及び安全の維持に寄与するため」としていたが、この宣言には「極東」という地域概念は一切存在せず、「アジア・太平洋地域」という概念が使用されていた。たとえば「米国が引き続き軍事的プレゼンスを維持することは、アジア・太平洋地域の平和と安定の維持のためにも不可欠である」と語られ、在日米軍の行動領域が公然とアジア・太平洋地域へと拡大された。第二に安保五条は、日米共同軍事行動を「日本の施政権下におけるいずれか一方に対する攻撃」に対処するものとしていたが、宣言は「日本周辺地域において発生しうる事態で日本の平和と安全に重要な影響を与える場合における日米間の協力に関する研究」をあげ、そのため七八年ガイドラインの見直しを開始することを謳っていた。

この「周辺事態」における米軍の後方支援の課題は、以下のようにかたちづくられていった。一九九四年の北朝鮮核危機にさいして米軍は北朝鮮への軍事攻撃を検討し、九四年四月には防衛庁に支援要求を行なった。これを受け九五年一二月には日本の米軍支援項目は一〇五九項目に整理された。[*16] この米軍への後方支援体制の構築が安保再定義の核心をなしていたのである。

九七年ガイドラインと周辺事態法

一九九七年九月に新たなガイドラインが締結された。九七年ガイドラインは、「日本に対する武力攻撃に際しての対処行動等」の項目も設定されていたが、その中心は「日本周辺地域における事態で日本の平和と安全に重要な影響を与える場合（周辺事態）の協力」であった。新ガイドラインには「周辺事態」における米軍の軍事行動に対する日本の「協力項目例」が四分野、四〇項目にわたって別表で示されていた。その主なものをあげると、①米軍への新たな施設・区域の提供：(a)新たな基地の提供、(b)自衛隊基地の提供、(c)民間の空港・港湾の提供、②米軍への後方支援：武器・弾薬を除く物資の提供、米兵や武器・弾薬を含む物資の輸送、兵器の修理・整備、医療、通信支援などを日本領域内のみならず公海及びその上空で実施、③作戦面における協力：情報収集、公海上での機雷除去、負傷米兵の捜索・救難、経済制裁のための船舶臨検、海・空域調整などである。こうした全面的軍事協力を展開するためには自衛隊のみならず、国家行政機構、地方自治体そして民間人を動員することが必要となる。新ガイドラインは「後方地域支援を行うに当たっては、日本は、中央政府及び地方公共団体が有する権限及び能力ならびに民間が有する能力を適切に活用する」と規定していた。

九九年五月には九七年ガイドライン体制発動に法的根拠を与えるための「周辺事態法」が成立した。そこでは関係行政機関は自治体に対して「必要な協力を求めることができる」とし、民間に対しても「協力を依頼することができる」としていた。

九七年ガイドライン体制は、いわゆる「専守防衛」論によって自衛隊を合憲化してきたこれまでのあり方を根本的に転換して、自国領域外の事態をも日本の脅威であると認めてアメリカとの共同軍事対処を定めたものであった。また七八年ガイドラインが自衛隊と米軍との協力の枠組みを定めたものであったのに対し、九七年ガイドラインは、自衛隊のみならず、政府各機関、地方自治体、民間を含め国民全体を動員対象としたのである。日米安保体制はグローバル安保へと大きく歩みを進めることとなった。

(2) 同時多発テロと自衛隊の参戦

周辺事態法制へのアメリカの不満

この周辺事態法制に対してアメリカは三点の不満をもっていた。当時、アメリカの国家安全保障会議の日本韓国部長であったマイケル・グリーンは「新ガイドライン法整備、やっと『一歩』を踏み出した」としながら、①この法案は民間、地方自治体への強制措置が含まれていないので、全面的有事法制を整備する必要がある、②集団的自衛権の行使が禁止されており、武力行使と一体化した支援ができない、③無内容な地理的範囲の議論を克服して、真のグローバルな日米同盟にしなければならない、と批判した。*17「地理的範囲の議論」とは、九七年ガイドラインでは「周辺事態の概念は、地理的なものではなく、事態の性質に着目したものである」とされていたが、法案審議のなかでは地理的限界が焦点とされ、インド洋や中東は想定されないなどと答弁されていたことをさしている。二〇〇〇年一〇月に出された「米国と日本・成熟したパートナーシップに向けて」と題された第一次アーミテージ報告では、「ガイドラインの改定は、太平洋をまたぐこの同盟で日本が果たすべき役割の増強に向けた、上限ではなく、基盤とみなすべきである」として、米英同盟をモデルとして、日米の責任分担を権力の分担に発展させる時期がきているとした。そして集団的自衛権行使の禁止の撤廃、有事立法の制定、ＰＫＯへの全面参加などを求めていた。[*18] これを受けるかたちで有事法制は二〇〇三、〇四年の有事関連立法として具体化され、集団的自衛権の行使、地理的範囲の克服は、二〇一五年のガイドラインの改定、戦争法の成立によって具体化されるのである。

同時多発テロと日本の参戦

二〇〇一年九月の同時多発テロを受けてアメリカはアフガニスタン戦争を開始した。ＮＡＴＯははじめて集団的自衛権の行使を名目として参戦した。〝show the flag（日の丸を見せろ）〟を要求された日本は、周辺事態法のもとでの地理的限界を超えるべく、テロ対策特措法を制定して、インド洋に補給艦、護衛艦を派遣してアメリカをはじめとする軍艦へのエネルギー補給の活動に従事した。

二〇〇三年三月、アメリカはフランス、ドイツなど同盟国の批判や国際的な広範な反対運動を押し切ってイラク戦争に踏み切った。国連決議もなく、主たる開戦理由であった大量破壊兵器も確認されなかったこの戦争は、国際法上明確な「侵略戦争」であり、アメリカでもその後「間違った戦争」といわれることになった。アメリカは日本に対し、〝boots on the ground（軍靴を履いて戦場に立て）〟を要求し、小泉純一郎内閣はイラク特措法を制定し、イラク・サマーワに陸上自衛隊を、クウェートに航空自衛隊を派遣することとなった。航空自衛隊による武装米兵のバクダッドへの輸送はその後、名古屋高裁判決で憲法が禁止する武力行使にあたると判断された（二〇〇八年四月一七日）。

当初は「国際貢献」「国連協力」を掲げて開始された自衛隊の海外派遣は、九〇年代後半以降、日米安保体制の拡張にともない、二一世紀になって、アフガン戦争、イラク戦争という実際の戦争に「派遣」されることとなった。すなわち自衛隊が「参戦」することとなったのである。

6　第五期：政府解釈の限界突破と日米同盟強化の停滞（二〇〇四～一二年）

(1) 解釈改憲の限界と明文改憲の挫折

二〇〇三年からのイラク戦争の展開のもとでアメリカは、地球規模での米軍の再編（Transformation）にとりくみはじめ、日米関係も新たな局面を迎えた。〇五年一〇月の日米安全保障協議委員会で在日米軍の再編に関する中間報告「日米同盟——未来のための変革と再編」に合意し、〇六年には沖縄における辺野古新基地建設を含む「再編実施のためのロードマップ」に合意した。そして〇六年六月の小泉・ブッシュ首脳会談では「新世紀の日米同盟」と題した共同文書に合意し、そのなかで「地球規模での日米同盟」が謳われたのである。こうしたアメリカの世界戦略に日本をグローバルな規模で軍事的に組み込むためには、もはやこれまでの九条解釈では限界に突き当たることとなった。

九条解釈の限界性のクローズアップ

ＰＫＯ協力法の段階では、「国連協力」「国際貢献」であって軍事的活動ではないとされたが、九七年ガイドライン下での日米安保体制を前提とした米軍の軍事活動への支援にあたって登場した説明は、憲法九条によって武力の行使を禁止されている以上、米軍支援は米軍の武力行使と一体化したものであってはならない、逆にいうと米軍の武力行使と一体化しなければ憲法上可能であるというものであった。周辺事態法二条二項は「対応措置の実施は、武力による威嚇又は武力の行使にあるものであってはならない」と規定していた。そのため米軍支援は「後方地域」、すなわち「我が国領域並びに現に戦闘行為が行われておらず、かつそこで実施される活動の期間を通じて戦闘行為が行われることがないと認められる我が国周辺の公海及びその上空の範囲」で実施されるとしていた。この「後方地域」という概念はイラク特措法等では「非戦闘地域」という概念が充てられることになった。これは、「後方地域」「非戦闘地域」であるならば米軍への軍事支援は憲法に違反しないという新たな解釈改憲であった。

小泉内閣は一九五四年以来の「自衛権―自衛力」論の解釈の基本枠組みは維持しながら、自衛隊の海外における活動の合憲化をはかろうとした。そこでは「海外派兵」↕「海外派遣」、「武力の行使」↕「武器の使用」、「戦場・戦闘地域」↕「非戦場・非戦闘地域」、「武力行使」↕「後方支援」、「武力行使と一体化」↕「武力行使と区分」というアクロバティックな言葉の使い分けをして、前者は憲法違反だが後者は合憲であるとした。自衛隊が参戦するという事態のもとで、解釈改憲の限界性がクローズアップされることとなった。

明文改憲の動きと「九条の会」

九七年ガイドライン体制にともなう日米同盟の強化が解釈改憲路線の限界性を明らかにするなかで、さまざまな憲法改正案が提出されるに至る。二〇〇五年一〇月には自民党が結党以来はじめてとなる条文化された「新憲法草案」を発表し、民主党憲法調査会も「憲法提言」を発表した。〇六年九月に発足した安倍内閣は、新たな解釈改憲による集団的自衛権の部分的行使を追求しながら、「戦後レジームからの脱却」を謳い、憲法改正を内閣の課題として公然と掲げた。その実現に向けて教育基本法の改正、憲法改正国民投票法の制定、防衛庁の防衛省昇格法など戦後の基本にかかわる法制定を次々と強行していった。しかし、公約のトップに一〇年の憲法改正の国会発議をめざすと掲げた〇七年の参院選で惨敗し、退陣に追い込まれることになった。

九条改正が政治の焦点になるなかで二〇〇四年には、井上ひさしや奥平康弘ら九人の著名人・知識人が九条の明文改憲を許さないすべての人々の結集のための「九条の会」の結成を呼びかけた。「九条の会」は全国各地に爆発的に結成されていった。『読売新聞』の憲法改正への賛否の世論調査によれば、〇四年には改正賛成が六六％、反対が二二％であったものが、九条の会が七〇〇〇を超えた〇八年調査では同じ四八％台ながらわずかに反対が上回ることとなった。

(2) 民主党政権の登場と二〇一〇年防衛計画の大綱

鳩山首相の挫折

第一次安倍政権の崩壊に続く、福田康夫内閣、麻生太郎内閣は憲法改正にとりくむ力量を有せず、二〇〇九年には鳩山民主党政権が誕生することとなった。民主党は「マニフェスト二〇〇九」で「日米地位協定の改定を提起し、米軍再編や在日米軍基地のあり方についても見直しの方向で臨む」としており、インド洋での給油は法律を延長せず撤退した。鳩山首相は、辺野古新基地建設に対して普天間基地の移設について「最低でも県外」を主張して模索を重ねたが、外務・防衛官僚を含む日米支配層の抵抗によって挫折し、退陣に追い込まれた。このため菅直人内閣、野田佳彦内閣は日米同盟強化の路線に転向したが、日米同盟強化は停滞することとなった。

「基盤的防衛力」から「動的防衛力」へ

しかしこの時期、自衛隊の位置づけについての重大な理論的転換がなされていたことを確認しておきたい。防衛計画の基本的あり方を定める「防衛計画の大綱」は、一九七六年に制定されて以降、日米安保体制の展開にあわせて、九五年、〇四年と改定されてきた。七六年大綱においては「我が国の防衛」の一点に限定されていた「防衛力の役割」が、「周辺事態」や「国際的安全保障環境」などに拡大されていった。だが、その理論的基礎であった「基盤的防衛力構想」は維持されつづけていた。しかし〇四年大綱になると「新たな安全保障環境の下、『基盤的防衛力構想』の有効な部分は継承しつつ、新たな脅威や多様な事態に実効的に対応し得るものとする必要がある」と、基盤的防衛力構想からの離脱が明示されたのである。そして一〇年大綱になると「今後の防衛力については、防衛力の存在自体による抑止効果を重視した従来の『基盤的防衛力構想』によることなく、各種事態に対し、より実効的な抑止と対処を可能とし、アジア太平洋地域の安全保障環境の一層の安定化とグローバルな安全保障環境の改善のための活動を能動的に行い得る動的なものとしていくことが必要である。このため、即応性、機動性、柔軟性、持続性及び多目的性を備え、軍事技術水準の動向を踏まえた高度な技術力と情報能力に支えられた動的防衛力を構築する」という大転換がなされた。この「動的防衛力」という表現は、第二次安倍内閣における一三年大綱では「統合機動防衛力」とより積極的に表現されることになる。

二〇一〇年大綱以降自衛隊は、七六年大綱以来の基本的理念であった基盤的防衛力構想を明確に否定して、「脅威対応」論の発想に立ち、現実に考えられる脅威に対応する活動を日常的に展開していく。一三年一〇月の自衛隊の中央観閲式での安倍首相の訓示での次の発言は、このことをよく示していた。「『平素は訓練さえしていればよい』とか『防衛力はその存在だけで抑止力となる』といった従来の発想は、この際、完全に捨て去ってもらわねばなりません」。*19

7 第六期：日米同盟の攻守同盟化と改憲（二〇一二年〜）

(1) 二〇一五年ガイドライン

アメリカのアジア重視の国防戦略

このように「統合機動防衛力」の構築とその運用に向けての体制づくりの急激な展開の背景にアメリカの国防戦略の転換があった。オバマ大統領は二〇一二年一月、「米国の世界的リーダーシップの維持と二一世紀の国防政策の優先課題」と題した新たな国防戦略を発表し、アジア・太平洋地域を最優先とした再編をはかることを明らかにした。米国の経済的利益と安全保障上の利益は西太平洋から東アジア、インド洋、南アジアに至る〝不安定の弧〟の動静と密接につながっており、既存の同盟を重要な基礎としてアジア・太平洋を最優先とする体制を構築するとしていた。その象徴的具体化としてパネッタ国防長官は六月「二〇二〇年までに大西洋と太平洋に展開する米海軍の艦船比を現在の五対五から四対六にする」と表明した。この背景には、一一年一二月にはイラクからは撤退をしたが、アフガン・イラク戦争の巨額な戦費支出のため、〇九年から一二年の四年連続の一兆ドルを超える巨額の財政赤字を抱えていること、そして一万人近くの戦死者を出すなかでの米国民における強い厭戦意識の蔓延があった。

地球規模での一五年ガイドライン締結

二〇一二年に発足した第二次安倍内閣は、日米同盟の再建・強化にとりくみ、一五年四月二七日、ガイドライン改定に合意することとなった。この一五年ガイドラインの特徴を三点指摘しておく。一五年ガイドラインはその冒頭で、「平時から緊急事態までのいかなる状況においても日本の平和及び安全を確保するため、また、アジア太平洋地域及びこれを越えた地域が安定し、平和で繁栄したものとなるよう日米両国間の安全保障及び防衛協力は、次の事項を強調する」（傍点筆者）と述べ、四月二八日の「日米共同ビジョン宣言」でも、「新たな指針は、同盟の各々の役割及び任務を更新するとともに、日本が地域の及びグローバルな安全への貢献を拡大することを可能にする」と述べている。すなわち日米同盟の対象領域は、

「極東」（六〇年安保）から「アジア太平洋地域」（九七年ガイドライン）へと拡大され、今回は「アジア太平洋地域及びこれを越えた地域」と文字どおりの地球規模での日米安保体制をめざすことを明確にした。

一五年ガイドラインの第二の特徴は、その冒頭で「平時から緊急事態までのいかなる状況においても」と記されているように、ありとあらゆる場面での日米共同軍事行動を詳細に設定していることである。その具体的内容は、「日本の平和及び安全の切れ目のない確保」、「地域の及びグローバルな平和と安全のための協力」、「宇宙及びサイバー空間に関する協力」の三つである。

共同作戦計画・共同司令部

第三の特徴は、日米間の共同作戦計画の策定、共同司令部の設置に本格的に乗り出すことを強調している点である。ガイドラインは「強化された同盟内の調整」の項目を立て、「日米両政府は、新たな、平時から利用可能な同盟調整メカニズムを設置し、運用面の調整を強化し、共同計画の策定を強化する」としている。日米両政府は、「同盟調整メカニズム（Alliance Coordination Mechanism：ＡＣＭ）」「共同計画策定メカニズム（Bilateral Planning Mechanism：ＢＰＭ）」を設置し、運用に入ることで一五年一一月三日に合意した。この二つのメカニズムは九七年ガイドラインにも規定されていたが、十分具体化されていなかったものである。

「共同計画策定メカニズム」は、「日米安全保障協議委員会（２＋２）」「防衛協力小委員会（外務省北米局長、防衛省政策局長、米国務次官補、米国防次官補）」「共同計画策定委員会（自衛隊と在日米軍などの代表）」からなり、必要に応じて「省庁間調整フォーラム（内閣官房事態室、国家安全保障局、外務省、防衛省、在日米大使館、在日米軍の代表）」で構成されている。このBPMは平時から戦時に至るまでの各段階にわたる日米共同作戦計画を策定することになる。

「同盟調整メカニズム」は策定された作戦計画を、戦争発生前の平時の段階から、共同の武力行使となる兵站支援の段階、そして集団的自衛権の行使による武力行使まで、実際に発動する役割を担うことになる。そこでは自衛隊が米軍の指揮下に組み込まれていく。このメカニズムのもとにおかれる「同盟調整グループ」は「政策面」にかかわり、内閣官房、外務省、防衛省・自衛隊をはじめとする関係省庁の局長級、課長級、担当級の官僚から構成され、日本の政府機関を丸ごと動員できる体制となっている。「作戦面」にかかわるものとして「共同運用調整所」がおかれ、米軍トップは在日米軍司令部ではなく太平洋軍司令部となっている。これは戦時の作戦指揮権が在日米軍司令官にないためである。また各軍単位の「各自衛隊及び米軍各軍間の調整所」も設置されることになる。文字どおりの平時から戦時まで、シームレスな、切れ目のない日米共同軍事行動体制を構築しようとするものである。そして今回の戦争法は、米艦船の平時からの防護にはじまり、地球規模での米軍の軍事行動に対する後方支援・兵站、そして米軍への軍事攻撃にさいして集団的自衛権を発動して米軍とともに軍事行動することを可能にしているのである。

⑵ 軍事大国化の体制づくりに向かう安倍政権

二〇一二年末に成立した第二次安倍政権は、海外での軍事力行使の体制づくりに向けて次々と施策を展開してきた。以下主要なものを時系列でみていこう。

①一三年一一月に国家安全保障会議設置法を成立させ、一二月に国家安全保障会議（ＮＳＣ）を設置、一四年一月に国家安全保障局を設置した。国家安全保障局は六つの部からなり、各部に幹部自衛官二名を配置して情報を集中し、「四大臣（首相、外務、防衛大臣、内閣官房長官）会合」による迅速な決定をはかっている（月二〜三回のペースで開催され、首相判断で統合幕僚長も出席）[*20]。一六年三月の防衛大学校卒業式で安倍首相は「安全保障政策の司令塔である国家安全保障会議をはじめ、私の下には、将官を筆頭に、一佐や二佐を中心とした二〇名を超える自衛官が勤務してくれています。……将来、諸君の中から、最高指揮官たる内閣総理大臣の片腕となって、その重要な意思決定を支える人材が出てきてくれることを、切に願います」と訓示していた[*21]。のちにふれるが「背広組」の権限が「制服組」に移譲される事態のもとで、「軍部」の形成を可能にする事態が進行している。

②一三年一二月、特定秘密保護法が制定され、「防衛」「外交」「外国の利益を図る目的の安全脅威活動の防止（スパイ活動防止）」「テロ活動防止」を対象として、行政機関が設定する「特定秘密」の漏えいについ

て未遂犯、過失犯、共謀・教唆・扇動犯の処罰を含む言論抑圧の法体制が施行された。

③同月に、NSC決定を受けて「国家安全保障戦略」がはじめて閣議決定された。「我が国が掲げるべき国家安全保障戦略の基本理念」として「国際協調主義に基づく積極的平和主義の立場から、我が国の安全及びアジア太平洋地域の平和と安定を実現しつつ、国際社会の平和と安定及び繁栄の確保にこれまで以上に積極的に寄与していく」としている。「積極的平和主義」とは軍事的な対応を第一義的課題とするものであり、「軍事大国化」への志向を強く示すものである。

④同じ月には新たな「防衛計画の大綱」が策定され、すでに述べたように「統合機動防衛力の構築」が謳われることになった。基盤的防衛力論を否定して「行動する自衛隊の構築」の視点を明確にしたにもかかわらず、一〇年の「大綱」に対して安倍首相は二点の不満をもっていた。一つは、北朝鮮、中国に対する「脅威」認識が明確ではないことである。このため一三年「大綱」は、北朝鮮の核・ミサイル開発について、「我が国の安全に対する重大かつ差し迫った脅威」であるとし、中国の軍事動向について「強い懸念」を明確にした。すなわち、基盤的防衛力論が否定していた「脅威対応型」の「所要防衛力」論の立場への明確な移行である。もう一つの不満は、「脅威対応型」の「所要防衛力」論の立場に立つと、それに見合った組織と武器装備の編成が必要になるが、一〇年「大綱」は、財政難のもとで軍事費の削減の立場に立っていたことである。このため、組織編成の点では、南西諸島を重視した「本格的な水陸両用作戦能力の新たな整備」として三連隊・三〇〇〇人規模の「水陸機動団（日本型海兵隊）」の新編成（水陸両用車五二両、

オスプレイ一七機新規装備）、那覇基地に戦闘機部隊一個飛行隊（二〇機）移動し二個飛行隊に、早期警戒機E－2C一個飛行隊那覇基地配備、与那国島・奄美大島に陸自沿岸監視部隊配備などがある。武器装備の点では、「大綱」は「弾道ミサイル発射手段等に対する対応能力のあり方についても検討のうえ、必要な措置を講ずる」と「敵基地攻撃能力の保有」の検討を公然化させた。また無人偵察機グローバルホーク三機の新規導入、護衛艦、戦闘機、イージス艦、潜水艦、空中給油機の増大なども計画されている。

⑤この一三年大綱にもとづく中期防衛力整備計画は、二四兆六七〇〇億円（前中期防より一兆一八〇〇億円増）の予算規模を設定している。

⑥一四年四月、「防衛装備移転三原則」が閣議決定された。この閣議決定は憲法九条にもとづく「平和国家」としての日本のあり方の基本を定めていた「武器輸出禁止三原則」を廃止して、武器輸出の原則禁止から「厳格審査・適正管理」のもとでの原則武器輸出への大転換をはかるものであった。一五年一〇月には防衛装備庁が一八〇〇人体制で防衛省の外局として発足し、軍需産業の育成や武器輸出の支援策を企画・立案する政策官庁の役割を果たしている。

⑦一五年六月には防衛省設置法が改正され、防衛大臣に対する補佐の権限が「制服組」よりも「背広組」が優位であったものを対等とすることとした。また、自衛隊の運用について背広組が担ってきた「運用企画局」が廃止され、制服組主体の組織である統合幕僚監部に統合された。

安倍政権は、戦後はじめて国益追求のために政治的・軍事的手段を行使する能力と体制をもった国家＝軍事大国化を自覚的にめざした政権だといえる。そこではグローバルな規模で自衛隊を政治政策遂行の道具として活用できる体制の構築が課題となる。*22 そのための新たな段階を画したのが、六〇年にわたり維持されてきた九条解釈の変更を行なった二〇一四年七月の閣議決定であり、一五年九月の戦争法の強行であった。そしてこの戦争法発動の国家体制構築に向けての憲法改正が引き続き追求されている。これらの点については第2章、第3章で詳しく検討される。

(3)「オール沖縄」の登場

本章の最後にグローバル日米安保の矛盾の焦点である沖縄において、「オール沖縄」という新たな政治的地平が登場していることをみておくこととしたい。「オール沖縄」とは、琉球王国、沖縄戦、米軍支配といった沖縄の歴史と、基地の重圧、本土による構造的沖縄差別といった沖縄の現実に裏打ちされた、保守・革新という政治的枠組みを超えたウチナーンチュとしての一体感にもとづくものである。この「オール沖縄」の意識は、二〇〇七年九月の「教科書検定意見を求める県民大会」（一一万人参加）の頃から急速に広がり、〇九年九月の鳩山首相の「最低でも県外」発言が「パンドラの箱」を開け、「沖縄はがまんしなくていいんだ」と大きく意識を転換させた。一〇年四月の「米軍普天間飛行場の早期閉鎖・返還と県内移設に反対し、国外・県外移設を求める県民大会」（九万人）、一二年九月の「オスプレイ配備に反対する沖縄県民大会」(一〇万人)と大規模な県民大会が続き、一三年一月には沖縄全四一市町村長・市町村議会議長が署名したオスプレイの配備撤回、普天間基地の閉鎖・撤去、県内移設断念を求める「建白書」が安倍首相に提出された。一四年七月には「沖縄『建白書』を実現し未来を拓く島ぐるみ会議」が結成され、一一月の県知事選挙では一〇万票の大差をつけて翁長雄志が当選し、翁長知事は一五年一〇月辺野古沖埋め立て承認の取り消しを表明することとなった。一二月には「辺野古基地を造らせないオール沖縄会議」が結成された。

新たな政治的地平として特筆すべきことは、一四年一二月の総選挙において沖縄一区から四区の四選挙区すべてにおいて「オール沖縄」推薦の統一候補が実現し、一区の共産党公認の赤嶺政賢をはじめとして四選挙区すべてで勝利したことであった。この沖縄の闘いは今回の参院選での三二の一人区での四野党の統一候補の実現へと発展していき、参院選での沖縄選挙区は伊波洋一が現職閣僚の島尻安伊子に一〇万六〇〇〇票の大差をつけて圧勝した。自民党は沖縄の衆参全選挙区で議席を失うこととなったのである。安倍政権がめざす日本の軍事大国化に向けてのアキレス腱が沖縄にあることは間違いがない。

◉注

*1 清水伸編『逐条日本国憲法審議録〔増訂版〕第一巻』原書房、一九七六年、四二頁。

*2 清水伸編『逐条日本国憲法審議録〔増訂版〕第二巻』原書房、一九七六年、八二、四二頁。

＊3　トルーマン米大統領が、ギリシャ・トルコ両国が「全体主義」の脅威にさらされているとし、「自由な諸国民」を援助するため、経済的・軍事的援助を供与する議会の承認を求めたもの。
＊4　新崎盛暉『日本にとって沖縄とは何か』岩波新書、二〇一六年、一〇頁。
＊5　三浦陽一『吉田茂とサンフランシスコ講和　下巻』大月書店、一九九六年、二三三頁。
＊6　『朝日新聞』一九五二年一一月二六日付。
＊7　横田喜三郎「平和憲法と軍事協定の締結――駐兵は認めても再軍備は避けねばならぬ」『世界』一九五一年一〇月号、一二八、一三〇頁。
＊8　渡辺治『日本国憲法「改正」史』日本評論社、一九八七年、一二一頁。
＊9　浦田一郎『集団的自衛権限定容認とは何か――憲法的、批判的分析』日本評論社、二〇一六年、五頁。
＊10　不破哲三「非核の日本、非核の世界」『前衛』二〇一〇年六月号。これらについて、二〇一〇年、鳩山内閣は「広義の密約」としてその存在を確認した。
＊11　琉球新報社・地位協定取材班『検証［地位協定］　日米不平等の源流』高文研、二〇〇四年、三六頁。
＊12　吉田敏浩・新原昭治・末浪靖司『検証・法治国家崩壊――砂川裁判と日米密約交渉』創元社、二〇一四年。
＊13　共同声明は「韓国の安全は日本自身の安全にとって緊要」であり、「台湾地域における平和と安全の維持も日本の安全にとって極めて重要な要素である」ことが強調されており、これは、在日米軍のこれら地域への出動に対する事前承認を意味していた。前掲、新崎『日本にとって沖縄とは何か』六七頁。
＊14　前掲、不破「非核の日本、非核の世界」三四頁以下。
＊15　渡辺治「総論　アメリカ帝国の自由市場形成戦略と現代の戦争」渡辺治・後藤道夫編『講座現代と戦争1　「新しい戦争」の時代と日本』大月書店、二〇〇三年、三九、七三頁。
＊16　『朝日新聞』一九九九年二月二三日付。
＊17　マイケル・グリーン／長島昭久「新ガイドライン法整備、やっと『一歩』を踏み出した」『This is 読売』一九九八年六

月号。

＊18　米国防大学国家戦略研究所特別報告書「米国と日本・成熟したパートナーシップに向けて」原水爆禁止日本協議会『国際情報資料14』所収。

＊19『朝雲』二〇一三年一〇月三一日付。

＊20『朝日新聞』二〇一六年六月六日付。

＊21『朝雲』二〇一六年三月二四日付。

＊22　安倍政権論については、渡辺治が詳細に論じているが、ここでは最新の著書をあげておく。渡辺治『現代史の中の安倍政権——憲法・戦争法をめぐる攻防』かもがわ出版、二〇一六年。

（和田　進）

第2章

戦争法がもたらす軍事大国化の新段階

1 この章のねらい

本章のねらいは、第1章でとりあげた憲法九条と日米安保体制との相克の歴史展開をふまえつつ、二〇一五年九月一九日に強行採決のすえ制定（九月三〇日公布）された平和安全法制整備法（自衛隊法など既存の一〇法律の改正を内容とする）と国際平和支援法（以下では、これら二つの法律を総称して戦争法と呼ぶ）によって画された日本の軍事大国化の「現段階」の特徴を明らかにすることである。

日米安保体制の新段階と戦争法

戦争法は、集団的自衛権の行使容認、他国の軍隊に対する「後方支援」の大幅な拡大・強化、PKO活動等の拡張などによって、自衛隊の海外における活動、そのための任務を大幅に広げ、それにともなうさまざまな権限を自衛隊に付与した。それは、一九九〇年代以降画策されてきた自衛隊の海外派兵体制の確立、そのための法整備の集大成ともいえるものであり、これを検討したある識者によって「在庫一掃セール」[*1]とも評されている。

これらのなかで、歴代政府が長い間「違憲」としてきた「集団的自衛権の行使」を容認へと大きく舵を切ったことがとりわけ注目され、この間の政治論戦も主にそれをめぐって闘わされてきた。たしかに、この問題は、戦争法の違憲性を象徴的に示すものであり、その重大性は強調しすぎることはない。しかし、戦争法の問題点は、それに限られない。

この法律は、第1章で扱った六〇年にわたる日米安保体制の展開を受けて、日米の軍事協力を新たな段階に引き上げ、これを深化させるために策定されたものである。とくに、後述するように、二〇一五年四月二七日の日米両政府によって合意された「日米防衛協力のための指針」(一五年ガイドライン)ときわめて密接な関係を有する。それゆえ、戦争法には、集団的自衛権の行使容認以外にも日米の軍事同盟体制の強化にかかわる事項が随所に盛り込まれている。また、それらは、政府による表向きの説明では集団的自衛権ないし「海外での武力行使」とはかかわりのない事項として扱われていても、実質的にはそれに該当するものや、密接に関連するものが多い。こうした戦争法に盛り込まれた事項の全体について、日米軍事同盟体制にとっての意味という視角から検討することが必要である。それによってこそ、同法の本質的性格を明らかにすることができる。

九条改憲の回避の意味

なお、こうした戦争法による自衛隊の海外における新しい任務や活動の拡大は、周知のように憲法九条に手をふれずに行なわれた。これは、国民のなかに根強く存在する「九条改憲反対」の声とその広がりに対する安倍政権なりの「警戒心」の現れであり、九条改憲の困難性を示すものである。かくして、戦争法は、そのことに由来する一定の「限界」をともなうことになった。また、明文改憲ではなく、従来の政府見解、とりわけ集団的自衛権などについての憲法解釈を無理な理屈を用いて強引に変更することによって法律を正当化したことから、それに起因する「矛盾」も抱え込むことになった。こうした「限界」や「矛盾」がどのようなものであるかも、戦争法の特質として解明すべき点である。それは、第3章で論じる自民党の明文改憲構想の意味、それに対する安倍政権の動機や執念を把握するうえで重要な鍵となろう。

戦争法は平和をもたらすか

本章では、最後に、戦争法が組み込まれた日米安保体制とそれを含めたアメリカを中心とした軍事体制が、日本をとりまく安全保障環境にとってどのような意味を有するのか、それは日本とアジア、ひいては国際社会の平和に役立つのか否かについて検討する。これは、戦争法がもつ国際的影響をはかるということでもある。ここでの検討は、戦争法を廃止した先に展望される、日米安保体制からの脱却による憲法九条にもとづく平和なアジアを構想する（これについては第7章が詳しく論ずる）うえで、前提的作業ないし予備的考察としての意義をもつであろう。

2 戦争法制定までの動き

(1) 第二次安倍政権成立から閣議決定まで

まず、二〇一五年九月の戦争法案の強行採決までの政治の動きを概観しておこう。

二〇〇六年の憲法改正国民投票法制定の余勢を駆って、安倍晋三首相は、〇七年参議院選挙で自民党の公約のトップに「憲法改正」を掲げたものの、自民・公明の与党は、この選挙で「過半数割れ」という敗北を喫する。その結果、第一次安倍内閣は約一年であえなく退陣に追い込まれた。一二年に自民党総裁に返り咲き、同年一二月の総選挙での自民・公明の圧勝により、再度その座を得た安倍首相は、当初こそ、憲法改正手続要件の緩和をねらった「九六条改憲先行」論を匂わせたものの、これが大きな反対の声に遭遇する。このとき提起された「憲法の中身を変えるのではなく、最初に憲法改正を容易化する改正などは邪道である」、「憲法の最高法規性を担保するはずの改正手続要件の緩和は立憲主義に反する」などの議論は、改憲問題に「立憲主義」論から迫る視角を浮かび上がらせた。これが、その後の戦争法をめぐる「立憲主義」論からの批判論の呼び水にもなったことに留意しておきたい。

こうして明文改憲路線の出鼻を挫かれたかたちとなった安倍政権は、他方で直前の民主党政権時からの日米両政府の懸案でもある日米ガイドライン改定という課題の早期実現のために、九条改憲を先送りして、憲法解釈の変更という方策を選択する。そして、そのために二つの仕掛けを用意した。一つは、「安全保障の法的基盤の再構築に関する懇談会（略称・安保法制懇）」の再起動であり、もう一つは、内閣法制局長官への外務官僚（小松一郎駐仏大使）からの異例の抜擢である。安倍内閣は、安保法制懇に、「（外国の）武力行使との一体化」や「非戦闘地域」などの概念を駆使した従来の政府見解を批判させるとともに、集団的自衛権全面合憲論をその報告書（二〇一四年五月一五日）で展開させて、憲法解釈変更の「アクセル」の役割を果たさせた。ただし、このとき、集団的自衛権限定容認論も同時に盛り込ませることも忘れていなかった。[*2] その一方で、小松長官を迎えた内閣法制局には、改憲に慎重な与党公明党にも受け入れ可能な集団的自衛権の限定的容認論とその正当化の理屈の案出という「ブレーキ」ないし調整役を担わせることで、二〇一四年七月一日の閣議決定（以下では二〇一四年閣議決定と呼ぶ）にこぎつけた。

(2) 二〇一四年七月一日閣議決定

安倍首相は、五月一五日に安保法制懇報告を受け取るやいなや、その日のうちに「基本的方向性」という名の政府としての見解を発表した。

そこでは、懇談会報告のなかの「個別的か集団的かを問わず、自衛のための武力の行使は禁じられていない。また、国連の集団安全保障措置への参加といった国際法上、合法な活動には憲法上の制約はない」とする見解、すなわち集団的自衛権・集団安全保障措置全面合憲論について、「これまでの政府の憲法解釈とは論理的に整合しない。憲法がこうした活動のすべてを許しているとは考えない」としてしりぞけた。その一方で、懇談会報告の「もう一つの考え方」、すなわち「我が国の安全に重大な影響を及ぼす可能性があるとき、限定的に集団的自衛権を行使することは許される」という集団的自衛権限定容認論については、「政府としてはこの考え方について、今後さらに研究を進めていきたい」としてすくい上げた。こうして、かろうじて懇談会の面目は保たれた格好になったが、この集団的自衛権限定容認論は、懇談会の場で正面切って論じられた形跡がみられず、政治的思惑によって、すなわち官邸サイドの意向にしたがって、あとから「差し込まれた」考え方であった。[*3]

この「基本的方向性」が敷いた集団的自衛権限定容認論の線に沿って、自民・公明両党による「安全保障法制整備に関する与党協議会」での検討・調整をへて、二〇一四年閣議決定「国の存立を全うし、国民を守るための切れ目のない安全保障法制の整備について」が下される。この閣議決定では、大要、次のことが打ち出された。*4

①集団的自衛権の行使容認　「我が国に対する武力攻撃が発生した場合」のみならず、「我が国と密接な関係にある他国に対する武力攻撃が発生し、これにより我が国の存立が脅かされ、国民の生命、自由及び幸福追求の権利が根底から覆される明白な危険がある場合」にも自衛の措置を認める。すなわち、その場合の集団的自衛権の行使を容認する。

②後方支援の事実上の全面解禁　「いわゆる後方支援は、それ自体として『武力の行使』に当たらない」として、「他国が現に戦闘行為を行っている現場」以外での後方支援活動を解禁する。これによって、従来の法律が定めてきた「後方地域」やいわゆる「非戦闘地域」という概念を放棄する。なおこれは、「（外国の）武力行使との一体化」論の事実上の放棄にほかならず、また、こうした議論の立て方は、安保法制懇の問題意識を引き継いでいる。

③米軍の武器等防護のための武器使用　我が国の防衛に資する活動に現に従事する米軍部隊と自衛隊が緊密に連携して切れ目のない対応をすることが重要であるとして、自衛隊法九五条による武器等防護のための「武器の使用」の考え方を参考にして、米軍部隊の武器等を防護するための自衛隊による「武器の使用」を認める。

④国際的な平和協力活動での任務と武器使用の拡大　ＰＫＯ活動などでの「駆け付け警護」とそこでの

武器使用、「任務遂行のための武器使用」、武器使用をともなう邦人救出活動などを可能とする。

政府の政策文書では、その問題性を隠蔽し、極力小さくみせようとの配慮から、構成や表現に細工が施されることがよくある。この閣議決定でも、③の「米軍の武器等防護のための武器使用」を、最初の項目である「1.武力攻撃に至らない侵害への対処」のなかにおいて、武力行使と関係のない事柄のようにみせかけ、本来性格を異にする②の「後方支援」と④の「国際的な平和協力活動での武器使用」を「2.国際社会の平和と安定への一層の貢献」の項目に一括し、①の「集団的自衛権の行使容認」を、最後の「3.憲法第九条の下で許容される自衛の措置」で扱うという擬装が施されている。しかし、これら①②③は、正当化のための法的理屈こそ違うものの、自衛隊が米軍などとともに海外で軍事活動を展開する場合の措置として相互に密接に関連している（この点については、戦争法の内容を検討する第2節で詳しく述べる）。

(3) 一五年ガイドライン

上記のような内容を擁する閣議決定は、もともと二〇一四年秋の合意がめざされていた新たなガイドライン交渉に臨むにあたっての、日本政府としての方針という役割を担っていた。最終的にガイドラインは、二〇一五年統一地方選挙後の四月二七日に取り交わされたが、そこには、上記二〇一四年閣議決定の内容①②③がいずれも盛り込まれた（④に関する記述もあるが、国連などへの協力という性格から抽象的でコンパクトなものとなっている）。

このガイドラインは、第1章が概観しているように、一九七八年、九七年に続く三つ目のものである。これら三つのガイドラインは、策定された時代状況、そこで日米安保体制が当面した課題や、国内外の政治的対抗などに規定されて、その内容に差があるものの、「アメリカからの日本に対する軍事分担拡大の要求書」という点では、共通の性格をもっている。[*5] そして、三つのガイドラインによって一貫して追求されてきたものは、安保条約五条が想定する「日本に対する武力攻撃」以外の海外における事態で、何についてどの程度日米間で軍事的に協力するかということであった。その意味において、ガイドラインは、安保条約の法的枠組みの限界さえも踏み越えて、軍事同盟としての日米安保体制を強化する手段としての役割を担わされている。その結果、ガイドラインは、次のような性格をおびることになる。

第一は、「法からの逃避」という性格である。三つのガイドラインはいずれも、その政治的重要性にもかかわらず、安保条約や地位協定のような法的な性格を有する条約ではなく、たんなる「政治的文書」と性格づけられている。一五年ガイドラインの場合、冒頭近くの「基本的な前提及び考え方」という項目において、次のような言葉が並んでいる。

「安保条約およびその関連取極に基づく権利及び義務並びに日米同盟関係の基本的な枠組みは変更されない」。「日本の行動及び活動は、専守防衛、非核三原則等の日本の基本的な方針に従って行われる」。「ガイドラインはいずれの政府にも立法上、予算上、行政上又はその他の措置をとることを義務付けるものではなく、また、ガイドラインはいずれの政府にも法的権利または義務を生じさせるものではない」。

しかし、これらは、きわめて欺瞞に満ちた言葉というほかない。こうした言葉にもかかわらず、このガイドラインが日米両政府によって合意されたという政治的事実は厳然としており、戦争法はそこで示されたプランの着実な実行としての意義を有している。

現実の政治と防衛実務の世界では、ガイドラインを既定の路線として即座にかつ確実に実行に移す動きが進められた。現に、戦争法案が国会に上程された二〇一五年五月二六日当日に、約三五〇名の防衛省・自衛隊の幹部を集めたテレビ会議で使用された統合幕僚監部作成の資料「『日米防衛協力のための指針』(ガイドライン)及び平和安全法制関連法案について」では、ガイドラインの実施が軸となって、「現行法制下で実施可能なもの」と「平和安全法制法案成立以降に実施可能なもの」に仕分けがされている。防衛省・自衛隊にとっては、ガイドラインに盛り込まれたものこそが遂行すべき施策の基軸であって、戦争法はそのための手段にすぎない。ちなみに、この文書では、「二〇一五年八月」に戦争法が成立するという想定まで記載されていた。また、戦争法の施行は、一六年の三月になったが、ガイドラインに盛り込まれた同盟調整メカニズム(ACM)および共同計画策定メカニズム(BPM)の設置について(第1章参照)は、一五年一一月三日に、早々と防衛協力小委員会(SDC)において合意がなされている。

このようにガイドラインは、その「事実の重み」に依拠して、すなわちそれを利用して、安保条約の枠組みさえも踏み越える地点にまで、日米同盟を引き上げる役割を現実に果たしているのである。一五年ガイドラインは、先に引用した「……法的権利または義務を生じさせるものではない」云々という言葉の直後に次の文が続く。

「しかしながら、二国間協力のための実効的な態勢の構築がガイドラインの目的であることから、日米両政府がおのおのの判断に従い、……努力の結果をおのおのの具体的な政策及び措置に適切な形で反映することが期待される」。

こうしてガイドラインは、条約の実質的な変更、それも憲法との抵触関係をより深刻化させるという重大な変更を、条約改定という手続きをへることなく実行に移し、「唯一の立法機関」である国会の審議に先んじて、それを方向づけるという役割を担っている。これこそ、「法からの逃避」であり、立憲主義に反する行為の最たるものといわざるをえない。

第二は、第一の性格ともかかわるが、「民主的統制の回避」である。二〇一五年の第一八九国会に上程された戦争法案の審議は、衆参両院で約二一六時間という審議時間が費やされたとはいえ、また政府答弁の拙劣さも手伝って、衆参合わせて二二五回もの審議中断を記録し、その挙句が衆参両院での強行採決であるなど、誰もが「(議会制)民主主義って何だ?」と疑問を呈さざるをえない事態が展開した。それでももともかくも法案が国会での審議の対象となったのに対して、一五年ガイドラインは、「法的文書ではなく政治的文書」という性格ゆえに、国会での追及を難なく免れてしまっている。このガイドラインの重大性への注目は、法案審議の最終盤、一五年八月一九日に日本共産党の小池晃参議院議員の質問で、前述の統幕監部の文書が「暴露」されてからであったといってよい。戦争法の制定の実質的な牽引役になっているガイドラインが、国会や国民による議論をすり抜けている状況は、民主主義の観点からゆゆしき問題である。

ガイドラインは、日米軍事同盟の主要な構成要素として、憲法の平和主義を根本からくつがえす性格を有している。また、それのみならず、日本国憲法の立憲主義、民主主義を掘り崩す「最先端」の役割を果たしている。この間、戦争法反対運動のなかで、憲法九条の平和主義を守る立場からの批判とともに、立憲主義、民主主義を擁護する立場からの批判が湧き起こり、それが反対運動の広がりと厚みに寄与した。そうした平和主義、立憲主義、民主主義を総体で破壊する性格は、戦争法の背景ないし基盤にある日米軍事同盟とその現段階である一五年ガイドラインにも内在し、そこから発するものであることを確認する必要がある。

そして、こうした事態は、日米軍事同盟が、九条を擁する日本国憲法の存在、その規範力、それを支える国民世論の力によって、正式の「攻守同盟」たることを安保条約や関連取極によって表示することができないでいることに起因している。憲法九条によって、「不完全な軍事同盟」としての性格を日米安保体制が強いられているからこそ、その軍事同盟としての「本質」を貫徹しようとすると、自ずと「法からの逃避」「民主的統制の回避」「暗黙の了解」「密約」（核兵器の持ち込みに関するものがその代表例）などを駆使した非合法で反民主主義的な政治的手法をとらざるをえないのである。そして、そのことによる正当性の欠落が、国民に、憲法と安保条約、安保体制との矛盾についての認識をうながし、憲法九条の実現による軍事同盟によらない平和への志向の手がかりを与えることになるのである。

3 戦争法の概要とその問題点

二〇一五年九月一九日に強行採決の果てに成立した戦争法とはどのようなものか。その概要を、前述の閣議決定の四つの柱に即して、かつ従来の法制からの重要な変更点を中心にして整理をしておこう。

(1) 集団的自衛権の行使容認

第一は、集団的自衛権の行使容認である。

今回の自衛隊法と武力攻撃事態法の改正により、従来の「武力攻撃事態」にくわえて、「存立危機事態」における自衛隊による武力の行使が規定された。これまでの自衛隊法と武力攻撃事態法は、個別的自衛権の行使を念頭においた、いわゆる「自衛権発動の三要件」(①我が国に対する急迫不正の侵害があること、すなわち武力攻撃が発生したこと、②これを排除するために他の適当な手段がないこと、③必要最小限度の実力行使にとどまるべきこと)にもとづいて、「外国への武力攻撃がなされた場合」については、自衛隊の武力行使を含む「出動」を認めてこなかった。今回の法改正は、①の要件である「我が国に対する外部からの武力攻撃が発生した事態」などにくわえて、「我が国と密接な関係にある他国への攻撃が発生し、これにより我が国の存立が脅かされ、国民の生命、自由及び幸福追求の権利が根底から覆される明白な危険がある事態」（存立危機事態 自衛隊法七六条一項二号 武力攻撃事態法二条四号）を規定し、その場合にも自衛隊の「出動」、すなわち武力の行使を含む活動を命ずることができるとした。これによって、「憲法九条の下では個別的自衛権の行使のみが許され、集団的自衛権の行使は許されない」という六〇年以上にわたって政府が維持してきた解釈が変更され、「存立危機事態」の場合の集団的自衛権行使が可能となった。

この間政府は、戦争法の前提となった二〇一四年閣議決定から一貫して、今回容認した集団的自衛権の行使は、従来から合憲としてきた「必要最小限度の自衛の措置」に含まれるものであり、集団的自衛権のすべてを解禁するものではなく、あくまでも「限定的なもの」だと主張している。しかし、この「限定性」なるものは、法文をみるかぎり確保されているとはいいがたい。

まず、「我が国と密接な関係にある他国」とは、どのような国をさすのか判然としない。日米安保条約を締結しているアメリカは該当するであろうが、法文上はアメリカに限定されていない。また、「存立危機事態」を生じさせる他国に対する武力攻撃、「存立危機武力攻撃」（武力攻撃事態法二条八号ハ(1)）とは、いったいどのような攻撃のことなのか、法文では「存立危機事態」の定義をたんに繰り返すのみで、いっこうに具体化されていない。さらに、「存立危機事態」への対処のために、政府は「対処基本方針」を定めることとしており、この方針には、「他に適当な手段がなく、事態に対処するため武力の行使が必要と認められる理由」を盛り込むことにしている（同法九条二項一号ロ）。これが②の要件（代替不可能性）に該当するが、何を基準にしてこの「理由」を認めるのかがあいまいである。そして、「存立危機武力攻撃」を「排除するために必要な自衛隊が実施する武力の行使」は、「事態に応じ合理的に必要と判断される限度においてなされなければならない」（同法三条四項　自衛隊法八八条二項）とされ、これが③の要件（必要最小限性）にあたる。しかし、武力の行使がどの程度のものであれば、「必要と判断される限度」にとどまるのか明らかでない。

こうした「存立危機事態」対処とそのさいの武力行使における「あいまいさ」や「不明確性」は、もともと個別的自衛権の行使を念頭においた従来の「自衛権発動の三要件」を、集団的自衛権の行使に及ぶ場合にまで押し広げたことによって生じている。個別的自衛権の発動であれば、いちおう、「我が国に対する武力攻撃の発生」という外形上明らかな事実にもとづいて事態認定が可能であり、その攻撃を排除するために「他に適当な手段がなく、事態に対処するため武力の行使が必要と認められる」状況も相当程度絞り込みができる。また、排除のための実力の行使の「必要最小限性」も、わが国領域からの外国の軍隊の撃退を軸にしてこれを把握すればよい。ところが、他国に対する攻撃に対して自衛隊が武力行使を含む活動を行なう「存立危機事態」への対処の場合は、自衛隊による武力行使以外に「他に適当な手段がない」（代替不可能）と認定することはきわめて困難であり、自衛隊による武力行使の「必要最小限性」に至っては、基準がないに等しい。*6

結局のところ、「存立危機事態」とそれへの対処は、使われている概念がきわめて漠然としており、その範囲は不明確である。その結果、「存立危機事態」の認定と対処は、その時々の政府の判断に依存するところが大きく、歯止めのない集団的自衛権行使につながりかねない危険性を秘めているといえよう。その点は、法案審議のなかで最終的に政府によって示された次のような説明からもうかがうことができる。

「いかなる事態が存立危機事態に該当するかについては、事態の個別具体的な状況に即して、政府が全ての情報を総合して客観的、合理的に判断することになるため、一概に述べることは困難であるが、実際に我が国と密接な関係にある他国に対する武力攻撃が発生した場合において、事態の個別具体的な状況に即して、主に、攻撃国の意思、能力、事態の発生場所、事態の規模、態様、推移などの要素を総合的に考慮し、我が国に戦禍が及ぶ蓋然性、国民が被ることとなる犠牲の深刻性、重大性などから客観的、合理的に判断することとなる[*7]」。

さて、このように不明確性をともなう「存立危機事態」について、安倍政権は、どのような状況を想定しているのであろうか。なお、この問題には、二つの角度から接近する必要がある。まず一つは、安倍政権が、新たに集団的自衛権の行使を正当化するために、どのような事例を持ち出してきたか、その事例にはたして正当性、合理性があるかという問いである。そしてもう一つは、安倍政権が、「存立危機事態」として、どのような状況を想定していると考えられるかという問いである。

前者の問題に関しては、安倍政権の説明は、現実性、論理性、正当性の面でいずれも根拠の乏しい事例を持ち出すことで、議論をかき乱して本筋をあいまいにする役割を果した。

安倍政権が、まず戦争法案が策定される前の二〇一四年、安保法制懇報告を受け取った五月一五日や七月一日の閣議決定のさいの記者会見において持ち出した事例は、「邦人を乗せた米艦船の防護」であった。しかし、この事例では、①たんに邦人を乗せた米輸送艦が武力攻撃を受けただけでは「国の存立が脅かされる」存立危機事態にはならない、②この場合の米軍は、被攻撃国に協力して集団的自衛権を行使していることが想定されている。したがって、日本が「存立危機事態」を認定して集団的自衛権を行使して協力する相手は、アメリカではなく被攻撃国であり、国際法上その国の要請ないし同意なくして日本は集団的自衛権を行使しえない、③交戦当事国となっているアメリカの艦船に邦人が乗って避難するという想定は非現実的である、などの指摘がなされ、その「荒唐無稽」さが際立っている。[*8] 政府は結局、「邦人が乗っているか否かは絶対的なものではない」（二〇一六年八月二六日参院安保法制特別委員会における中谷元防衛大臣の答弁）といわざるをえなかった。国民の「情緒」に訴えて説得をはかろうとした策略は、こうして頓挫した。

また「ホルムズ海峡での機雷除去」も、数少ない事例の一つとしてあげられた。そのさい安倍首相は、「石油の途絶は国民生活に死活的な影響を及ぼしうる」と訴えた（たとえば、二〇一五年五月二七日衆院安保法制特別委員会での答弁）。これについては、エネルギー供給の停滞による経済的困難を、「国の存立が脅かされる」事態として認定することには無理がある一方で、仮にそのように認定した場合には、日本の立場にはかつての「満蒙は日本の生命線」というスローガンと何ら変わりのない侵略的意味合いが含まれることになる。[*9]

一九九〇年代以降のアメリカの主な軍事行動が中東地域を舞台にしていること、その地域への影響の行使はグローバル市場経済秩序にとって喫緊のものであることを勘案すると、「存立危機事態」概念に込められた拡張的解釈の可能性、その枠内に「中東有事」が含まれうる危険性への警戒を怠ることはできない。

「存立危機事態」の文言にそって、「我が国と密接な関係にある他国への攻撃が発生し、これにより我が国の存立が脅かされ、国民の生命、自由及び幸福追求の権利が根底から覆される明白な危険がある事態」に相当する可能性が高いのは、前述の政府答弁書にいう「攻撃国の意思、能力、事態の発生場所、事態の規模、態様、推移など」を勘案すれば、朝鮮半島有事や中国と台湾との間の軍事紛争の場合であろう。いずれの場合もアメリカが、韓国や台湾に協力して軍事的に関与している状況が想定される。朝鮮半島有事は、かつて一九九四年の「北朝鮮危機」のさいに検討されたような、アメリカによる北朝鮮打倒のための先制攻撃によってはじまる場合もありえよう。「存立危機事態」とそれへの対処は、こうしてアメリカが引き起こす、あるいはアメリカが関与する東アジアにおける軍事紛争に日本が武力行使をともなって協力する場合にこそ最もよくあてはまる。また現実的にも、そのような事態として生じる可能性が高いということを確認しておこう。

(2)「後方地域支援」から「後方支援」へ——自衛隊による支援の一挙拡大

第二は、他国の軍隊の武力行使への「後方支援（Logistic support）」の一挙拡大である。

これは、従来の周辺事態法を名称変更した重要影響事態法において、それまでの「後方地域支援」が「後方支援活動」に替えられたことと、時限立法であったテロ対策特措法やイラク特措法などの「恒久法」化という性格をもって新たに制定された国際平和支援法において、活動内容としては、「後方支援活動」と同じ「協力支援活動」が盛り込まれたことにより実現した。これらは、いずれも他国軍隊に対する自衛隊による支援活動であるが、従来の周辺事態法の「後方地域支援」やテロ対策特措法の「協力支援活動」、イラク特措法の「人道復興支援」や「安全確保支援」などにくらべて、対象や内容の面で大幅な拡充をはかり、他国軍隊の活動をより強力にサポートするものとなった。その内容は、次のようなものである。

第一に、重要影響事態法と国際平和支援法による自衛隊の活動範囲は、地理的な限定がなくなった。後者は自衛隊による支援「恒久法」であるからある意味当然ではあるが、周辺事態法から重要影響事態法への転換の意味は重大である。周辺事態法での自衛隊の活動範囲は「我が国領域」と「我が国周辺の公海（排他的経済水域を含む）及びその上空」とされていた。ここでいう「我が国周辺」とは政府答弁で「地理的概念ではない」とされていたものの、「中東やインド洋で生起することは現実の問題として想定されない」と法制定当時（一九九九年）の小渕恵三首相は答弁していた。ところが、重要影響事態法によって自衛隊の活動範囲の地理的限定はなくなり、「そのまま放置すれば我が国に対する直接の武力攻撃に至るおそれのある事態等我が国の平和及び安全に重要な影響を与える事態」における米軍等への後方支援活動は、地球上のどこでも可能となった。ただし外国の領域で活動する場合は、当該国の受け入れ同意を必要とする。

第二は、支援の対象国に限定がなくなった。周辺事態法では、自衛隊による支援対象は、「周辺事態に際して日米安保条約の目的の達成に寄与する活動を行っているアメリカ合衆国の軍隊」（傍点引用者）であったが、重要影響事態法では、それにくわえて、「その他の国際連合憲章の目的の達成に寄与する活動を行う外国の軍隊その他これに類する組織」が支援対象となり、両方合わせて「合衆国軍隊等」という定義で、あらゆる国の軍隊が含まれうることになった。国際平和支援法の場合の支援対象も、「外国の軍隊その他これに類する組織」である。

第三に、これまでの周辺事態法の「後方地域」やテロ対策特措法やイラク特措法のいわゆる「非戦闘地域」という概念を捨てて、自衛隊の外国軍隊に対する支援活動は、「現に戦闘行為が行われている現場」以外のどこでも行なわれることとなった。この「後方地域」や「非戦闘地域」について、二〇一四年閣議決定は、「自衛隊が活動する範囲をおよそ一体化の問題が生じない地域に一律に区切る枠組み」と述べている。これまでの法律は、そうした配慮をほどこすことで、自衛隊の活動が憲法九条一項によって禁止される「武力の行使」にあたるのを実態的に避けようとしてきた。ところが、閣議決定とそれにもとづく今回の戦争法の立場は、「いわゆる後方支援は、それ自体として『武力の行使』に当たらない」というものであり、それによって「他国が現に戦闘行為を行っている現場」以外での後方支援活動を解禁することとしたのである。なお、捜索救助活動については、遭難者がすでに発見されて救助を開始しているときは、「戦闘行為の現場」でも活動を継続することができる。

第四に、重要影響事態法と国際平和支援法は、支援内容の面において、従来の周辺事態法やテロ対策特措法、イラク特措法などでは禁じられていた「弾薬の提供」や「発進準備中の戦闘機への給油」も可能にした。この問題は、一九九九年の周辺事態法の制定に先立つ国会審議で、当時の大森政輔内閣法制局長官によって「大いに憲法上の適否について慎重に検討を要する問題」と語られていたが、「最終的には需要がない」ということで法律の別表に盛り込まれなかった（一九九七年一一月二〇日衆院安全保障委員会）。ところが、今回は、二〇一三年の南スーダンでのＰＫＯ活動における韓国軍への弾薬の提供などの事例をあげて、「具体的なニーズがある」として、憲法論的な検討を省いて盛り込むこととなった。その結果、自衛隊に禁止される支援内容は、「武器の提供」だけとなった。

以上のように、戦争法では、従来の法制が定めていた限定を大幅に変更して、自衛隊が戦闘現場近くで外国の軍隊に緊密に協力して広範な支援活動を行なうことが想定されている。政府は、これでもなお、「外国の武力行使とは一体化しない」というい わゆる「一体化」論を前提にしていると主張するが、実質的には「一体化」論はもはや放棄されたといわざるをえない。したがって、そこでの自衛隊の支援活動は「武力の行使」に該当し、憲法九条一項に違反するものである。

なお、こうした「後方支援であれば外国の武力行使とは一体化しない」という理屈は、国際的には通用しない日本独特のものであり、「後方支援」であっても歴とした武力行使の一環として、集団的自衛権行使に該当しうるし、紛争の相手国から攻撃される可能性もある。にもかかわらず、政府は、「後方支援」

活動が憲法九条一項に違反すると批判されることを避けたいために、「後方支援」は、「武力行使」ではないという理屈に固執する。その結果、「後方支援をしている自衛隊員は戦闘員ではない」という「奇妙」な結論に逢着する。[*10] もし「後方支援」活動中に戦闘の相手側に捕まったとき、「捕虜の待遇に関するジュネーブ条約」（一九四九年　ジュネーブ第三条約）による捕虜としての保護を受けられず、他方で、武装して支援活動に従事している以上、「紛争当事国の安全に対する有害な活動」を行なっているとして、「戦時における文民の保護に関するジュネーブ条約」（一九四九年　ジュネーブ第四条約）における文民（民間人）としての保護も受けられない可能性がある。自衛隊の「後方支援」活動を際限なく拡大して、実質的には戦闘に参加させておきながら、その一方で憲法九条への抵触をあえて避けようとする（目をつむる?-）ことによる矛盾の「しわ寄せ」が、こうした自衛隊員の法的身分の不安定性というかたちで表出してくるのである。この矛盾の解決策の一つは、九条の明文改憲による自衛隊の「国防軍」化である。九条の明文改憲によって、自衛隊を正式の「軍」にしようという衝動は、このあたりからも湧いてくるのである。

(3) 外国軍の武器等防護のための武器使用

第三は、外国軍の武器等防護のための武器使用である。

改正自衛隊法九五条の二は、「自衛隊と連携して我が国の防衛に資する活動に現に従事している」米軍等の武器等防護のために自衛隊に武器の使用を認める規定を盛り込んだ。この規定の前にある自衛隊法九五条は、もともと保管されている武器等についての規定であった。しかし、その後、周辺事態法の制定を契機に、「（後方地域支援）活動」中の自衛隊の武器の防護にもあてはめられ、さらに、今回の改正法九五条の二では、米軍等の武器等防護というまったく性格の異なるものにまで引き及ぼしてしまった。

この規定の意味について、二〇一五年ガイドラインに非常に重要な記述がみられる。同ガイドラインは、「平時からの協力措置」の項目において、「情報収集、警戒監視、偵察、情報交換、弾道ミサイル対処能力の向上、海洋における日米両国のプレゼンスの維持・強化、相互運用性・持続性、即応性を強化するための二国間・多国間の訓練、演習」などを掲げ、自衛隊と米軍（およびその他の軍）が日常的に「同盟軍」的な活動を展開していることを想定した記述になっている。この項目で「同盟調整メカニズム」については、「状況を評価すること」「情報を共有すること」「柔軟に選択される抑止措置及び事態の緩和を目的とした行動を含む同盟としての適切な措置を実施するための方法を立案すること」が、その活用目的とされている。こうした活動を展開するなかで、関係する軍隊がお互いの「アセット（装備品等）」を防護しあうとされている。それは、「同盟軍」としてならば、自然なことである。一五年ガイドラインは、次のように述べる。

「アセットの防護（Asset Protection）　自衛隊及び米軍は、訓練・演習中を含め、連携して日本の防衛に資する活動に現に従事している場合であって適切なときは、おのおののアセットを相互に防護する」。

このような活動は、周辺諸国との軍事的緊張を高め、偶発的な武力紛争を誘発しかねない。防護の対象となる「武器等」には、他国軍の空母やイージス艦など軍艦も含まれ、自衛隊が使用する「武器」は、銃などだけではなく、自衛艦が搭載する砲やミサイルも含まれる。それゆえ、武器の使用というかたちをとって武力の行使にまでエスカレートする危険をはらんでいる。その危険は、南シナ海での中国の海洋島建設、それに対するアメリカの「航行の自由」作戦とそれへの日本の参画によって現実のものになろうとしている[*11]（この「南シナ海」をめぐる問題は、第4節(2)で詳しく扱う）。

(4) ＰＫＯ法の適用対象、自衛隊の活動・業務の大幅拡大と武器使用の強化

第四は、ＰＫＯ活動などにおける自衛隊の活動、業務の拡大と武器使用の強化である。

改正国際平和協力法は、協力対象に従来のＰＫＯ活動などにくわえて、国連が統括しない人道復興支援・安全確保活動も「国際連携平和安全活動」として含めることにした。また、安全確保業務、統治組織の設立・再建援助業務、司令部業務、「駆け付け警護」を追加し、任務遂行型の武器使用や「駆け付け警護」のための武器使用もできるようにした。これによって自衛隊は、国連が統括しない、すなわち「有志連合」型の軍事活動における治安活動（という名目での掃討作戦）や、アフガニスタンやイラクで米軍などが行なっていたことと類似の統治組織の設立・再建の援助などにも参加できるようになった。こうして自衛隊がＰＫＯ活動などにおいてより危険な活動に参加し、民間人も巻き込まれた危険な紛争地域に入り込んでいく可能性が拡大した。それは、いまや内戦状況に陥っている南スーダンにおけるＰＫＯ活動に派遣された自衛隊の部隊にとって現実のものとなろうとしている。[*12]

(5) 戦争法の法的問題点

　ここで戦争法の法的問題点、とくにその違憲性について整理しておこう。ただし、戦争法のなかのどの事項を、どういう意味で違憲とするかは、憲法九条の解釈の仕方によってとらえ方に違いが生じうる問題である。とくに安保条約と自衛隊について、憲法九条に照らして違憲と解するか、安保条約が日本に対し集団的自衛権の行使を求めておらず、自衛隊も個別的自衛権のみを行使する、いわゆる「専守防衛」に徹する実力部隊であるかぎりにおいて合憲であるとする立場をとるかによって、自ずと見解が分かれる部分がある。しかし、戦争法反対運動のなかでは、この二つの立場は、お互いに共鳴しつつ、相互に補完しあうかたちで戦争法違憲論を展開した。それによって「圧倒的多数の憲法学者が違憲とする戦争法に反対」とする幅広い世論が形成された。

　この「圧倒的多数の憲法学者」によって「違憲」とされた部分とは、いうまでもなく集団的自衛権の行使に踏み込んだ点である。それまで約六〇年の長きにわたり政府が唱えてきて、山口繁最高裁元長官の言葉によれば「憲法九条の規範として骨肉化」[*13]しているとまで評される「集団的自衛権行使違憲」論を変更したことについては、「憲法九条違反」とともに、「それは本来、憲法改正手続によるしかない」、「立憲主義の破壊」、「法的安定性を損ねる」との批判が一斉に噴出した。また、今回の集団的自衛権の行使容認にさいして、政府・与党が「砂川事件の最高裁大法廷判決は、個別・集団の区別なく自衛の措置を認めている」との理解に立って、これを援用したことについても、「砂川事件で問われたのは、米軍の日本駐留の是非であって、日本の集団的自衛権行使ではない」との批判が数多くよせられた。さらに、「存立危機事態」における集団的自衛権行使の「限定性」についても、第3節(1)の項目でみたように法文上定かではなく、「武力の行使を限定する役割を果たすことはない」[14]との指摘がなされている。

これに対して、第3節(2)で扱った「後方地域支援」から「後方支援」への変更や、第3節(3)の外国軍の武器等防護のための武器使用については、歴代内閣法制局長官からその「問題性」についての指摘はあるものの[15]、憲法学界からの問題指摘は、主として安保・自衛隊違憲論ないし日米安保体制に対して批判的な見地からなされている[16]。その基調は、従来の「後方地域支援」にせよ、今回の戦争法の「後方支援」にせよ、米軍等の軍事行動への「兵站支援（Logistic support）」として、その武力の行使に対する強力な支援であり、戦争法は、既述のようにそれを大幅に拡充したこと、また「後方支援」でも紛争の相手国からの攻撃の対象になることは免れず、歴とした「武力行使」の一環であって憲法九条一項に違反することであり、外国軍隊の武器等防護のための武器使用については、武力の行使との違いが不明確であり、それを発端として武力行使に及ぶこと、その意味において集団的自衛権行使へと展開することの危険性があることであった。このように、日米安保体制に批判的な見地からの検討は、「存立危機事態」への対処、それによる集団的自衛権行使容認のみに問題性を見出すのではなく、「後方支援」や「武器等防護のための武器使用」にも、それとの関連、それへの連動を見出している。

戦争法の本質をどうとらえ、それのどこに問題性を見出すかということは、憲法九条の解釈、安保条約や自衛隊についての憲法的評価と密接に関連していることがわかる。

(6) 戦争法の実態的な問題点

次に、戦争法の実態的な問題点を整理しておこう。総じて、今回の戦争法によって、自衛隊の軍事的役割は格段に拡張されている。とくに重要影響事態法や国際平和支援法にもとづく「後方支援」は、両方を合わせると、「支援が不可能」というケースを見つけることが困難なくらいに広範囲の状況をカバーしている。「現に戦闘行為が行われている現場」では「後方支援」活動を行なわないというが、「戦闘行為の現場」では、そもそも補給や輸送などの支援活動は事実上不可能である。それらの活動は一時中断して様子をみるしかない。それゆえ、この「限定」は、実質的意味をもたない。結局、今回の「後方支援」の解禁は、随意に他国の軍事行動に「後方支援」(という名の武力行使への実質的参加)が可能となる仕組みである。「海外で戦争をしない」という曲りなりにも戦後守られてきた原則が、非常に汎用性の高いこの「後方支援」の部分から破られる危険性が大きい。

武力行使を含む集団的自衛権行使を想定する「存立危機事態」は、アメリカなどの武力行使に自衛隊が武力行使を含めて協力する場合(たとえば朝鮮半島有事や中台紛争のようなケース)である。ただし、そうした事態が頻繁に起こることは想定しがたい。これに対して、重要影響事態法や国際平和支援法による「後方支援」（協力支援）の場合は、戦闘経験のない自衛隊にとって格好の軍事行動として多用される可能性が高く、アメリカなどにとってもこうした支援こそ最も歓迎されるものであろう。しかも、「重要影響事態」にせよ「国際平和共同対処事態」にせよ、「存立危機事態」の場合とくらべて認定の要件ははるかにゆるやかである。米軍などによる海外での軍事行動への協力としては、こちらこそが多用、濫用されることが危惧される。

また、外国軍の武器等防護のための武器使用も、日常的な警戒監視活動や演習などでの突発的な軍事衝突にさいして利用できる点で、きわめて「重宝」である。しかし、そこから本格的な軍事行動すなわち集団的自衛権の行使へと展開していく危険が内包されている。

改正国際平和協力法による自衛隊のＰＫＯその他での活動の拡大は、「国際社会の平和実現」を前面に掲げてその正当性を訴えるが、その実態は、「有志連合」型の活動など国際的正当性に難点をもつ軍事行動への自衛隊の参加を広げる。それは、自衛隊にとって軍隊としての熟練の重要な機会となり、また国際的ステイタスの確保の場として位置づけられているのであろう。しかし、それは、他国の「正式の軍隊」並みに危険な戦闘にかかわることを意味するのである。そして、こうした軍事行動が、紛争地域の民衆の怒りを誘い、日本がテロの標的となる「口実」とされることも懸念される。

4 「安全保障環境の変化」論は成り立つか

(1) 戦争法案違憲論の広がり

戦争法案をめぐる国会内外の論戦は、二〇一五年六月四日の衆院憲法調査会での憲法学者三人全員の「集団的自衛権を容認する法案は違憲」との発言をきっかけにして「潮目」が大きく変わった。なお、その前日の三日に、一七〇余の憲法研究者が名を連ねた「安保関連法案に反対し、その速やかな廃案を求める憲法研究者声明」が発表され、翌四日の朝にかけて報道された（この声明は、最終的に呼びかけ人・賛同人合計で二三五名となった）。これらの憲法研究者の動きが、衆議院安保特別委員会での野党議員の追及に格好の「論拠」を与えたかたちになった。これに慌てた政府・与党は、集団的自衛権容認を正当化するために、一度は与党協議の過程で公明党の難色により取り下げた砂川事件大法廷判決をふたたび根拠として持ち出し、また、二〇一四年の閣議決定のベースでもある一九七二年一〇月一四日参議院決算委員会への政府提出資料「集団的自衛権と憲法との関係」の「読み替え」を詳しく説明するなど、躍起になった。[*17] それでも、圧倒的多数の憲法学者や日弁連はじめ全国の単位弁護士会、歴代内閣法制局長官らが違憲だとする法案を強引に通そうとする政府・与党に対する国民の批判、反対の声はおさまるどころか、かえって拡大する一方となった。それは、七月一五日の衆議院特別委員会、翌一六日の本会議での与党による強行採決によってピークに達した。「法案違憲」論は、戦争法案審議序盤において、反対運動の拡大に大きな役割を果たしたといえよう。

政府・与党は、こうした状況をふまえて、「憲法論では分が悪い」と判断したのであろう。従来から持ち出していた「安全保障環境の変化」を、より積極的に押し出す議論を展開するようになった。二〇一五年七月一三日の衆議院安保特別委員会の中央公聴会で、与党推薦の公述人（岡本行夫・村田晃嗣）の公述は、もっぱらそこに焦点をあてて法案の正当性を語るものであったし、「衆議院では与党議員の質問時間が短かったことにより法案への理解が深まらなかった」との「総括」のもと、参議院安保特別委員会の初日七月二八日に、自民党の佐藤正久議員（自衛隊出身）が延々と「安全保障環境の変化」を論じ、これに呼応する安倍首相や中谷防衛大臣らの答弁を引き出していた。こうして戦争法の後半審議で、それが平和に役立つという議論の軸になったものは、「安全保障環境の変化」（安保環境変化論）と「抑止力」論であった。

⑵ 南シナ海をめぐって

七月二八日の参議院特別委員会の初日、トップバッターとして質問に立った自民党の佐藤正久議員は、衆院審議での野党による「法案違憲」論に対抗するために、次のように口火を切った。

「なぜこの法案が必要なのか、なぜ今成立させる必要があるのか、そして、この法案自体が戦争を抑止する法案であって、国民のリスクや自衛隊員のリスクを下げる法案であるかということを国民の皆様に理解していただけるような審議をしていきたいと思います[*18]」。

佐藤議員の質問は、ロシアによるクリミア半島の併合、中国の南シナ海での岩礁埋め立て、東シナ海でのガス田開発、海洋ステーションの建設などをとりあげながら、南シナ海問題に関連して、中谷防衛大臣から次のような回答を引き出している。

「中国は、現在埋め立て中の地形について軍事利用を認めると公言をしておりまして、今後、港湾、滑走路、レーダー等の軍事施設を建設していく可能性があります。こうした軍事施設が建設をされた場合に、……海警のほか、海軍、空軍の南シナ海におけるプレゼンス、これを増大させる可能性があり、南シナ海の安定的利用に対するリスクが増大しかねないなど、我が国への安全保障の影響は否定できないと認識をいたしております。

また、南シナ海全域における中国のA2ADと申し上げますが、これは接近拒否、接続拒否と言いますけれども、……マラッカ海峡などのチョークポイントを経由した米軍等の南シナ海への接近を阻止する効果、また、南シナ海における米軍等の行動の自由を制限することによって中国の海空軍による南シナ海から西太平洋への進出を容易にする効果、つまり接続拒否、こういったことが生ずる可能性があると考えております[*19]」。

ここでの中谷答弁にある「A2AD」という言葉について注釈しておこう。A2ADとは、Anti-Access/Area Denial、日本語で「接近（アクセス）阻止・領域拒否」の略語で、アメリカは、最近の中国の人民解放軍の戦略とそのために整備されつつある能力を、そう性格づける。これは、二〇〇九年に米国防長官官房が議会に提出した年次報告書「中華人民共和国の軍事力・二〇〇九」において提唱された名称である。「アクセス阻止（A2）」とは、前方展開基地や戦域への接近（アクセス）を阻止するもので、たとえば、中国と台湾で軍事紛争が生じたさいに、駆け付けてくる米空母打撃群や増援の航空戦力が台湾周辺に近づくことを阻止しようとするものである。アクセス阻止が、敵の接近を拒否するものであるのに対し、「領域拒否（AD）」はすでに展開している敵を自由に行動させないことをさすとされる。[*20]

ちなみに、この、A2ADという戦略のための装備の中心は、ミサイルとそれを運搬・発射する艦船・航空機・発射台とされ、サイバー攻撃の手段等がそれに続くとされる。これは、「空母という高価で貴重な兵器を、ミサイルやサイバー攻撃という安価で手軽な手段によって無力化してしまおう」という「経済的効率性の高い手法」とされる。[*21]

このA2AD戦略なるものを中国に対する脅威認識の軸にすえることは、何を意味するのであろうか。中国のこの戦略（ただし命名も分析もアメリカ国防総省のもの）は、以上のことからわかるように、アメリカの原子力空母を中核とする打撃群、すなわちその前方展開戦力との対抗関係のなかから生まれている。アメリカの空母とイージス艦、空中早期警戒機、攻撃型原子力潜水艦からなる「空母打撃群」は、「圧倒的な性能を誇るアセットを巨額の予算を投下して維持することで、……海における優位を引き続き維持しようとしている」[22]。中国のA2ADは、アメリカの空母打撃群に支えられた海の優位（海の支配といってもよかろう）を、東シナ海や南シナ海という海域で、その軍事的能力を大きく減退させることによって脅かしかねないことがわかる。要するに、A2ADは、ほかならぬアメリカとその軍事戦略にとって深刻な脅威なのである。

こうした文脈のなかにおくと、一五年ガイドラインが、「平時（peace time）からの協力措置」のなかに次のような記述を盛り込んでいることの意味は、おのずと明らかとなる。

1　情報収集、警戒監視及び偵察

「……自衛隊及び米軍は、おのおののアセット（装備品等）の能力及び利用可能性に応じ、情報収集、警戒監視及び偵察（ISR）活動を行う。……」。

2　防空及びミサイル防衛

「自衛隊及び米軍は、弾道ミサイル発射及び経空の侵入に対する抑止及び防衛態勢を維持し及び強化する。日米両政府は、……弾道ミサイル対処能力の総合的な向上を図るため、協力する。……」。

3　海洋安全保障

「日米両政府は航行の自由を含む国際法に基づく海洋秩序を維持するための措置に関し、相互に緊密に協力する。……」。

4　アセットの防護

「自衛隊及び米軍は、訓練・演習中を含め、連携して日本の防衛に資する活動に現に従事している場合であって適切なときは、各々のアセット（装備品等）を相互に防護する」。

最後の「4　アセットの防護」が、第3節(3)で前述した自衛隊法改正案の九五条の二の「米軍等の武器等防護のための武器使用」規定の根拠である。それを必要とするのは、「平時」からの日米共同の情報収集、警戒監視行動、偵察であり、アメリカは、この間、その範囲を南シナ海まで拡大することを日本に対して要請してきている。直前に「3　海洋安全保障」の項目が配されているのは、何とも不気味である。そこでの「航行の自由」には、民間船舶の航行の自由のみならず、「公海自由の原則」を奇貨とした軍艦の公海での「無害通航」も含まれていよう。「アセット防護」は、中国の「アクセス阻止・領域拒否」としてのミサイル攻撃からアメリカの「空母打撃群」を守るための「ミサイル防衛」にぜひとも必要とされるものである。後述するように、日本の領土を標的とした弾道ミサイル攻撃とそれに対する領土・領域防衛としてのミサイル防衛は、いずれも軍事的には大した意味がない。軍事的に意味があるとすれば、むしろこうした戦力自体をミサイル攻撃から防衛することである。そして、そうした活動のさいに、万が一中国軍等と偶発的な衝突が発生した場合には、「アセットの防護」あるいは「武器等の防護」を名目にして日米共同で軍事的に対処することになる。これは、名目上の「平時」という想定とはまったく裏腹に、また「武器の使用」とは名ばかりで、「武力の行使」との境目は著しくあいまいなものとなろう。「集団的自衛権の前倒し的行使」という性格をもつものと位置づけうる。*23

もちろん、中国による南沙諸島での強引な岩礁の埋め立て、基地建設は、その覇権主義大国化の現れとして、アセアン諸国と「現状維持」を取り交わした二〇〇二年の南シナ海行動宣言に反するものであり、法的拘束力をもつ「南シナ海行動規範」の早期締結をめざす動きを妨げるものであって許しがたい行為である。しかし、中国のそうした行動の背景には、アメリカの軍事力との対抗を濃厚に意識したA2ADがあり、これに対して、当のアメリカは、一〇年の「四年ごとの国防見直し」で「エア・シー・バトル（Air Sea Battle：ASB）構想」を打ち出して、海軍力・空軍力、宇宙衛星やサイバー空間を駆使して、かつ在日米軍基地の機能と自衛隊の支援も当然に織り込んで、中国のミサイル能力の減殺をねらっている。中国の南シナ海での強硬策は、こうしたアメリカとの間での海洋の軍事的プレゼンスをめぐる「鞘当て」のなかの一コマであること、米中の軍事的覇権の争奪戦のなかから生まれていることを、しっかりと把握しなければならない。

米中の南シナ海をめぐる確執から両国が全面戦争に突入するなどというシナリオは、いまや分かちがたく結びついた両国の経済と、国家関係を念頭におくならば、安易に想定できるものではない。それでも、「発生可能性は低くても重大な万が一」のために備えると称して進められる軍事の世界では、自らが立てた戦略（それは予算獲得のためのものでもある）に自縄自縛の状態にはまり込むことがしばしばある。米中は、いま、そうした状況に陥っているとみることができる。そして、日本にとって戦争法は、明らかにこうした米中の軍事対立の構図のなかで、アメリカの「同盟国」として、その戦略にしっかりと組み込まれること、さらに深入りすることを約束するものにほかならない。それは、南シナ海をめぐる米中の対立を激化させることはあっても、その解決に役立つものとは到底いえない。むしろ、日本がとるべき姿勢は、米中にこの南シナ海での軍事的対立・対抗を放棄させることであり、それを沿岸諸国と共同して米中も入った枠組みのなかで実現することである。戦争法の廃止、とりわけ新設された自衛隊法九五条の二の削除（それは、一五年ガイドラインの破棄にも連動せざるをえない）は、そのための意思表示となるであろう。

(3)「日米同盟強化＝抑止力の向上＝平和の実現」という三位一体

安倍首相は、七月二八日の参議院安保特別委員会での佐藤議員の質問に対する回答で、「日米同盟強化」の方向性を次のように述べた。

「こうした安全保障環境の大きな変化の中で、同時に、日本も我が国のみで日本を守り切ることはできない。……しっかりとした同盟関係を更により機能させることによって抑止力を強化し、事前に戦争を防いでいく。つまり、こうした力による現状変更は行うことはできないんだということを相手方に理解させつつ、平和的な発展をお互いにこれは進めていくことが重要ではないか、つまり、平和的な発展の道に方針を変更するよう促していくことも大切ではないかと、このように思います。

そのためにも、しっかりと備えをしていく、切れ目のない平和安全法制を整備していく、そして、日米同盟が揺るぎないものであるということを内外に示していくことによって、この海域も含めて我が国の平和と安全を守り抜いていくことができると、このように確信をいたしております[*24]」。

ここでは、「日米同盟強化＝抑止力の向上＝平和の実現」という三位一体の図式が臆面もなく語られている。

また、安倍首相は、さらにアクセルを踏んで、次のようにも述べた。

「平和安全法制が整備されれば、例えば平素から米軍の艦艇等の防護を行うことが可能となり、自衛隊と米軍の連携した警戒態勢等の強化につながってまいります。また、重要影響事態においては、米軍に対してより充実した支援を行うことが可能となりまして、存立危機事態においては、自衛隊と米軍の一層緊密な協力が可能となります。さらに、これらの新たな活動を効果的に遂行するため、平素より幅広い種類の訓練や演習を実施できるようになります。

こうしたことによって、これらにより様々な危機に対する日米の共同対処能力は飛躍的に向上し、もし日本が危険にさらされたときには、日米同盟は完全に機能するようになると言ってもいいと思います。また、そのことを世界に発信することによって、紛争を未然に防止をする力、すなわち抑止力は更に高まり、日本が攻撃を受ける可能性は一層なくなっていく、こう考えるわけであります[*25]」。

安倍首相は、ここで軍事同盟の本質をいいあてている。すなわち、「強い同盟国に叩かれたくなかったら、わが国を攻撃するな」という、「同盟による抑止」論である。しかし、これは同時に軍事同盟の最も危険かつ醜悪な面をはしなくも表現している。前述したように、日本の自衛隊が「平素から」の「米軍の艦艇等の防護」と称して南シナ海で活動をはじめれば、中国との緊張関係はいやがうえにも高まらざるをえない。偶発的な衝突に巻き込まれることもありうるだろう。何よりも、アメリカにつき従って南シナ海での「海の支配者」として君臨する高揚感にひたる自衛隊ほどグロテスクな存在はない。そうした姿は、憲法九条とまったく相いれないものである。

(4) 北朝鮮の脅威をめぐって

中国の海洋進出の拡大による脅威と並んで、「安保環境」変化論の双璧をなしてきたのが「北朝鮮の脅威」、とりわけそのミサイル攻撃の脅威である。これについて、佐藤議員は次のように質問を投げかけている。

「(北朝鮮の)ミサイルから日本人をいかに守るかということを考えた場合、一番そういう有事のときに望ましいのは、ミサイルが発射される前にそれをたたけばいいんです。でも、実際にテポドンのような発射台に乗っかっているようなミサイルであればそれは可能かもしれません。でも、日本を射程に入れる、このようなノドンミサイルは車載なんです。……であれば、日本国民を守るためには、撃たれてからそのミサイルをぱんぱんとたたくしかない。そういう場合、一番有効なのがイージス艦と言われています。

日本を全て守るためのイージス艦、迎撃用のやつは、現在、海上自衛隊は四隻しかありません。第七艦隊は五隻あります。でも、日本の四隻のうち大体一隻か二隻は整備に入っておりますから、三隻ないとカバーできないときは、やっぱり日米で連携していく、更にそれを二重三重の盾にするのが望ましいと、これは当然の話です。

そういう中で、やはり日本は日本、アメリカはアメリカではなく、まさに日本とアメリカが連携した形で平時から、グレーゾーンも重要影響事態もまさに存立危機事態もお互いに、ミサイル含めてお互いに守り合うという体制を取ることがやっぱり抑止力につながるというふうに思います」[26]。

要するに、北朝鮮のミサイル攻撃に対しては、アメリカのイージス艦にも協力してもらって日本の国土防衛をしようという話であるが、イージス艦が五隻程度くわわるくらいのことで、はたして国土防衛なるものがうまくいくであろうか。実際的な話とはとうてい思われない。この点に関連して、元陸上幕僚長の冨澤暉は、次のように指摘する。

「現在のところミサイル防衛(MD)は完璧なものではなく、日本国土に向かう弾道ミサイル・巡航ミサイルを完全に無力化することはできません」[27]。

「アメリカはミサイル防衛を自衛のためのもの、つまりアメリカ本土の自衛、友好国日本の防衛、日本に駐留するアメリカ軍の防衛のためのものとは考えていません。彼らは、アメリカを中心とした世界秩序の維持、発展を目的にしているのです。一方、日本では北朝鮮のノドンやテポドンが日本に落ちないようにするためのものと単純に考えている人が大勢います。それはまったくの間違いとはいえませんが、アメリカや諸外国が考えているミサイル防衛全体のきわめて小さな一部にすぎないということを知るべきです」[28]。

このように佐藤議員の「問いかけ」は、軍事問題の専門家によってきっぱりとはね返されているといえる。佐藤議員自身、自衛官時代にイラク先遣隊長を務めた経歴の持ち主だけに、なんとも皮肉なことである。そして、安倍首相もまた、日米共同のミサイル防衛をつうじて、日本国土の防衛の強化されることを信じて疑わない。

「今委員が例として挙げられたミサイル防衛であります。例えば北朝鮮がミサイルを発射して、それを海上あるいは陸上で落とす、海上においてはイージス艦からSM3というミサイルを発射して、かなりの上空でそれを撃ち落とすという仕組みになっております。

これは、米国の衛星からの情報を基にイージス艦がデータリンクをしながら落としていく。その中で、今まで北朝鮮がテポドン等を発射したときもそうでございますが、日本のイージス艦も日本海そして太平洋側にも配備をされますが、当然、米側も情報収集等も含めて配備をしているわけでございまして、そして、米側と日本のイージス艦はデータリンクを行うことができ、そして共同で情報を収集、分析、軌道を計算しながら対処できるということになっているわけでございま（す）。……まさに日本と米国がきっちりと連携をしながら、日米同盟が間違いなく機能を発揮するということを示していくことによってそういう試みを事前に阻止をする、つまり紛争や戦争を事前に未然に防いでいく力、それこそ抑止力であろうと、このように思います」[*29]。

日本の国土全域を標的にするのだとしたら防ぎようがない北朝鮮のミサイル攻撃、もともと日本防衛を重視しないアメリカのミサイル防衛構想、にもかかわらずあくまでそれに固執する日本政府。こうした対象、目的、効果が何とも「ちぐはぐ」な構想が、それでもまかり通る背景には、北朝鮮による核兵器やミサイルの開発の目的・意図について、この国の状況とかかわらせたまじめな検討がなされていないということがある。

北朝鮮の歴史と現状について詳しい旧ソ連出身の研究者アンドレイ・ランコフは、北朝鮮指導者の核開発計画には、主に二つの目標があるとして次のように述べている。

「第一が軍事的な目標である。核兵器には究極の抑止力があると考えられているため、自分たちが核開発能力を有していると信じ込ませることができれば、アメリカをはじめとする外国から攻撃を受ける危険性が低くなると指導者たちは信じている。もちろん、北朝鮮は中国と同盟関係にあり、それによって安全が保障されているといえなくもない。しかし、……中国軍が鴨緑江を越えて助太刀に駆けつけた一九五〇年当時と今とでは、国際情勢は大きく違う。……

第二の目標は、核開発計画を外交に利用すること。身も蓋もない言い方をするなら、脅しの道具として活用することである。比率としては、戦略的抑止力として核を使うことよりも、こちらの用途のほうがはるかに重視されているようだ」[*30]。

ランコフは、こうした「核による脅し」（一九九〇年代の第一次核危機がそのはじまり）などを利用した北朝鮮の外交を「援助最大化外交」と特徴づける。[*31]

北朝鮮にとっての核やミサイル開発の主たる意義は、軍事的には、アメリカを中心とした武力攻撃によって崩壊したイラクやリビアの「二の舞」とならぬよう軍事態勢をとることであるが、政治・外交的には、それを交渉カードとした経済援助を引き出すことで、現体制の存続をはかることにほかならない。したがって、そのような北朝鮮にとって、核兵器の使用は、体制の存続をかけたギリギリの場面でしか意味をもたず、しかもそれを使用すれば北朝鮮の体制が維持できるという保証は何もない。むしろ、北朝鮮が是非でも避けようとしている体制崩壊につながる可能性のほうが大きい。北朝鮮には核兵器の「先制使用」の動機は少ないとみるべきであろう。なお、北朝鮮にとっての主な交戦相手は、アメリカと韓国であろう。それゆえ、アメリカや韓国をねらわずに日本を標的にしたミサイル攻撃などは、軍事的にも政治的にも効果が薄く、かえって北朝鮮の体制崩壊の引き金となりかねない。

もちろん北朝鮮の核兵器やミサイルの開発は、東アジアの平和の阻害要因である。これらの問題については、「六カ国協議」の場などをつうじた粘り強い平和的外交交渉によって解決をめざしていくことが必要である。戦争法は、朝鮮半島有事を「存立危機事態」として認定して自衛隊による武力行使を含む関与を可能とし、あるいは「重要影響事態」対処としての日本のアメリカに対する「後方支援」を周辺事態法制定段階よりも格段に強化させたという点で、アメリカの軍事攻撃に脅える北朝鮮にとって脅威の増大となり、北朝鮮の軍事態勢の強化を促すことはあっても、平和の実現に向けての外交交渉にとっては阻害要因でしかない。逆にその廃止は、東アジアの平和の実現にとって前進的要因となる。なお、北朝鮮の「核とミサイル」の問題は、アジアにおける核戦略情勢と連動するかたちでしか解決の見通しが立たない。いわゆる「朝鮮半島の非核化」の課題は、東アジアの核保有国としてのアメリカ、ロシア、中国の核政策の変更（核軍縮から核廃絶へ）、そして日本のアメリカの「核の傘」への依存政策の変更（核軍縮・核廃絶へのイニシアティブの発揮）をともなわざるをえない。それらを一体のものとして追求していく必要がある（第7章参照）。

5 むすびにかえて

以上、戦争法は、アメリカを中心とする軍事力の行使に集団的自衛権を行使して参画するばかりでなく、「重要影響事態」などでの「後方支援」や、とりあえず「平時」における活動とされる警戒監視や演習での連携の強化などによって、協力のレベルを格段に引き上げるものである。それは、安倍首相のいう「切れ目のない安全保障」「安全保障環境の変化に対応する抑止力の向上」どころか、国際的な緊張をアジアと世界で高めることにつながり、かえって安全保障環境ないし平和情勢の悪化をもたらすものといえる。このような動きに対する対抗軸は、第7章で論じられる。

◉注

＊1　阪田雅裕『憲法9条と安保法制――政府の新たな憲法解釈の検証』有斐閣、二〇一六年、はしがきii。

＊2　安保法制懇報告については、小沢隆一「集団的自衛権容認にひた走る安倍政権」『前衛』二〇一四年七月号、参照。安倍首相は、この報告書を受け取った即日の記者会見で政府の「基本的方向性」を示し、報告書の「集団的自衛権全面合憲」論はとらず「限定容認」論を採用することを示すという「演出」までほどこした。こうした経緯については、以下も参照、朝日新聞政治部取材班『安倍政権の裏の顔――「攻防　集団的自衛権」ドキュメント』講談社、二〇一五年。

＊3　「集団的自衛権限定容認」論の案出における官邸と内閣法制局の共同作業については、前掲、朝日新聞政治部取材班『安倍政権の裏の顔』五〇頁以下が詳しい。

＊4　閣議決定については、小沢隆一「安倍政権の『戦争立法』策動を阻止する」『前衛』二〇一五年四月号、参照。

＊5　三つのガイドラインの概略については、小沢隆一「安全保障関連法案と『戦後日本秩序』」大島和夫ほか編『民主主義法学と研究者の使命――広渡清吾先生古希記念論文集』日本評論社、二〇一五年、一八〇頁以下、参照。

＊6　前掲、小沢「安倍政権の『戦争立法』策動を阻止する」および前掲、阪田『憲法9条と安保法制』三九頁以下、参照。同書（四六頁）は次のように述べる。「集団的自衛権を行使する場合の必要最小限度の実力行使の範囲をこれまでのように論理的に導くことができないのは、限定的にせよ集団的自衛権の行使を容認することとした新たな憲法解釈のいわば必然の結果である」。

＊7　二〇一五年八月二一日後藤祐一議員（民主）提出の質問に対する政府答弁書。

＊8　前掲、阪田『憲法9条と安保法制』四九頁以下、参照。

＊9　前掲、小沢「安倍政権の『戦争立法』策動を阻止する」六二頁、および前掲、阪田『憲法9条と安保法制』二八頁、参照。

＊10　辻元清美衆議院議員の質問に対する岸田文雄外務大臣の答弁。衆議院我が国及び国際社会の平和安全法制に関する特別委員会（以下、衆院安保法制特別委員会と略）会議録第一六号（平成二七年七月一日）三七頁、参照。なお、柳澤協二『自衛隊の転機――政治と軍事の矛盾を問う』ＮＨＫ出版、二〇一五年、一一六頁以下も参照。

＊11 小沢隆一「日米軍事同盟の『最前線』の法整備の素顔」森英樹編『別冊法学セミナー　安保関連法総批判――憲法学からの「平和安全」法制分析』日本評論社、二〇一五年、七一頁以下、参照。南シナ海をめぐる米中の対抗については、以下、参照。布施哲『米軍と人民解放軍――米国防総省の対中戦略』講談社、二〇一四年、ビル・ヘイトン（安原和見訳）『南シナ海――アジアの覇権をめぐる闘争史』河出書房新社、二〇一五年、山本秀也『南シナ海でなにが起きているのか――米中対立とアジア・日本』岩波書店、二〇一六年。

＊12 長沢栄治・栗田禎子編『中東と日本の針路――「安保法制」がもたらすもの』大月書店、二〇一六年、一七五頁以下、参照。

＊13 『朝日新聞』二〇一五年九月三日付朝刊掲載の談話。

＊14 長谷部恭男編『安保法制から考える憲法と立憲主義・民主主義』有斐閣、二〇一六年、九六頁。

＊15 対談長谷部恭男＋大森政輔「安保法制諸法案が含む憲法上の諸論点」『ジュリスト』一四八二号、二〇一五年七月号、四八頁（大森発言）、二〇一五年六月二二日衆院安保法制特別委員会における宮崎礼壹参考人の意見（衆院安保法制特別委員会会議録一三号［平成二七年六月二二日］六～七頁）、前掲、阪田『憲法9条と安保法制』八五頁以下、一〇五頁以下、参照。

＊16 たとえば、前掲『別冊法学セミナー　安保関連法総批判　憲法学からの「平和安全」法制分析』参照。

＊17 これに対する批判として以下参照、小沢隆一「『戦争法案は違憲』の声を広く大きく」『前衛』二〇一五年八月号。

＊18 参議院我が国及び国際社会の平和安全法制に関する特別委員会会議録第三号（平成二七年七月二八日）二頁。

＊19 同前、四頁。

＊20 前掲、布施『米軍と人民解放軍』八九頁、参照。

＊21 同前、九〇頁。

＊22 同前、四七頁。

＊23 この点については、前掲、小沢「日米軍事同盟の『最前線』の法整備の素顔」参照。

＊24 前掲、参議院我が国及び国際社会の平和安全法制に関する特別委員会会議録第三号、五頁。

＊25　同前、六頁。
＊26　同前。
＊27　冨澤暉『逆説の軍事論』バジリコ、二〇一五年、九八頁。
＊28　同書、一〇〇～一〇一頁。
＊29　前掲、参議院我が国及び国際社会の平和安全法制に関する特別委員会会議録第三号、七頁。
＊30　アンドレイ・ランコフ（山岡由美訳）『北朝鮮の核心――そのロジックと国際社会の課題』みすず書房、二〇一五年、二一〇頁。なお、北朝鮮国内の状況については、ランコフ（鳥居英晴訳）『民衆の北朝鮮――知られざる日常生活』花伝社、二〇〇九年、参照。
＊31　同前、二一二頁以下、参照。

（小沢隆一）

第3章 安倍政権はなぜ明文改憲に固執するのか

二〇一六年七月一〇日の参議院選挙の結果、連立与党を組む自民・公明、そして改憲に積極的なおおさか維新の会、日本のこころを大切にする党、与党系無所属が一六三議席を確保し、衆議院だけではなく参議院でも改憲発議に必要な三分の二以上を占めるに至ったことで、明文改憲論は新たな段階を迎えた。

こうした現状をふまえ、本章では、一九九〇年代から現在に至るまでの明文改憲論の動きを振り返るとともに、現在の明文改憲論が、これまでの明文改憲論と比較したときに、どのような特徴を有しているのかを明らかにしたい。

一言でいえば、明文改憲論の「本丸」は、憲法九条である。もっとも、一九九〇年代から二〇〇〇年代初頭にかけても、憲法九条を明文改憲によって正面突破することは依然として困難であったことから、解釈改憲のもとで立法措置によってそれを事実上実現しようという試みがなされてきた。ところが、〇四年以降、そのような解釈改憲による限界を痛感させられた自民党が明文改憲路線に転じ、折しも民主党内などにおいても改憲の気運が高まっていたことから、明文改憲論は、ここでひとたび高揚期を迎える。ただし、このような期間も長くは続かず、〇七年の参院選における自民党の惨敗と安倍政権の退陣を受けて、以後、明文改憲論を含む改憲動向はいったん沈静化する。この間、一二年の自民党による新たな明文改憲案（日本国憲法改正草案）の発表という出来事はあったものの、明文改憲の動きがふたたび活発化するのは、安倍晋三が政権の座に返り咲いた一三年以降のことである。そして、一五年九月に安保法制が可決されて以降、明文改憲論は新たな段階を迎えている。以下では、この流れについて、順をおってみていくことにする。

1　一九九〇年代以降の明文改憲のねらいと特徴

(1) 一九九〇年代の解釈改憲の時代

一九九〇年代以降の改憲動向の特徴を一言で表すとすれば、それは、これまで憲法九条のもとで禁じられてきた自衛隊の海外展開を可能とする「普通の国」づくりを、何より志向するものであったといえよう。その背景にあったのは、いうまでもなくアメリカや財界の強い圧力である。これに応えるために日本政府は、これまで自衛隊の海外派兵、集団的自衛権の行使、他国の武力行使と一体化した活動を禁じてきた憲法九条をめぐる「政府解釈の膨大な『体系』を改編しなければならなくなった[*1]」のである。

ただし、このような改憲路線が一九九〇年代以降スムーズに進んでいったのかといえば、決してそうではなかった。もちろん、その背景にはその時々の政治状況も大きく影響していたことは間違いないが、何より重要な要因として、そこには改憲の動きに反対する国民の側の粘り強い運動が大きな力を発揮してきたことは軽視できないであろう。

簡単に振り返れば、このような改憲路線が政治の表舞台に姿を現すきっかけになったのは、一九九一年の湾岸戦争であった。このときアメリカの強い圧力のもとに、日本は一三〇億ドルの資金提供を行なったのではあったが、それだけでは不十分とする「一国平和主義批判」が巻き起こった。具体的には、「カネだけではなくヒトも」といった批判であり、それがやがてその後の自衛隊の海外展開を推進することとなったのである。

もっとも、その後に自民党政府がとった改憲手法は、憲法そのものに手をつける明文改憲ではなく、従来の政府解釈を維持したままでの解釈改憲という手法であった。その解釈にもとづいて制定されたのが、一九九九年の周辺事態法である。この法律は、九七年に改定された日米防衛協力の指針（ガイドライン）を具体化するものであり、日本の領域外である「我が国周辺の地域における我が国の平和及び安全に重要な影響を与える事態」にさいして自衛隊が米軍への「後方支援」を可能とする違憲の色彩が濃厚なものであった。

しかしそこには、依然として自衛隊の活動に対して憲法九条から派生する制約がくわえられた。それは、①自衛隊は武力行使をしてはならない、②自衛隊の「後方支援」は武力行使と一体化した活動とならないよう戦闘が行なわれることのない「後方地域」に限定する、といったものであった。

(2) 二〇〇四年以降の明文改憲論の高揚

その後、小泉内閣のときにも、二〇〇一年にはテロ対策特措法、〇三年にはイラク特措法という、いずれも自衛隊を海外に展開するための時限立法が制定された。もっとも、どちらの法律にも、周辺事態法と同様の制約が盛り込まれることになった。つまり、自衛隊の武力行使は禁じられ、自衛隊の活動はいわゆる「非戦闘地域」での「後方支援」に限定するなどのいちおうの制約がここでも盛り込まれたのである。

このように、一九九〇年代から二〇〇〇年代の初めにかけて、自民党政府は、歴代の政府解釈を維持しながら、法律によって部分的に自衛隊の海外展開を解禁する手法を余儀なくされてきた。このことはのちに、解釈改憲の限界を自民党に痛感させ、その隘路を突破するために明文改憲に向けたモチベーションをもたらすことになる。その隘路とは、自衛隊が軍隊ではない「必要最小限度の実力」であることからくる集団的自衛権行使の禁止や、他国の武力行使に対する「後方支援」はその武力行使と一体化しない「後方地域」に限定するといった制約であり、換言すれば、これ以降模索される憲法九条の明文改憲路線とは、まさしくこれらの制約を突破するためのものだったのである。

また、この時期、とくに二〇〇〇年代に入ってからは、財界や一部メディアなどを中心として、多くの改憲案が発表されるようにもなった。たとえば、〇三年四月には経済同友会が「自立した個人、自立した国たるために」を発表、[*2] 〇四年五月三日には読売新聞が、一九九四年、二〇〇〇年に続き三回目となる「憲法改正二〇〇四年試案」を発表、[*3] 〇五年一月一八日には日本経団連が「わが国の基本問題を考える――これからの日本を展望して」を発表した。[*4] そこに共通して特徴的であったのは、自衛隊の海外活動（場合によっては集団的自衛権行使の容認）を明文で定め、あるいは提言していることであった。

そして、小泉政権のもとで明文改憲を模索してきた自民党も、二〇〇四年六月二二日、党憲法調査会内部に設けられた憲法改正プロジェクトチームが「論点整理」を発表、そして同一一月一七日には、同調査会の憲法改正草案起草委員会が、これをもとにした「憲法改正草案大綱（たたき台）――『己も他もしあわせ』になるための『共生憲法』を目指して」を発表するに至る。他方、同六月二二日には、民主党憲法調査会も、「創憲に向けて、憲法提言『中間報告』――『法の支配』を確立し、国民の手に憲法を取り戻すために」を発表するなど、〇四年以降は、政治の表舞台でも、明文改憲論がしのぎを削りあうという状況が生まれることになる。

2 二〇〇五年自民党「新憲法草案」を頂点とする明文改憲動向とその後の衰退

(1) 党内のジグザグをへた「新憲法草案」の発表

けれども、自民党の明文改憲路線は、ここでいったん仕切り直しを迫られることになる。というのも、先の憲法改正草案大綱は、とりわけ「衆議院の優越」をより拡大しようとしたため、これが党内参議院側の猛反発をまねくことになったからである。また、同一二月六日には、この憲法改正草案大綱を作成した起草委員会委員長を務めていた中谷元が、陸上自衛隊の幹部にその一部の作成を依頼していたことが判明したため、翌七日にこの大綱は白紙撤回される事態となる。そこで、同一二月八日に、当時の小泉首相自らが本部長となって新憲法制定推進本部を立ち上げ、そのもとに一〇の小委員会から構成される新憲法起草委員会が設置された。そして、この新憲法起草委員会が、新たな改憲案の作成にその後携わることになる。[*5]

こうした事情を背景として、二〇〇五年一一月二二日、「自主憲法制定」を長く党是に掲げてきた自民党が結党五〇周年を記念して発表したのが、「新憲法草案」であった。これは、自民党としても、明文化したかたちで発表したはじめての改憲案である。[*6] なお、これと時を同じくして同一〇月三一日、民主党も、「未来志向の新しい憲法を構想する」ことを謳った「憲法提言」を発表しており、〇五年は、明文改憲論にとっては一つのエポックを画した年と位置づけることができよう。

ここで、自民党の新憲法草案の内容を憲法九条にだけ絞ってみておきたい。最大の変更点としては、戦力の不保持と交戦権の否認を定めた憲法九条二項を全面的に削除し、新たに九条の二という条文を設けて「自衛軍」の保持を明記したことがあげられる。そして、その任務のなかには、「我が国の平和と独立並びに国及び国民の安全を確保する」だけではなく、「法律の定めるところにより、国際社会の平和と安全を確保するために国際的に協調して行われる活動及び緊急事態における公の秩序を維持し、又は国民の生命若しくは自由を守るための活動」(九条の二第三項)も含まれるとされた。

その含意するところは、おそらく次のようなものである。従来の解釈改憲では自衛隊の海外活動の拡大には限界があるため、明文改憲によってその隘路を突破したい。他方で、集団安全保障活動への全面的な参加も確保したい。しかし、集団的自衛権の明記には、公明党や民主党からの反発が予想される。そこで、むしろこの機に乗じて、たんに「国際社会の平和と安全を確保するために国際的に協調して行われる活動」という文言にすることにより、自衛隊が柔軟に「米軍の依頼によって有志連合軍などにも行けるし、国連の決議が出ればもちろん行く」ことを可能とし、同時に他党の合意も調達する。[*7] とりわけ改憲の「本丸」にあたる憲法九条をめぐっては、このような意図とねらいが、自主憲法制定を宿願とする自民党のこの新憲法草案にはこめられていたに違いない。なお、新憲法草案では、自衛軍の創設にともない軍事裁判所の設置も明記されており、明文改憲による憲法九条の総合的かつ抜本的な改編が企図されていたのであった。

(2) 集団的自衛権行使容認をめざす第一次安保法制懇の始動

ところで、この新憲法草案のなかに明記されることがなかった集団的自衛権について、立法措置でそれを限定的に容認する布石をつくろうとしたのが、二〇〇六年九月に小泉の後任として首相の座についた、ほかならぬ安倍であった。

安倍は、「在任中の改憲」(同一二月一九日)を標榜し、明文改憲の野望と並行して、できるだけ速やかに集団的自衛権を容認するための解釈改憲の戦術に打って出た。それを担ったのが、安倍の私的諮問機関となる安保法制懇である。ここで安倍は安保法制懇に対し、想定される四つの類型(①公海上の米艦防護、②米国向けの可能性のあるミサイルの迎撃、③PKOなどで他国軍が攻撃されたときの「駆け付け警護」、④海外での「後方支援活動の拡大」)に絞って、集団的自衛権をめぐる従来の政府解釈の変更について諮問を行なう。つまり安倍は、これまで歴代政府自身が憲法九条のもとでは認められないとしてきた集団的自衛権の解禁に、まずは立法措置によって先鞭をつけようと画策したのであった。

(3) 自民党の政権からの転落と明文改憲論の衰退

ところが、二〇〇七年七月の参議院選挙で自民党は惨敗を喫し、その二カ月後の同九月、安倍は自らの諮問に対する安保法制懇からの報告書を受け取ることなく首相の座を降りることとなる。

結局、安保法制懇が安倍の諮問に対する報告書を出したのは、福田康夫が首相となった二〇〇八年六月になってからのことであった。しかも福田は、この報告書を事実上お蔵入りさせてしまい、これ以降、安保法制懇の結論にそった議論が盛り上がりをみせることはなかった。この安保法制懇が息を吹き返し再始動するのは、まさしく安倍が首相の座に返り咲く一三年以降を待たなければならなかったのである。

二〇〇九年八月の衆議院選挙によって、民主党政権が誕生し、自民党は野党に転落した。この時期、一一年一〇月からの憲法審査会の始動といった動きはあったものの、政治の表舞台における明文改憲の動きはいったん沈静化することになる。*8 そして、一二年四月二八日、自民党が、このような閉塞状況のなかでそれに一石を投じるべく発表したのが、次でとりあげる「日本国憲法改正草案」であった。

3 「日本国憲法改正草案」の国家構想とその批判的検討

(1) 政治的文脈における「日本国憲法改正草案」の位相

「日本国憲法改正草案」(以下、二〇一二年自民党改憲案)の内容に対する批判的検討を行なう前に、それがどのような政治的文脈のなかで作成され、どのような位置を占めているのかを簡単に確認しておきたい。[*9]

まず、留意しておくべきは、二〇一二年自民党改憲案は、自民党が野党に転落していた時代に作成されたという事実である(当時の自民党総裁は谷垣禎一)。そのため、自民党は、いわば政権政党としての責任に煩わされることなく、しかもサンフランシスコ平和条約発効から六〇年の節目となる日本が「主権を回復した日」に公表することをねらって(「日本国憲法改正草案Q&A」二〇一二年一〇月、三頁。以下、改憲案Q&A)、二〇一二年自民党改憲案を作成することが可能となった。また、この当時の自民党にとって、民主党との政治路線の違いを際立たせ自民党カラーを鮮明にすることにより、野党転落で離反した保守支持層をふたたび取り込むことは、急務の課題でもあった。[*10] その意味からすれば、二〇一二年自民党改憲案は、自民党の「本音」がストレートなかたちで表明されたものと評価することができよう。

つまり、二〇一二年自民党改憲案は、改憲の機運が停滞するなかであくまでも独自に発表されたものであり、その段階では実現可能性を追求するよりもまずは改憲政党としての存在感を示したところにその特徴があったといえよう。その証拠に、政権与党に返り咲いた安倍自民党は、その後、他党との合意をとりやすい項目から優先的に改憲を進めていく方針をとっており、必ずしも二〇一二年自民党改憲案を前面に押し出す姿勢をとろうとはしていない。[*11] その意味で、二〇一二年自民党改憲案の存在は、自民党が自らの改憲構想を今後推進していくなかで、一つのネックとなることも予想される。

しかしながら、先述したように二〇一二年自民党改憲案は、憲法九条を中心とする改憲に対する自民党の無制約の「本音」が表れたものでもある。安倍自民党が、今後どれだけ小手先の解釈改憲や立法改憲を重ねてその「本音」の実現に近づこうとしても、完全にその「本音」を達成するためには、やはり「戦争をしないことを前提につくられている日本国憲法の体系を根本的に転換」する[*12]という課題を、早晩どうしても克服しておかなければならない。つまり、二〇一二年自民党改憲案は、依然として自民党の改憲ビジョンの到達点として位置づけられるのであり、これを批判的に考察しておくことの意義は、いまなお大きいと思われる。

(2) 二〇一二年自民党改憲案をつらぬく立憲主義のベクトルの主客転倒

二〇一二年自民党改憲案を貫流する大きな特徴についても、あらかじめふれておきたい。それは、現行憲法九九条に代わり新たに設けられた一〇二条一項に集約されているといってもいいだろう。そこでは、「すべて国民は、この憲法を尊重し擁護する義務を負う」とある。つまり、国民と国家の関係、本来の立憲主義のベクトルが一八〇度転換してしまっているのである。

いうまでもなく、現在一般に用いられる立憲主義とは、「専断的な権力を制限して広く国民の権利を保障する」[*13]という考え方であり、そのような考えにもとづく憲法を「立憲的意味の憲法」と呼ぶことがある。立憲的意味の憲法を説明するさいに一般的に援用される一七八九年フランス人権宣言一六条は、「権利の保障が確保されず、権力の分立が確保されていないすべての社会は、憲法をもたない」と定めている。換言すれば、憲法とは、何より個人の基本的人権の保障を確保するための法であり、同時に権力の濫用が起こらないように国家の権力を複数の機関に分散し抑制と均衡の関係を保たせる法であって、そのような内容を備えていない憲法は、およそ憲法の名に値しないということになるであろう。

これに対し、二〇一二年自民党改憲案は、「最高法規」の章に位置づけられる現行憲法九七条（「この憲法が日本国民に保障する基本的人権は、人類の多年にわたる自由獲得の努力の成果であつて、これらの権利は、過去幾多の試練に堪へ、現在及び将来の国民に対し、侵すことのできない永久の権利として信託されたものである」）を丸ごと削除したうえで、国民に対して先にみたような憲法尊重擁護義務を課している。

このことは、本来権力制限規範として為政者を拘束することに向けられたはずの憲法のベクトルを一八〇度転換させ、国民の行為規範として位置づけることをも意味しよう。[*14] 繰り返しとなるが、これまで述べてきた立憲主義とは、「個人の尊重」を出発点として、その状態を十全に実現すべく国家に対し利益調整役としての権力をゆだね、しかしその行使にあたっては憲法を遵守する義務を負わせるという制度的工夫である。ところが、二〇一二年自民党改憲案が採用する立憲主義の構図は、「私たちの『自由』から思考を出発させるのではなく、逆に先に『国家』がアプリオリ（先験的）に存在しているという想定」[*15]にもとづいて、「人類の多年にわたる自由獲得の努力の成果」として編み出されたこの制度的工夫を逆転させようとするものである。そして、これこそがまさに、二〇一二年自民党改憲案のエッセンスともいえるであろう。この意味からすれば、二〇一二年自民党改憲案は、立憲主義そのものに対する重大な挑戦といわざるをえない。[*16]

(3) 二〇一二年自民党改憲案の批判的検討

それでは、いよいよ二〇一二年自民党改憲案の内容に踏み込んでいきたい。もっとも、紙幅の関係でここでは網羅的かつ逐条的な検討を行なうことはできない。それについては他の文献[*17]を参照いただくことにして、ここでは本書のテーマにかかわる重要な論点に的を絞り、それについての批判的検討を試みたい。

「国防軍」の創設による憲法九条の抜本的改定

いまも昔も改憲の「本丸」と位置づけられる憲法九条について、二〇一二年自民党改憲案は、九条一項の文言を現行のものから若干緩和変更し（武力による威嚇または武力の行使について「永久にこれを放棄する」から「用いない」へ）、さらに九条の核心となる戦力不保持と交戦権の否認を定めた二項を全面的に書き換えて「前項の規定は、自衛権の発動を妨げるものではない」との留保規定にする。そのうえで、九条の二という規定を新たに設け、内閣総理大臣を最高指揮官とする「国防軍」の創設を明記しており、そのなかで五項にわたって国防軍の任務やそれにまつわる法律事項、そしてその任務遂行にともなう犯罪を審理するための「審判所」の設置を定めている。なお、もともと憲法九条が定められている第二章のタイトルは「戦争の放棄」であるが、二〇一二年自民党改憲案は、これについても「安全保障」というタイトルへと変更しており、これまで軍事の余地を否定する方向に機能してきた憲法九条を一八〇度転換して、軍事的なるものを基礎づけるものへと完全に変質させようとしている。

憲法九条をとりまく現状については本書の第1章を参照いただくこととして、ここでは、国防軍の創設がいったい何をもたらすことになるのかについて、簡単に検討しておきたい。つまり、憲法上で国防「軍」の存在を明記することは、はたして自衛隊の存在を憲法的に継承・正当化しその名称をたんにすげ替えるだけなのか、ということである。

まず、二〇〇五年新憲法草案九条の二がめざしたのは、「自衛軍」の創設であった。改憲案Q＆Aによれば、この名称が変更された理由とは、「独立国家としてふさわしい名称にするべきなど、様々な意見が出され、最終的に多数の意見を勘案し」た結果だとされている（一〇頁）。また、二〇一二年自民党改憲案作成当時の自民党総裁である谷垣禎一も、発表直前まで「自衛軍」としていたが、国防軍のほうが「自衛官の士気にかなう」との理由で変更を行なったのだという。*18 いずれにせよ、ここでも打ち出されているのは、「軍」の創設である。

それでは、この変更は、自衛隊を憲法上継承・正当化して、たんに名称の変更をほどこすにすぎないものなのだろうか。

結論的にいえば、あらためて自衛隊を憲法上正当化することでもたらされる効果と、憲法上で新たに「軍」を創設することでもたらされる効果は、まったく異なるものになる。なぜならば、これまで自衛隊は、とにもかくにも憲法が禁じた「戦力」とは異なる存在として、いちおうその合憲化が歴代政府によりはかられてきたからである。そして、いちおうこのような考え方を前提として、日本の安全保障政策は、憲法九条との緊張関係のなかでなんとかぎりぎり構築され維持されてきたのであった。換言すれば、自衛隊は、あくまでも国家防衛のための「必要最小限度の実力」とされてきたからこそ、一般的な「軍」が有する諸要素（たとえば集団的自衛権の行使や軍法会議の存在など）を手放さざるをえなかったのである。*19 つまり、「自衛軍」にせよ「国防軍」にせよ、「軍」の存在を憲法上で正面から肯定するためには、二〇一二年自民党改憲案のような憲法九条の抜本的改定は、不可避なものとなるであろう。

当然、その波及効果は、私たちの基本的人権にまで及ぶことになる。たとえば、二〇一二年自民党改憲案九条の二第四項および第五項にみられる「軍事秘密」の保護は、一三年に制定された特定秘密保護法とも相俟って私たちの「知る権利」を遮断するものとして機能することになるだろう。また、表現の自由に関して新設された二一条二項が、とりわけ「公益及び公の秩序」を理由として活動や結社に対する制限を予定していることは、軍事という「公益」を理由に広く市民の平和活動などを規制するものとして威力を発揮することも十分に予想される（なお、二〇一二年自民党改憲案一二条と一三条でも、現行憲法の「公共の福祉」という文言が「公益及び公の秩序」に置き換えられているが、ここでは立ち入らない）。

「災害便乗型」緊急事態条項の創設

二〇一一年三月一一日の東日本大震災を契機として、これまでの改憲論ではあまり主流とはならなかった緊急事態条項の必要性が、当時の「たちあがれ日本」や「みんなの党」など新たに改憲を志向する政党からも声高に主張されるようになった。[*20] 二〇一二年自民党改憲案が新たに創設しようとしている緊急事態条項も、もちろんこのような文脈のなかに位置づけられるが、それと同時に、まさしくこの機に便乗するかたちでようやく日の目をみることができたものだともいえる。というのも、二〇〇五年新憲法草案では緊急事態条項についての言及はみられなかったものの、[*21] その前身である〇四年の憲法改正草案大綱では、「第八章　国家緊急事態及び自衛軍」という独立の章が設けられ、「防衛緊急事態」（武力攻撃事態）を含む三つの非常事態の類型において内閣総理大臣の権限強化がすでにはかられていたからである。

二〇一一年四月二七日、自民党憲法改正推進本部は、東日本大震災の発生から早くも一月半ほどして開かれた役員会の席で、二〇〇五年新憲法草案に緊急事態条項を新たに書き込むことで一致した。そして、ちょうどその一年後に発表された二〇一二年自民党改憲案が、以下のような緊急事態条項を定めるに至ったのである。すなわち、「第九章　緊急事態」を新たに設け、①内閣総理大臣が「我が国に対する外部からの武力攻撃、内乱等による社会秩序の混乱、地震等による大規模な自然災害その他の法律で定める緊急事態」にさいして、緊急事態を宣言する（九八条一項）、②緊急事態は最大で一〇〇日間継続し、事前もしくは事後の国会承認を必要とするが、更新も可能とする（九八条二項・三項）、③緊急事態にさいし内閣は「法律と同一の効力を有する政令」を制定し、内閣総理大臣は「財政上必要な支出その他の処分」とともに「地方自治体の長に対して必要な指示」を行なうことができる（九九条一項）、④緊急事態にさいしては何人も、「国民の生命、身体及び財産を守るために行われる措置に関して発せられる国その他公の機関の指示」に従う義務を負う（九九条三項）。

しかしながら、一般に緊急事態条項は、文字どおり非常事態にさいして行政府（執行権）に強大な例外的権限を集中させその行使を可能とすると同時に、国民の基本的人権を停止するという「劇薬的」性質をもつものである。したがって、このような緊急事態条項を憲法で採用する国々であっても、専断的な権力行使を許さないようにするためのとりくみをしたり、憲法上の仕組みを設けることが一般的となっている。*22

ところが、二〇一二年自民党改憲案の緊急事態条項では、内閣総理大臣が認定することになる「緊急事態」の性質や範囲はあまりにも非限定的であるし、何よりそこでは内閣総理大臣のイニシアティブの強化、国会承認の実効性の希釈化、ひいては「法律と同一の効力」をもつ内閣の政令による「立法権の簒奪」をもたらしかねないとする、これら諸規定の構造に内在する問題点に着目した有力な批判もなされている。[*23]

要するに、二〇一二年自民党改憲案の緊急事態条項のねらいとは、後述するように大規模自然災害に便乗して、むしろ国防軍の創設とセットで憲法九条の抜本的改定を推進することにあるといえよう。

憲法改正要件の緩和化

現行憲法九六条は、憲法改正のためのハードルとして、①衆参両院の三分の二以上の賛成による憲法改正発議と、②それに対する国民投票による過半数の賛成を求めており、改正要件がきわめて厳格な「硬性憲法」であるといわれる。これに対し、二〇一二年自民党改憲案一〇〇条一項は、この一つ目のハードルである憲法改正発議に必要な「三分の二以上」という数字を「過半数」にまでゆるめようしている。これがまさしく、一三年七月の参議院選挙のさいに安倍自民党がまずは実現しようと試みた「憲法九六条先行改正論」であった。[*24]

二〇一二年自民党改憲案一〇〇条一項のねらいが、改憲をやりやすくするところにあることは疑いをえない。そして、その理由としてしばしば引き合いに出されるのが、現行憲法が九六条によって「世界的に見ても、改正しにくい憲法となってい」るという認識である（改憲案Q＆A三四頁）。たしかに、両院の「三分の二以上」の賛成による憲法改正発議と過半数の賛成による国民投票を求める現行憲法の硬性度は、一院制のもとで同じ内容の改正要件をとる大韓民国と並んで高い方に位置づけられるといえよう。ただし、ここで注意しなければならないのは、現行憲法の改正要件に不満を抱く側は、改憲を困難とする「元凶」として、もっぱらこの「三分の二以上」という要件に目を向けているということである。

けれども、諸外国に目を向けるならば、たとえばドイツでは、憲法改正は連邦議会と連邦参議院の議決だけで可能であるものの、その要件としては、やはり両院の三分の二以上の賛成が求められている。また、アメリカでも、憲法改正を行なうためには連邦議会両院の三分の二以上の賛成が求められており、さらにこれにくわえて四分の三以上の州議会による賛成が必要とされている。しかも、これらの国は、少なくとも議会両院での「三分の二以上」という憲法改正発議要件をクリアして数十回にもわたる憲法改正を実現している。これらの事実からすれば、これまで日本で改憲が実現しなかった主たる要因が、憲法改正発議の「三分の二以上」というハードルにあったとすることには、根拠がないといえる。[*25] そして、もし現行憲法九六条の改正要件が、憲法改正の最低条件として日本国憲法の核心部分を構成していると理解することが可能となるならば、現行の改正要件を憲法改正の限界を画するものとして議論する余地も生まれてくるのかもしれない。[*26]

4　現在の安倍政権の明文改憲戦略のねらい

(1) 第二次安倍政権以降の解釈改憲と明文改憲の試み

二〇一二年一二月一六日に開催された衆議院総選挙では、野党に転落していた自民党が議席を一一九から二九四へと、倍以上増やして圧勝する結果に終わった。そして同一二月二六日、わずか三年に終わった民主党政権に代わり、安倍が政権の座に返り咲く。ここからふたたび安倍は、第一次政権時代に志半ばで投げ出さざるをえなかった解釈改憲と明文改憲の試みに果敢に打って出るようになるのである。

まず、解釈憲法の試みとして安倍は、第一次政権時に自らが立ち上げたものの、その後の退陣によって結局直接報告書を受け取ることができなかった安保法制懇を再始動させた。そして、第二次安保法制懇では、第一次安保法制懇のさいに諮問された四類型にくわえて、日本の船舶の航行に重大な影響を及ぼす海域での機雷除去や国連の決定にもとづく多国籍軍への参加など、新たな六類型についても諮問を行なった。

ところが、最終的に第二次安保法制懇の結論は、皮肉にも当の安倍自身によって肩すかしを食らうことになる。第2章でみてきたように、二〇一四年五月一五日、第二次安保法制懇は、「必要最小限度」の集団的自衛権の行使の容認と他方で国連の集団安全保障への全面的参加を提言する苦肉の報告書を提出した。けれども、安倍は、その日の夕刻に「政府の基本的方向性」を発表し、そのなかで、安保法制懇報告書が提示した「必要最小限度」の集団的自衛権の行使容認についてはこれを採用するものの、「芦田修正論」にもとづいた全面的な自衛隊活動を解禁するという結論についてはは採用できないとしたのであった。この背景には、憲法九条の解釈変更をなんとしてでも実現したい安倍が、集団的自衛権行使の全面的な解禁に難色を示す公明党や内閣法制局に対して配慮せざるをえなかったという切実な事情が存在していたのである。*27

また、明文改憲の試みとして安倍は、まずは改憲のハードルを下げるために改憲発議に必要な衆参両院の三分の二以上を過半数に引き下げる憲法九六条先行改正論を、二〇一三年七月の参院選を前にして繰り返し強調するようになった。

しかしながら、明文改憲としての憲法九六条先行改正論に対しては、改憲に否定的な立場側からのみならず、一部の自民党議員、改憲派を自認する研究者や歴代の内閣法制局長官経験者たちからも大きな批判を浴びることになり、その後安倍自民党は、この方針についてトーンダウンを余儀なくされることになったのである。*28

そしてこの間、安倍政権のもとで憲法九条の解釈改憲を補完するようにして、日本版NSC（国家安全保障会議）の設置（二〇一三年一二月四日）、特定秘密保護法の制定（同一二月六日可決、一四年一二月一〇日施行）、外交・防衛の基本方針となる初の「国家安全保障戦略」の策定（一三年一二月一七日）、武器輸出三原則に代わり、武器の輸出入を原則認める防衛装備移転三原則の発表(一四年四月一日)といった重大な動きが、次々と展開されていくことになる。こうした動きは、一四年七月一日の閣議決定とそれを受けた一五年の安保法制の可決によって、一つのピークを迎えることになる。

(2) 二〇一四年七月一日の閣議決定から二〇一五年の安保法制

二〇一四年七月一日、自衛隊発足からまさに六〇年目にあたるその日、安倍内閣は、これまで歴代政権が憲法九条のもとでは認められないとしてきた集団的自衛権を含む、自衛隊の幅広い軍事力行使容認に舵を切る閣議決定を行なった。

それによれば、「我が国に対する武力攻撃が発生した場合のみならず、我が国と密接な関係にある他国に対する武力攻撃が発生し、これにより我が国の存立が脅かされ、国民の生命、自由及び幸福追求の権利が根底から覆される明白な危険がある場合において、これを排除し、我が国の存立を全うし、国民を守るために他に適当な手段がないときに、必要最小限度の実力を行使することは、従来の政府見解の基本的な論理にもとづく自衛のための措置として、憲法上許容される」ことになる。*29

このほかにも、自衛隊による「後方支援」のエリアの拡大(「現に戦闘行為が行われている現場」以外であれば可)、これまでやはり認められないとされてきた国連PKO活動における外国軍部隊への「駆け付け警護」や「任務遂行のための武器使用」、自衛隊による外国での邦人救出などを可能とする「切れ目のない安全保障法制の整備」を進めていくことが明らかとされた。

そして、これを受けるかたちで、二〇一五年二月から自公両党の間で与党協議が重ねられ、同三月二〇日には、「安全保障法制整備の具体的な方向性」が合意された。その後、これをもとにして法案準備がなされ、ついに同五月一五日、新法である「国際平和支援法」と、既存の一〇本の法律を束ねて改正する「平和安全法制整備法」の二つの法案が、国会に提出されるに至った。

安保法制の問題点については本書の第2章を参照いただきたいが、*30 この安保法制をめぐっては、その審議の過程で六〇年安保以来の国民的な反対運動が巻き起こったことも、何より注目されるべきであろう。そのなかには、とりわけＳＥＡＬＤｓにみられるような若者層が多く含まれていたことは特筆に値する。また、同六月四日に開かれた衆議院憲法審査会では、与党推薦を含む三名の憲法研究者が安保法制を違憲と断じたことで、この法案をめぐる攻防の「潮目」が変わることになる。そしてその後、全国の憲法研究者をはじめとする大学人からだけではなく、内閣法制局長官経験者や最高裁判事経験者などからも、歴代の政府見解に照らしても安保法制は違憲であるとの声があがるなど異例の事態も相次ぎ、これが安保法制の成立を遅らせる重大な一因となったのである。

けれども、こうした幅広い国民的反対の声にもかかわらず、同九月一九日、安保法制は、参議院において議会制民主主義にもとるかたちで、ついに成立してしまう。*31 いずれにせよ、安倍政権による解釈改憲の集大成ともいうべき安保法制の成立によって、憲法九条の解釈改憲路線は、ここで一つの到達点に達したといえよう。

(3) 安保法制後の明文改憲論の現段階――緊急事態条項の創設が意味すること

他方、安保法制を強力に推し進めてきた一方で、安倍は、もちろん明文改憲を諦めたわけではない。とりわけ二〇一六年が明けてからは、明文改憲を積極的に主張しはじめるようになる。

たとえば、同一月四日の年頭記者会見では、「憲法改正は参院選でしっかり訴えていく。国民的な議論を深めていきたい」と述べている。また、同一月一〇日のNHK番組「日曜討論」では、「おおさか維新もそうだが、改憲に前向きな党もある。責任感の強い人たちと三分の二を構成していきたい」とかなり踏み込んだ発言をしている。そして、同二月三日の衆院予算委員会では、自民党の稲田朋美が「現実にまったく合わなくなっている九条二項をこのままにしていくことこそが、立憲主義を空洞化するもの」と指摘したのに対し、「七割の憲法学者が『憲法違反の疑いがある』と自衛隊に対して疑いをもっている状態を、なくすべきではないかという考え方もある」として、憲法九条二項の削除にまで言及しているのである。

安保法制に対する強い国民的抵抗があったことと、その後に参院選を控えていたことを考えると、このタイミングで改憲に言及することは得策ではないように思われるが、これについては、むしろ参院選前だからこそ「アリバイ」づくりとして「少々不利になっても、改憲をやるぞという争点を出しておかなければならないという判断」をしたとみる向きもある。*32 たしかに参院選の直前には改憲という争点隠しに躍起になったことからすれば、これはぎりぎりのタイミングでの改憲アピールであったとみることもできよう。しかし、これらの発言の真意は、もっと別のところにある。つまり、安倍は、安保法制の審議をつうじて、よりいっそう、いまなお憲法が大きな壁として立ちはだかっていることを痛感したということである。戦争ができる国づくりを進めるためには、結局、戦争を想定していない日本国憲法の体系を丸ごと変えるよりほかはない。そこで、「安倍は苛立ちの中で、このがんじがらめを突破するにはこれしかないという形で明文改憲を打ち出してきている」*33のである。

それでは、安倍は今後、具体的にどこから明文改憲を進めていこうとしているのだろうか。もちろん、その「本丸」が依然として憲法九条にあることは疑いをえない。ただ、それを正面突破するには、いまなおハードルが高すぎる。そこでいま、おそらく安倍が重視しているのは、緊急事態条項*34の創設である。*35そ の理由としては、これまでにも語られてきたように、大規模自然災害を「口実」とする緊急事態条項の創設は、それに対する国民的な反発も少なく、何より他党の合意を得やすいということがあげられる。*36

しかしながら、緊急事態条項の創設のねらいは、おそらくこれだけにはとどまらない。そこには、安保法制の審議の過程ではほとんど議論にならなかった、戦時においては不可欠な民間企業や国民の協力を「憲法上の義務」に格上げすることが、まず先行して想定されているのではないか。

じつはすでに、安保法制によって改正された事態対処法でも、「武力攻撃事態等」において民間企業である「指定公共機関の責務」（六条）や「国民の協力」（八条）が定められ、また、奇妙なことに今回の安保法制には含まれなかった国民保護法四条でも、指定行政機関や地方自治体などが「対処措置」を行なうさいの「国民の協力」が定められている。ただし、これらの規定は、現段階ではあくまでも「努力規定」にとどまっており、しかも、集団的自衛権発動の状態である「存立危機事態」での適用は、法文上除外されている。しかしながら、政府が「武力攻撃事態等」と「存立危機事態」は「併存」すると答弁していることからすれば、[*37]「存立危機事態」においてもそれこそ「切れ目」なく、指定公共機関や国民が国に対して協力を求められる事態は十分に想定されうる。[*38]このことは、とりわけ現代戦が民間の動員を不可欠とする現実に照らしたとき、杞憂とばかりはいえまい。

そしてそこに、「何人も、法律の定めるところにより、……国その他公的機関の指示に従わなければならない」とする二〇一二年自民党改憲案九九条三項のような緊急事態条項が創設されるとすれば、公的機関への国民の協力は、たちまち「憲法上の義務」へと格上げされてわれわれにのしかかってくる。そうした可能性は、否定しきれないであろう。[*39]その場合、緊急事態条項は、安保法制が積み残した課題を突破して、憲法九条という「本丸」にまた一歩踏み込む機能を果たすことになると思われる。

このように、現在安倍が進める明文改憲路線は、他党との合意を強調しながらできるだけ実現可能な項目に絞ってこれを推し進めようというものであり、その典型がまずは緊急事態条項の創設ということになろう。しかもその背景には、いまなお正面突破が困難な憲法九条改変に実質的に途を開こうとする意図が呼吸しているといえるのであり、これは決して「お試し改憲」などといった生やさしいものではない。

しかしながら、安倍自民党がめざす最終的な改憲のビジョンとは、あくまでも二〇一二年自民党改憲案でみせた、「個人の尊重」を基本原理とし国家を憲法の縛りのもとにおく日本国憲法の立憲制度を一八〇度転換し、また現行九条のような憲法的制約のない自衛隊による海外での武力行使を可能にすることにある。今後出てくる改憲路線の本音がどこにあるのか。今回の参院選によって明文改憲の可能性がますます強まったいまだからこそ、私たちは憲法や立憲主義の本質を見失うことなく、引き続きそれを注視していかなければならない。

◉注

＊1 渡辺治「安倍政権とは何か」渡辺・岡田知弘・後藤道夫・二宮厚美『〈大国〉への執念 安倍政権と日本の危機』大月書店、二〇一四年、六七頁以下、参照。同「安倍政権と日本の危機——改憲策動の歴史をふり返り安倍政権の位置を探る」『憲法運動』二〇一五年四・五月号、一七頁以下も参照。

＊2 全文については、渡辺治『憲法改正問題資料（上）』旬報社、二〇一五年、六五五頁以下、参照。

＊3 全文については、渡辺治『憲法改正問題資料（下）』旬報社、二〇一五年（以下、渡辺資料（下））一八頁以下、参照。

＊4 全文については、前掲、渡辺資料（下）、一九七頁以下、参照。

＊5 この新憲法草案に至るまでの自民党内部での改憲策動をめぐる内情や経緯などについては、当時新憲法起草委員会事務局次長を務め起草の中心人物となった舛添要一『憲法改正のオモテとウラ』講談社、二〇一四年が詳しい。

＊6 全文については、前掲、渡辺資料（下）、三三七頁以下、参照。

＊7 前掲、渡辺『安倍政権と日本の危機』二一一〜二二二頁、参照。

＊8　とりわけ憲法九条をめぐる民主党政権下での改憲動向については、さしあたり小沢隆一・丸山重威編『民主党政権下の日米安保』花伝社、二〇一一年、三宅裕一郎「憲法九条をめぐる改憲論の現状」『法と民主主義』四五七号、二〇一一年、六四頁、参照。

＊9　木藤伸一朗「現在の改憲の動きの特徴は？」木藤・倉田原志・奥野恒久編『憲法「改正」の論点――憲法原理から問い直す』法律文化社、二〇一四年、一五〜一六頁も参照。

＊10　小沢隆一は、二〇〇九年八月の衆院選で約一〇〇議席まで落ち込み野党に転落した自民党が、まず「なすべきこと」として、「固く結束してくれる支持者、さらに欲を言えば挽回のために積極的に動いてくれる党員、支持者の確保」があったとし、その結果として二〇一二年自民党改憲案が「そうした『固い支持者』向け」の内容になったと分析する（小沢隆一「いま、憲法を学び、活かし、守ることの意義」『前衛』二〇一三年七月、五〇〜五一頁）。

＊11　たとえば、礒崎陽輔・自民党憲法改正推進本部事務局長へのインタビュー参照（「朝日新聞デジタル」二〇一五年三月一二日掲載）。また、安倍も、二〇一六年二月五日の衆院予算委員会で、二〇一二年自民党改憲案については「総裁として同じ考え方に立つ」としつつ、他党との関係で柔軟に対応することも示唆している。

＊12　渡辺治『安倍政権の改憲・構造改革新戦略――二〇一三参院選と国民的共同の課題』旬報社、二〇一三年、一二〇頁。

＊13　芦部信喜『憲法〔第六版〕』岩波書店、二〇一五年、五頁。

＊14　なお、このことは今回にはじまったことではなく、たとえば二〇〇四年六月一五日に発表された自民党憲法調査会・憲法改正プロジェクトチームの「論点整理」では、憲法とは「国民の利益ひいては国益を守り、増進させるための公私の役割分担を定め、国家と国民とが協力し合いながら共生社会をつくることを定めたルール」、つまりは「国民の行為規範として機能」すべきことも、すでに模索されていた。

＊15　青井未帆「国防軍の創設を考える――私たちの自由の観点から」奥平康弘・愛敬浩二・青井未帆編『改憲の何が問題か』岩波書店、二〇一三年、二三頁。

＊16　自民党憲法改正推進本部事務局次長を務め、憲法改正起草委員会事務局長として二〇一二年自民党改憲案のとりまとめにあたった礒崎陽輔は、一二年五月二七日付の自身のツイッター上で次のように語っているが、なんとも象徴的である。

「時々、憲法改正草案に対して、『立憲主義』を理解していないという意味不明の批判を頂きます。この言葉は、Wikipediaにも載っていますが、学生時代の憲法講義では聴いたことがありません。昔からある学説なのでしょうか」。

＊17 二〇一二年自民党改憲案についてとりあげた文献は枚挙にいとまがないが、ここではさしあたり以下のものを参照されたい。前掲、奥平ほか編『改憲の何が問題か』所収の諸論考、伊藤真・小林節『自民党憲法改正草案にダメ出し食らわす！』合同出版、二〇一三年、『「憲法改正論」を論ずる』（法律時報増刊）日本評論社、二〇一三年所収の諸論考、清水雅彦『憲法を変えて「戦争のボタン」を押しますか？――「自民党憲法改正草案」の問題点』高文研、二〇一三年、前掲、木藤ほか編『憲法「改正」の論点』所収の諸論考。

＊18 『朝日新聞』二〇一二年四月二八日付朝刊。

＊19 青井未帆「九条改憲を考える」前掲、奥平ほか編『改憲の何が問題か』一七三〜一七八頁、参照。同『国家安全保障基本法批判』岩波書店、二〇一四年、四四〜四九頁も参照。

＊20 たちあがれ日本が発表した「自主憲法大綱（案）」では、「3．安全保障」のなかに「国家非常事態条項」がおかれ、「他国からの武力攻撃はもちろん、テロや近隣諸国による戦争、大規模災害などの国家非常事態」において「内閣総理大臣の非常措置権の行使と国会による民主的統制を明文化する」とされた。そこにはさらに、「国家非常事態に際し、憲法および法律にもとづいて国および地方公共団体が実施する措置に協力する国民の責務を明文化する」ことも盛り込まれていた。また、みんなの党が発表した「憲法改正の基本的考え方」でも、「憲法上、非常事態法制の整備を明記」するとされた。全文は、前掲、渡辺資料（下）、七二三頁以下、参照。

＊21 二〇〇五年新憲法草案ではわずかに、「自衛軍」について定める九条の二において、自衛軍は「緊急事態における公の秩序を維持」する「ための活動を行うことができる」とされていた。

＊22 詳細については、水島朝穂編『世界の「有事法制」を診る』法律文化社、二〇〇三年所収の諸論考を参照。

＊23 水島朝穂「緊急事態条項」前掲、奥平ほか編『改憲の何が問題か』一九一〜一九五頁、参照。なお、大規模自然災害を「口実」とする緊急事態条項創設の主張に対しては、次のような批判が正鵠を射てると思われる。「政府の事故対応のま

ずさは、『非常事態権限』の欠如にではなく、既存の法制度の具体化の不備、法的権限の不適切な行使に起因しているのである。どんなに発生の可能性が低くても起こりうることを、入念に検討し、具体的な対処方法を積み上げていくことこそ『非常事態』への備えとして有効・適切なのであって、政府に『非常事態権限』を付与すれば、そうした対処方法がたちどころに湧いて出て、一挙に対処ができ、事前の地道な作業の必要を解消してくれると期待する方がおかしい」(小沢隆一「なぜ国会は対応できていないのか」森英樹・白藤博行・愛敬浩二編『3・11と憲法』日本評論社、二〇一二年、七三~七四頁)。

＊24 ちなみに、安倍自民党は「参議院選挙公約二〇一三」(同六月二〇日)のなかで、「憲法を、国民の手に取り戻します」とのスローガンのもとに、二〇一二年自民党改憲案について「憲法改正の発議要件を『衆参それぞれの過半数』に緩和し、主権者である国民が『国民投票』を通じて憲法判断に参加する機会を得やすくしました」としていた。

＊25 井口秀作「発議要件の緩和化と『国民投票法』」前掲、奥平ほか編『改憲の何が問題か』一五五~一五八頁、参照。なお、憲法九六条先行改正論について、ある新聞の社説が次のようなたとえを使って風刺している。「スポーツで、試合のルールを自分に有利なように変更することは許されない。たとえば野球で、貧打に悩むチームが『三振』を『四振』に変えてくれと相手チームに持ち掛けても、通るはずはなかろう」(『河北新報』二〇一三年二月二三日付朝刊)。

＊26 もしこのような理論構成が可能であれば、現行の憲法九六条についても、「現憲法を尊重し擁護する義務を負っている国会議員によって構成される国会が現憲法を否定するような『改正』を発議できると考えるのは、明らかに背理である」(浦部法穂『憲法学教室〔第三版〕』日本評論社、二〇一六年、三〇頁)との指摘が意味をもってくることになろう。

＊27 こうした舞台裏については、朝日新聞取材班『安倍政権の裏の顔――「攻防 集団的自衛権」ドキュメント』講談社、二〇一五年。

＊28 ただし、安倍自身は、二〇一四年二月四日の衆院予算委員会でも、「たった三分の一の国会議員」で改憲を拒否することができる現行憲法九六条の改正の必要性を主張している。

＊29 この閣議決定の問題点については、渡辺治・山形英郎・浦田一郎・君島東彦・小沢隆一『別冊法学セミナー 集団的自

衛権容認を批判する』日本評論社、二〇一四年を参照。

*30 安保法制に関する文献も枚挙にいとまがないが、さしあたり山内敏弘『「安全保障」法制と改憲を問う』法律文化社、二〇一五年、長谷部恭男・杉田敦編『安保法制の何が問題か』岩波書店、二〇一五年、水島朝穂『ライブ講義 徹底分析！集団的自衛権』岩波書店、二〇一五年などを参照。

*31 石埼学「安保関連法の有効性」『法学セミナー』七三八号、二〇一六年、二九頁以下、参照。

*32 渡辺治「憲法公布七〇年、安倍政権の野望と運動のこれから」『憲法運動』二〇一六年四・五月号、二二頁。

*33 同前、一七～一九頁。

*34 緊急事態条項については、さしあたり永井幸寿『憲法に緊急事態条項は必要か』岩波書店、二〇一六年、関西学院大学災害復興制度研究所編『緊急事態条項の何が問題か』岩波書店、二〇一六年、参照。

*35 安倍は、二〇一五年一一月一〇日と一一日に開催された衆院予算委員会の閉会中審査でも、緊急事態条項創設に前向きな答弁をしている。

*36 たとえば、二〇一四年一一月六日の衆院憲法審査会で、当時自民党憲法改正推進本部長を務めていた船田元は、「初回の憲法改正として」「できるだけ多くの政党が合意できる項目」の一つに緊急事態条項をあげていた。

*37 たとえば、二〇一五年七月二七日の参院本会議での安倍の答弁。

*38 これに関連して、二〇一六年一月二九日、全日本海員組合が「民間船員を予備自衛官補とすることに断固反対する声明」を発表していることが注目される。なお、同三月二五日の参院予算委員会では、中谷元防衛大臣が、「存立危機事態」でも日本の民間船舶が、米軍の人員や物資の輸送を行なうことがありうることを認めている。

*39 三宅裕一郎「緊急事態条項は『魔法の杖』か?」『法学セミナー』七三八号、二〇一六年、五三～五四頁。愛敬浩二「安保関連法案のねらいと法案論議の問題点」『別冊法学セミナー 安保関連法総批判 憲法学からの「平和安全」法制分析』日本評論社、二〇一五年、二一頁も参照。

（三宅裕一郎）

補論

日本の平和のためには憲法改正が必要なのか?
——新九条論批判

1 戦争法廃止へ向けての共同と憲法問題——新九条論派の台頭

第3章で検討したように、安倍政権は一方で戦争法を強行しながら、同時に、戦争する国づくりを完成させるためには九条そのものを破壊しなければという執念にもとづいて、明文改憲をも追求し、事態は重大な局面を迎えている。

ところが、二〇一五年九月に戦争法が強行採決された直後から、こうした安倍政権の憲法破壊の動きに反対し戦争法に批判と反対の立場に立つ人々の間から、安倍政権のそうした企てを阻むためにも憲法九条の改正が必要だという言説が台頭した。「戦争法がこのようなかたちで強行され、安倍政権が解釈や立法で憲法を破壊してしまい憲法が死んでしまった現状をみれば、憲法九条を安倍政権のように解釈でぐちゃぐちゃにさせない、解釈の余地のないように九条を改正しなければならない」という改憲論である。具体的には、二〇一五年一〇月一四日付『東京新聞』の「平和のための新九条論」で今井一、伊勢崎賢治、小林節らが提唱した改憲論であるが、それに類似の議論もたくさん出ている。

これら議論には、ニュアンスの違いがあるが、大きくは九条の一、二項を改正して自衛隊を憲法上容認し、それを個別的自衛権行使に限定するという点では共通している。この類の改憲論は、すでに九〇年代に入ったあたりから、護憲的改憲論というかたちでたびたび出てきており、決して新しいものではないが、ここでは、近年の九条改正論が安倍政権による解釈改憲、戦争法の強行との関係で新たに登場していることに着目して、「新九条論」と呼んでおきたい。この議論の特徴は、〝憲法の平和主義を維持し戦後七〇年続いてきた平和国家日本を維持するためにも、九条を改正し、正々堂々、解釈の余地ないかたちで自衛隊を認めることが必要だ〟という言説で、普通の国をめざす改憲派と護憲派の間に立つ「第三の選択肢」[*1]として提起されたものである。彼らの攻撃の矛先が改憲派以上に護憲派に向けられていることも大きな特徴である。護憲派が憲法九条と自衛隊の関係をあいまいにし、憲法と現実との乖離を放置してきたことが解釈改憲の横行を許し、九条の悲惨な現状を生んでいるというのである。

そこで、ここでは、第3章の補論として、新九条論を、日本の平和のために九条の改憲は必要なのかという視点からとりあげ検討したい。

2 新九条論の主張

まず新九条論の主張をみてみよう。先に述べたように、新九条論といわれる論者のなかでも、個別には、相当の幅があるので、その幅もふまえながら、ここではその共通の論点に絞ってみておきたい。

憲法は死んだ、九条と現実との乖離

新九条論者が改憲の必要性の根拠にあげるのは、長年にわたる保守政権の解釈改憲の動き、とりわけ安倍政権の集団的自衛権行使容認の「解釈」により、九条の規範と現実との乖離が極限に達し、憲法は「死文化した」、「空洞化してしまった」[*2]という点である。そして、こうした憲法と現実の乖離をもたらしたのは、護憲派の責任だという。「戦力」を保持しないと明記してある九条のもとで自衛隊が存在しつづけたことを事実上容認してきた護憲派の「欺瞞性が安保法の違憲性を無視する言い訳に使われた」、護憲派が憲法の条文の護持ばかりに専念し自衛隊の肥大化に眼をつぶってきたから、こんな乖離が起こったというのである。こうした解釈改憲による立憲主義破壊の回復のためには、憲法九条をきちんと改正して自衛隊を軍隊として認め、そのうえで、その活動を「解釈の余地のないかたちで縛る」必要があるというのである。新九条論の主唱者、今井一は、立憲主義建て直しを前面に立ててこういう。「立憲主義を建て直すこ

とが先決という危機感から、解釈の余地のない『新九条』論が高まっている」[3]と。

専守防衛の自衛隊、個別的自衛権のみ

新九条論の主張する第一点は、「九条一項を改正して、憲法が禁止しているのは侵略戦争のみであることを明記する。そのうえで、第二項で、個別的自衛権のみを認め、それを行使する専守防衛の自衛隊の保持を認める」というものである。防衛裁判所、軍法会議も認める。

こうした主張のうち最も軍の役割を大きく認めているのが小林節の議論である。小林は、「自衛軍」の保持を認め、「軍法会議」の設置も憲法に明記するという。[4]それに対し、自衛隊の権限を最も狭くしているのが伊勢崎で、伊勢崎案は、自衛隊は個別的自衛権行使のためでも「日本の施政下」でしか軍事力を行使できないとする。いずれにせよ、新九条論は自衛隊の存在を明記せよと主張する。

集団安全保障

第二点は、どの論者も、集団的自衛権は認めないとしているが、集団安全保障のための自衛隊派兵も認めない意見が多いことである。今井案は「非戦闘地域、周辺地域の人道支援活動という国際貢献」を認めており、小泉政権の行なった自衛隊のイラク派兵までは認めようということになる。伊勢崎案も、集団安全保障の場合も日本は武力行使はできないとしている。しかし、注意すべきは、現在の政府も戦争法を通

したいまでさえ、解釈では集団安全保障への「参加」、つまり武力行使をもっての参加は認めていないことである。したがって、集団安全保障への不参加を憲法規定で入れても、現在より自衛隊の活動に厳しい規制がかかるわけではない。それに対して小林案は、広く「国連安保理の決議」さえあれば自衛軍の出動を認めている。小林案は、戦争法ですら認めることができなかった多国籍軍の一員としての自衛隊の海外での武力行使を認めようというものである。

米軍基地

第三に、新九条論は、米軍基地や安保条約については、どう規定しているだろうか。まず、今井案は、他国との軍事同盟の締結・廃棄、他国の軍事施設の受け入れについては加重手続を設ける規定を入れている。「他国との軍事同盟の締結、廃棄は、各議院の総議員の三分の二以上の賛成による承認決議を必要とする」「他国の軍事施設の受け入れ、設置については各議院の総議員の三分の二以上の賛成による承認決議の後、設置先の半径一〇㎞に位置する地方公共団体の住民投票において、その過半数の同意を得なければ」ならない、というものだ。

一見すると、現行安保条約と米軍基地の見直しを主張しているように読めなくもないが、安保条約をまず廃棄するとは書いていないので、現行安保条約を前提とした改正案のようである。そうすると、今井改正案では、現行安保条約を廃棄するにはむしろ現行の手続きつまり国会での過半数の賛成よりきつい三分の二の多数の賛成がないと廃棄できなくなる。また基地についても新設でなければ、この手続きにかからないので、現在の米軍基地をなくしたり縮小するにはまったく役に立たない。

米軍基地により厳しいのは伊勢崎案で、そこでは、憲法改正前に地位協定の改定で、米軍基地が他国の武力行使に使われるのを禁止するという。しかしこれは憲法の改正とは関係ないし、その必要もない。

加藤典洋の改正案が最も厳しく、そこでは、外国軍事基地の禁止が謳われている。[*5] 当然、その前に安保条約は廃棄となるのであろう。

小林節の改正案には米軍基地の制限規定はない。むしろ小林は、中国の脅威に対して安保条約と米軍の抑止力に頼ることを想定しているので米軍基地を規制するという発想はない。「日米安保があって、在日米軍基地があり、日本の精鋭自衛隊がいる限り、中国は日本領土には入ってこられません」[*6]と述べているからである。

新九条改憲の担い手

ではいったい、どんな力でこうした改憲を実現するのか？　それについては、多くの論者は語っていないが、小林は、こうした九条改憲は、「護憲派の中にも専守防衛のための自衛隊なら合憲だと考える人は増えている」、戦争法廃止を求める政治勢力が参院選で「自民党を敗北させれば、いずれ新九条を提起できる政権が生まれるだろう」[*7]と、護憲派のなかで新九条論派が増えることを期待しているようである。

3 新九条論の致命的欠陥──改憲論の露払い

こうした新九条論の提起者のうち何人かは戦争法反対の先頭に立った者であり、提案者の主観的「善意」は否定できないが、新九条論は、運動のなかに憲法についての混乱をもたらし安倍改憲の露払いの役割を果たしかねない危険がある。以下、その問題点を指摘しよう。

前提の誤り

新九条論の最も大きな誤りは、歴代政権、とりわけ安倍政権の解釈改憲により、憲法九条は死んだととらえていることだ。新九条論を特集した『東京新聞』のリードでも「九条の惨状」とあり、今井一も九条と現実との乖離が極限にまで進んだという。しかし、この間の戦争法反対・廃止運動の高揚をみれば、こうした言説がいかに誤っているかは一目瞭然である。

まず戦争法反対運動が大きく幅を広げたきっかけが、新九条論者の一人でもある小林節を含む三人の憲法学者の憲法審査会における戦争法違憲発言であったことは、九条の平和主義への信頼と支持が根強く国民のなかにあることを示した。もし、九条の規範が生きていなければ、「戦争法は違憲だ」という発言に呼応して、あんなに多数の市民が立ち上がることはなかったからだ。

また戦争法が強行採決されたことで、九条は大きく改変を余儀なくされたが、しかしそれでも九条は死んでいないし、その規範力は失われていない。現に戦争法が発動されたとしても、日本は憲法九条のもとで、アメリカやロシア、中国、フランスのような海外での軍事行動は依然としてとれない。戦争法が通っても、日本は、シリアの空爆に参加はできないし、ＩＳ討伐の戦闘作戦行動に自衛隊を派遣することもできないからだ。立憲主義は大きく蹂躙されたが、立憲主義が死に絶えたわけでもない。

いわんや、戦争法を廃止することができれば、憲法九条の規範力は復元し、自衛隊が海外で後方支援を口実に出動することも、また「我が国の存立を脅かす」という理由でアメリカの戦争に加担して武力行使をすることもできなくなる。

だからこそ安倍政権は戦争法を強引に成立させたあと、あらためて明文改憲を主張して九条に手をつけようとしている。新九条論は「九条は死んだ」としてその流れに乗ろうとするのである。

立憲主義の形式的貧弱な理解

新九条論は、立憲主義の回復を強調するが、この「立憲主義」理解は貧弱で形式的な理解にとどまる。一言でいうと、彼らのいう立憲主義とは、憲法と現実を一致させろ、という意義にとどまる。新九条論者の立憲主義回復は、現実と乖離してしまった九条をより現実に合わせて改変し違憲な現実に、規範を近づけることで、改変された憲法にそった政治の実現をはかることである。安倍首相らがいう、〝立憲主義のために九条二項を変えろ〟という主張とまったく同じである。立憲主義とは憲法の条文に合致した政治、という意味にとどまるきわめて貧弱な、かつ形式的な立憲主義理解である。これは、憲法にもとづく政治という立憲主義の核心を根本的にひっくり返すものである。

立憲主義の回復とは、憲法を現実に合わせて改変することでもなければ、憲法九六条の改正手続きに則ってやればよい、というものでもない。安倍政権のもとで、集団的自衛権などの違憲な現実が肥大化したとき、その違憲な現実を変えて、現実を憲法に近づけること、これが「立憲主義を取り戻す」ということの意味なのである。

この場合の立憲主義とは、字義どおりにいえば、「憲法にもとづく政治」という意味であるが、それは裏を返せば、たとえ国民を代表する議会であっても、「憲法」に違反する立法を行なうことはできないということを意味する。その場合の「憲法」とは、実定憲法をさす場合もあり、また憲法典に規定されている諸規範のうち、人権規定や国民主権の規定のように近代憲法の基本的原理をさすという理解もある。もし後者の理解に立てば、たとえ、立法のみならず正規の憲法改正手続きによってですら、「憲法」の基本をなす人権規定や国民主権を廃止することはできないと解されよう。また前者の立場、すなわち憲法とは日本国憲法そのものだという立場に立つ場合でも、日本国憲法の核心である国民主権、人権保障、平和主義などの基本的規範は立法や憲法改正によっても変えられないという点では同様である。

とりわけ、植民地支配と侵略戦争の反省のうえに成立した日本国憲法においては、九条の平和主義は、憲法の根幹をなすと考えられる。したがって、九条の平和主義は、「憲法」を実定憲法と理解する前者の理解に立てばもちろん、後者の理解に立つ場合でも、人権規定や国民主権と並んで憲法の基本的価値原理に含まれるものであり、国会での法律によってはもちろん、たとえ、九六条の手続きを使っても改変の許されない部分であると考えられる。

個別的自衛権を認める新九条論は、憲法九条の根本的否定

新九条論の大きな危険性は、〝個別的自衛権行使と国際貢献のみできる自衛隊を憲法で認めることは、九条を少しだけ変えるにすぎず、逆に自衛隊の肥大化に解釈の余地を許さない縛りをかけるものだ〟という論者たちの主張とは裏腹に、憲法九条の根幹を改変することにほかならない点である。

憲法九条の根幹とは、あらためていうまでもなく一項の戦争放棄の条項を受けての第二項の戦力不保持の規定である。この規定こそが、その後七〇年近くにわたり日本の再軍備、安全保障政策を縛りつづけ、戦後日本をきわめて特異な国にした要因であった。

政府は、五〇年代初頭から、アメリカの強い圧力のもと、再軍備を手がけたが、九条二項の存在するもとでの再軍備は困難をともなうものであった。政府は当初警察予備隊時代には、その設置目的から、警察予備隊は「警察」であるという理由で、またその後は、予備隊、保安隊は、「戦力」の要件である「近代戦争遂行能力」がないという理由で、予備隊、保安隊を「戦力」にはあたらないという解釈をとった。

それが限界に達すると、一九五四年の鳩山政権の登場を待って、いわゆる「自衛力」論を採用した。それは、①憲法九条のもとでも、自衛権とそれを行使するための実力の保持は認められている。②しかし、九条二項は、「戦力」の保持を禁止しているから、保持が許される「実力」は、憲法が禁止している「戦力」に至らないものでなければならない。③すなわち、九条二項のもとでも「自衛のための必要最小限度の実力」の保持は認められている。④自衛隊はその必要最小限度の実力であるから合憲だという解釈である。この政府解釈が戦争法制定後のいまに至ってもなお踏襲されていることは周知のとおりである。

問題は、こうした政府解釈が、その理由は転変したものの一貫して、九条二項の戦力不保持の規定を維持し、警察予備隊→保安隊→自衛隊のいずれも、憲法が保持を禁じている「戦力」にはあたらないという論理で合憲を導出してきたことである。つまり、政府解釈は五〇年代当初から一貫して、日本国憲法のもとでは、「戦力」すなわち軍隊はもてないという、九条二項の核心は維持してきたのである。自衛のためだろうが何だろうが、憲法のもとでは「戦力」をもてず、もてるのはあくまで「必要最小限度の実力」にすぎないとされたのである。

実際の自衛隊は、第1章で検討したように、アメリカの極東戦略を補完する「戦力」以外の何ものでもなかった。しかし、この「自衛隊は、憲法が禁止している戦力ではない」という解釈があったために、その後の自衛隊の活動が強く制約されてきたことも否定できない事実であった。自衛隊は、普通の国の軍隊＝「戦力」ではなく「自衛のための必要最小限度の実力」にすぎないからこそ、海外派兵はできず、集団的自衛権行使も許されず、たとえ武力行使に至らない「後方支援」であっても、「他国の武力行使と一体化した活動」もできないという制約が維持されたのである。

ところが新九条論は、「ほんの少しだけ」憲法の規定を変えて現実に近づけると称して、個別的自衛権を行使する軍隊はもてるとして、戦力はもつことができないという九条の根幹部分をひっくり返せというのである。

新九条論の論者たちは、九条を改変して自衛隊を認めても、その自衛隊に憲法上「個別的自衛権」しか発動できないとか、国連決議がなければ海外派兵はできないとかの厳しい条件をつければ、自衛隊の活動を、現行より厳格に統制できるといっているが、これはとんでもない誤りである。

たとえば論者たちは、自衛隊は個別的自衛権だけしか行使できないということで厳格な統制をかけたつもりになっている。これは二重三重に誤っている。

第一に、現行憲法九条に関する政府解釈は、自衛隊を「戦力」でないといわざるをえないために、「個別的自衛権」にも制約をかけている。つまり「自衛のため」だからといって、「普通の」軍隊と違って何でもやっていいとはならないのである。

たとえ、他国からの侵略に反撃する場合でも、自衛隊は、「海外派兵」を禁じられているから、反撃のためでも他国領土に攻め込むことはできない。また個別的自衛権行使のためだからといって、大量破壊兵器のような兵器をもつことはできない。

しかし、憲法を改正して、自衛のための軍隊の保持を公認すれば、「自衛」のために他国の侵攻に対抗して兵を海外に進めることも、また他国の脅威に対抗して核やミサイルをもつことも、少なくとも憲法上禁止されることはなくなる。

第二に、「戦力」はもてないという制約と異なり、「個別的自衛権」行使のための軍隊はもてるという憲法の規定は、軍隊や軍事行動に対する大きな制約とはならないどころか逆に軍隊の存在や軍事行動を前提にした諸制度——軍法、軍法会議、軍事秘密を守る秘密保護法など——を解禁することになる。そもそも、いずれの国でも「侵略」のためと公言して戦争する国はない。歴史上ほぼすべての戦争は、「自衛」のため、すなわち個別的自衛権行使を名目にしてなされた。たとえば、戦前の日本軍の戦争、海外侵攻は、第一次世界大戦への参戦などを除き、すべて法的には「個別的自衛権」の発動として行なわれたものであった。第二次世界大戦後のアメリカの戦争は、集団的自衛権を掲げてのものが多いが、アフガニスタンのタリバン政権攻撃は個別的自衛権行使を口実にして行なわれた戦争であった。

また、戦争法によって、自衛隊の米軍加担の規定が自衛隊法九五条改正で入った。米軍との共同監視行動、共同訓練にさいして、米軍にかけられた攻撃に対し、自衛隊が反撃できる規定である。これは事実上集団的自衛権であるが、政府は、これを個別的自衛権行使で正当化している。ほかにも自衛隊によるアメリカの戦争への加担を個別的自衛権で正当化しているものも少なくない。こうしたものは、たとえ新九条ができても制限できない。

第三に、個別的自衛権行使のためであっても軍隊をもてるという憲法の規定は、日本の政治・国家のあり方を根本的に改変する。「軍隊」をもてないという現行憲法の規定は戦後の日本の政治に大きな影響を与えつづけている。軍隊を保持できない、自衛隊は軍隊ではないという憲法上の規定のため、軍事行政に携わる官庁は、戦前日本はおろか、普通の国とくらべても、はるかに小さな権限、政治的影響力しかもてなくなった。防衛庁は長らく、総理府の外局におかれ、省への昇格はならなかった。

戦前日本の政治史を検討するには軍部の分析は不可欠であるが、戦後日本では「軍部」という言葉自体が死語になった。これは、戦後日本の政治、社会の特異な明るさを生み出した。戦後日本でもさまざまなかたちでの人権侵害、それも深刻な侵害は起こったが、少なくとも軍事権力にかかわる人権の侵害が減少したことは、社会の自由な空気を作り出したのである。九条改正による軍隊保持の明記は、こうした非軍事の文化の変質・破壊をもたらすことは必定である。

新九条論はヤドカリの殻

ここで、新九条論が九条の根幹を改変することになる意味を考えておきたい。戦後日本の軍事制度は、九条によりきわめて厳しい制限を被った。軍備の全面禁止という、きわめて小さな殻のなかで再軍備を求め、自衛隊というヤドカリは成長せざるをえなかった。なんとかその小さな殻のなかで自衛隊を維持し、とくに九〇年代以降自衛隊は、海外出動も果たした。あまりに殻が小さいのでほんの少し大きな殻にしてあげようというのが、新九条論も含めた九条改憲論の共通する特徴である。しかし、軍隊をもってはならないという小さな「殻」のなかですらヤドカリは成長し、普通のヤドカリに近くなった。少し大きな殻に変えて、ヤドカリは成長をやめるだろうか。逆である。必ず新しい殻を踏み破る勢いでさらなる成長がはじまるだろう。しかも、いままで戦後七〇年近く、この殻は破れないよといってきたのが、殻を破ることができるとわかった。そのヤドカリがその後どうなるかは明らかである。

戦争法、辺野古新基地建設、アメリカの戦争への加担を阻止しえない

新九条論者が、九条改憲によって実現しようとしていることは何か。おそらく、戦争法が通ってしまったことを前提にしてなんとかこれ以上の自衛隊の拡大、とくにアメリカの戦争への加担に歯止めをかけたいということではないか。では、その目的は、新九条論で達成できるのか？　まったく実現できない。

論者の目的である自衛隊の海外出動とアメリカの戦争への加担に歯止めをかけるためには、戦争法を廃止し、一九五四年以来積み上げられてきた政府解釈をまずは復元することが必要である。それは、戦争法廃止をめざす勢力が共同して選挙で勝利し国会で多数を占め法律を廃止することで可能となる。

さらに、自衛隊のなし崩しの海外派兵をもとに戻し厳格に規制しようとするなら、周辺事態法、有事法制など一連の、米軍の攻撃を補完する自衛隊の出動を根拠づけている法律を改廃することである。困難な事業ではあるが、これは、衆参両院で過半数の賛成を得れば可能であり、発議のためにも衆参両院の三分

の二の多数を必要とする憲法改正よりもはるかに早く実現できる。何より、戦争法廃止については、すでに政党間の共同ができているのだから実現可能性は小さくない。

次に、辺野古新基地建設の中止は、「安保法制の廃止と立憲主義の回復を求める市民連合」の方針中にもあるから、それに賛成している民進党や共産党、社民党などが国会の過半数を占めることができれば、この中止は可能となる。第7章であらためて検討するが、辺野古新基地建設の中止だけでなく普天間基地廃止をはじめ沖縄の米軍基地全体の撤去を行なうためには、アメリカとの協議により日米地位協定の改正が必要となる。アメリカは、そうやすやすとは応じないであろうから、何回かの選挙をつうじて、これら勢力が勝利しなければならないが、こうした政府によって可能である。もっと徹底して、米軍基地を日本からなくすには安保条約を廃棄すればよい。いずれにしても改憲などせずに実現できることである。

それに対して、新九条をつくるのははるかにたいへんである。小林がいうように、新九条に賛成するのは、戦争法に反対する人々のうちで安保条約や自衛隊を容認する人々に限られ、そのなかでも憲法の改正に反対する人々——長谷部恭男、石川憲治などの憲法学者はこれに入る——は除かれるので、戦争法反対勢力のごく一部である。これら勢力が、国会の三分の二の多数を占めることは戦争法反対の連合政府をつくるよりはるかに困難だし不可能であろう。

しかも、新九条論にもとづいた改憲ができたとして、いまより厳しい統制ができるか、辺野古新基地の建設を阻止できるかは、先にみたように、まったく疑問である。

以上のようにみてくると、新九条論はその提唱者たちの善意の目的を達成することはできない。もし、その狙いを実現したければ、むしろ、現行憲法の擁護と戦争法廃止によらねばならないことは明らかである。

現行憲法九条は、戦後日本を他国とは異なる道を歩ませるうえで大きな役割を果たしてきただけでなく、アジアと日本の平和を実現するうえで今後も大きな武器となるのである。

（渡辺　治）

◉注

＊1　「新9条相次ぐ提案」『朝日新聞』二〇一五年一一月一〇日付。
＊2　「平和のための新9条論」『東京新聞』二〇一五年一〇月一四日付。
＊3　同前。
＊4　小林節「数の力で憲法解釈を歪めるのはナチスと同じである」『別冊宝島　集団的自衛権が発動される時』二〇一五年二〇一五年一〇月、九六頁。
＊5　前掲、「新9条相次ぐ提案」。
＊6　前掲、小林「数の力で憲法解釈を歪めるのはナチスと同じだ」九二頁。
＊7　前掲、「平和のための新9条論」。

第 II 部

安保・平和構想をめぐる論点

第4章 安保のない日本をめざす運動と構想の経験

1 平和運動と対抗構想の経験から学ぶ

平和運動と対抗構想の経験

戦争法廃止をめざす共同の試みが進んでいるが、この共同が国民的多数派を形成するためには、安倍政権が追求している戦争法と改憲の道に代わり、憲法を生かす平和保障の選択肢を提示することが切実に求められている。

安保・自衛隊体制に代わる憲法の理念にもとづく平和・安全保障の道、すなわち「武力によらない平和」の構想は、一九五〇年代初め、アメリカの圧力を受けて保守政権が憲法を改変し安保条約と再軍備を強行しようとした時代から、それに対抗する運動内部で繰り返し探求されてきた。

そこで、本章では、政権側の安保・自衛隊による憲法蹂躙の動きに反対する平和運動の側で、憲法的平和の代案がいかに模索されてきたかを歴史的に検討し、その特質、受け継ぐべき点とその限界を析出したい。とくに本章で注目したのは、運動が保守政権に対抗する主体すなわち統一と共同をつくれたときに安保に代わる選択肢の形成も具体化し、またそれを実現する政府の構想も具体化したという点である。そこで本章では、主体、担い手の形成―対抗構想の具体化―政府構想という連関に注目して歴史を振り返ってみたい(なお、紙数の都合で本章注は最小限にとどめざるをえなかった)。

対抗構想の展開の時期区分と指標

安保条約と自衛隊に代わる対抗構想は、つねに平和運動のなかで探求されてきた。そのため、対抗構想の特徴も、その担い手も、その時々の平和運動の特徴や課題に対応して変化、発展してきた。そこでここでは、五〇年代以降の平和運動の歴史を四つに分けて、その各時期にどんな対抗構想が生まれたかを探ってみたい。ただし第四期の運動と構想は、現在にかかわり、第Ⅱ部、第Ⅲ部、第5章から第7章のなかで正面から検討されるため、ここではごく大雑把にふれるにとどめたい。

第一期は、戦後講和を前後して、日本の安全を、片面講和＋安保条約による米軍駐留継続＋アメリカに従属した再軍備の路線で確保しようという保守支配層側の動きに対し、本格的な平和運動が始まった五〇年代初頭〜五〇年代後半である。この時期に、安保と再軍備によらず憲法の非武装平和主義の理念により日本の平和を実現しようという、現在に至るまで運動を引っぱってきた構想が登場したことが注目される。

しかし運動の担い手は、社会党の分裂、共産党の分裂と極左冒険主義により政党のイニシアティブが不十分ななか知識人と労働組合総評が中心となっていたため、政府構想は具体化されなかった。

第二期は六〇年安保闘争期である。この時期は、岸内閣による安保改定―改憲の動きに対抗する安保闘争の盛り上がった時期であるが、この時期の最大の特徴は安保闘争のなかで安保体制を打破する運動の担い手の共闘が「安保条約改定阻止国民会議」――総評、社会党、共産党の共闘というかたちで成立したことである。この共闘を受けて安保破棄の政府構想もこの時期にはじめて提唱された。

第三期は、保守支配層が国民の運動の高揚を恐れて改憲を封印した六〇年代から八〇年代いっぱいである。この時期には、運動の圧力で自衛隊の活動を制約する政府解釈がつくられるとともに、革新勢力の側では社会党、共産党さらには公明党も含む統一戦線が追求され、各党による安保―自衛隊に代わる対抗構想が具体化をみると同時に、それを実現する連合政権構想も具体化され提言されたことが注目される。

第四期は、冷戦の終焉後アメリカの圧力のもと自衛隊の海外派兵とそれを妨げる憲法の改変が追求されたのに対し、平和運動が自衛隊の海外派兵を阻止しようと立ちはだかった九〇年代初頭以降の時代である。

この時期には、安保・自衛隊を容認する現実主義の構想が有力に台頭するとともに、グローバル経済下の軍事大国化に立ち向かう新たな対抗構想と共同の試みが台頭し現在につながっていることが注目される。

2 一九五〇年代平和運動と対抗構想

(1) 運動と対抗構想の担い手の特質

一九五〇年代初頭から五〇年代いっぱいの第一期は、戦後日本の進路をめぐる二つの道の対決の大まかな構図が姿を現した時期であった。

吉田茂内閣は、アメリカの圧力に屈していわゆる西側諸国とだけの片面講和を結び、安保条約による米軍駐留の継続、再軍備というかたちで、戦後日本の路線を固めた。この路線と矛盾する憲法の改変にも手をつけた。こうした支配層の路線に対抗し、全面講和、非武装憲法擁護と中立の日本という構想を掲げる平和運動が台頭したのがこの時代である。保守支配層が、憲法の旗を投げ捨てた、この時代に憲法の旗を革新側がはじめて自覚的に掲げたのである。この時期に形成され普及した平和の構想、すなわち安保と米軍基地に頼らず、再軍備に反対しいかなる軍事ブロックにも入らないで平和を維持するという構想こそ、若干の変容をみつつ現在まで革新派国民のなかに定着している平和構想の原型をなすものであった。こうした構想が形成されたことが、この時期の最も大きな特徴であった。

しかも注目されるのは、こうした全面講和＋反安保＋反再軍備＋中立の構想を掲げて立ち上がった運動は、のちに運動を領導する革新政党ではなく、主として総評労働運動、オール知識人とでもいうべき知識人層（それに左派社会党）によって担われたことである。ではいったい総評や知識人はなぜ立ち上がったのであろうか、ここに戦後日本の平和運動と構想を特徴づける秘密が隠されている。

戦争への反省

労働組合や、知識人たちがいち早く安保条約による米軍の駐留や再軍備、改憲に反対して立ち上がった背景には、戦争への強い反省と悔恨があった。

総評をみてみよう。じつは、総評は、一九五〇年夏、日本の労働運動の反共的結集と穏健化を期待され占領軍肝いりで結成された労働組合のナショナルセンターであった。ところが、総評は、アメリカが講和を機に日本を極東における反共の砦にする方向を具体化するにしたがい、アメリカや財界の期待を裏切って急速に急進化し、平和運動の先頭に立つことになったのである。[*1]

こうした急転換を遂行した原動力となったのは、事務局長高野実を中心とした指導部に共有されていた「アメリカに追随して日本がふたたび戦争に巻き込まれるかもしれない」という強い危機感にくわえ、労働組合があの侵略戦争を食い止めるのに何の力にもなれなかった戦前の失敗を繰り返してはならないという強い決意であった。この決意は、労働組合に結集する労働者たちの共通の思いでもあった。だからこそ、総評の運動方針は、「平和運動などは労働組合の本務ではない、余技だ」という非難を押し切って組合員の多数の支持を獲得したのである。総評平和運動の中核を担った日教組が掲げた「教え子をふたたび戦場に送るな」というスローガンは、当時のこうした心情を象徴していた。このスローガンには反戦のみならずアジア・太平洋戦争に子どもたちを駆り立てた教師たちの反省と悔悟の念が込められていたのである。

平和問題談話会と知識人

同じ思いは、この時代の運動のもう一つの担い手となった知識人たちにも共有されるものであった。この時代に知識人たちは、平和問題談話会[*2]に結集して、安保や再軍備に立ち向かった。

談話会は、ユネスコに呼応する声明づくりに集まった知識人によって声明「戦争と平和に関する日本の科学者の声明」(第一声明)が発せられた直後の一九四九年一月に結成されたが、政府が、西側との片面講和、講和後も米軍の駐留を認める方向をとることが危惧されるなか、五〇年一月「講和問題についての平和問題談話会声明」(第二声明)を発表し、続いて五〇年一二月には「三たび平和について」(第三声明)を発表した。

このうち、第二声明で、談話会は、全面講和を主張し全面講和によってこそ経済的自立をはかることができること、講和後の安全保障は中立と国連加入によって行なうべきで外国の軍事基地によるべきでないと主張した。そして第三声明で、談話会は、あらためて憲法の平和主義を強調し、再軍備反対を主張した。これら声明をつうじて打ち出された、全面講和、安保・米軍駐留反対、中立、再軍備反対は、総評により「平和四原則」として定式化され、当時の運動の共通スローガンとなったのである。

この談話会に広範な知識人が参加した共通の動機も、知識人の戦争責任の自覚にあったことが注目される。談話会には、座長を務めた安倍能成はじめ驚くほど広い範囲の知識人が参加したが、そこに共通したのは、戦争を食い止められなかったことに対する、あるいは戦争に協力した知識人の生き方に対する強い反省と悔恨の意識であった。東西知識人が集合して第一回の声明を作成する場で、羽仁五郎の発言を機に、原案になかった以下の一文を入れることになったのは、こうした知識人の思いを象徴していた。「翻って、我々日本の科学者が自ら省みて最も遺憾に堪えないのは、……我が国が侵略戦争を開始した際にあたって、僅かに微弱な抵抗を試みたに留まり、積極的にこれを防止する勇気と努力とを欠いていた点である」[*3]という一文である。これが都合三度出される談話会声明が大衆的共感を獲得した大きな要因でもあった。

談話会は、三重の意味で、いわばオール知識人の連合体をつくった。その後、いくたの知識人の連合組織がつくられることになるが、いまに至るまでこれだけ幅の広い知識人の横断結集は実現されたことはない。談話会の横断性の第一は、安倍能成、津田左右吉、鈴木大拙、天野貞祐、和辻哲郎といった戦前以来の自由主義的知識人や講座派、労農派知識人と丸山眞男ら中堅・若手の自由・民主主義的知識人の連合という世代的横断性であった。第二は、安倍能成からそれと激しく論争を繰り広げていた共産党支持の知識人までの政治的、思想的横断性であった。第三に、談話会は、文化から自然科学者に至る学問的横断組織であったことである。会は、東京、近畿それぞれで、文科部会、法政部会、経済部会、自然科学部会を組織して活動をはじめた。これが、談話会のつくった安保条約と再軍備に対する対抗構想を、狭い意味での安保・平和に限定せず、広く経済自立、文化的自立の構想を含むものにした要因となった。

戦後平和運動の担い手・日本型社会民主主義の形成

この時代の運動の担い手となった左派社会党の結党も、侵略戦争への強い反省の産物であった。

戦後日本の社会民主主義が、ヨーロッパのそれと異なって、平和をその中心的課題に掲げ、社会党の分裂もつねに社会主義の路線ではなく平和をめぐる対立から生じたという日本的特徴[*4]も、社会民主主義運動の原点に「平和」の問題が座っていたことに起因したのである。じつは社会党の分裂の結果できた左派社会党こそ、そうした戦後日本の社会民主主義の原型をなしたのである。

社会党は戦前期の社会民主主義者の総結集体として発足して以来たびたび左右対立を繰り返してきたが、一九五一年一月の社会党第七回党大会で、講和三原則に再軍備反対をくわえて平和四原則を採択するあたりから、ふたたび対立が激化し、講和条約の調印にさいし社会党が態度決定を迫られた五一年一〇月二三日からの第八回臨時党大会で対立は頂点に達した。右派は、冷戦対立のもとで安保、再軍備も止むなしという本音をもちつつ大会では多数派を形成するために「講和賛成・安保反対」という方針を打ち出したのに対し、左派は、講和・安保の両条約反対を打ち出して対立し、ついにこの大会で左右両派は分裂した。こうして、左派社会党は正面から平和四原則を掲げる政党として発足したのである。この左派社会党の心情を支えたのは、第二次世界大戦前のドイツで、ファシズムの台頭を許したワイマール共和国における社会民主主義と労働組合運動の教訓であった。

改憲を阻む力

安保と再軍備、そして憲法改悪に反対する五〇年代平和運動は、安保条約も再軍備の進行も止めることはできなかった。しかし、この運動が掲げた反安保、反再軍備の主張は、二度と戦争を繰り返したくないという国民の思いに応えることで、保守勢力がめざしていた改憲を阻むことに成功したのである。

平和四原則の闘いが盛り上がるにつれ、それまで、賛成が多数を占めていた改憲に対する世論は急速に変化し、改憲反対が多数を占めるようになった。それを背景に、その後の選挙では、護憲を掲げる社会党とくに左派社会党の躍進を生み、ついに、衆参両院で社会党は改憲発議を阻止する三分の一の議席確保に成功した。「戦後民主主義」の最初の勝利であった。左派社会党は、安保、再軍備反対の旗を鮮明に掲げて闘い、総評は選挙において左派社会党を全面支持し、その当選に奮闘した。一九五一年の分裂時一八議席で右派に遠く及ばなかった左派社会党は、翌五二年一〇月の選挙では五四名に躍進し、五三年四月選挙では右派の六六名を追い越して七二名に躍進し五五年の両派合同のさいには右派を圧倒する議席を獲得した。その後、社会党は党内右派の圧力で何度も党方針変更の危機に直面しながら、九四年村山富市政権誕生を機に、安保、自衛隊違憲を取り下げるまで四〇年以上にわたり安保反対、自衛隊違憲、非武装中立の立場をつらぬいたのである。これが、共産党の存在と相俟って日本の平和国民の分厚い層を支えつづけたのである。

以上のような総評、知識人、左派社会党の活動こそ、この時期に、政府の路線に対峙する対抗構想が形成され、急速に国民のなかに浸透・普及した組織的基盤であった。

(2) 平和問題談話会を中心とした対抗構想の特質

ではこの時代に形成された対抗構想はいかなる特質をもっていたか、私たちの対抗構想にとって、どんな学ぶべき教訓をもっているかを、談話会の声明を素材に検討しよう。

声明は、西側陣営に与するのは対立の一方に加担するだけでなく対立を煽り拡大するものである、いわんや安保条約により米軍駐留を認めること、非武装憲法を否定して再軍備を開始することは、日本の安全を確保するどころか日本を戦争に巻き込むことになる、日本の安全は、中立不可侵と国連加入＝国連の集団安全保障により確保すべきであり、こうした構想こそ非武装憲法の平和精神に則した道であると主張した。この構想が、その後長く革新陣営と革新派国民が保持する平和構想の原型をなしたのである。

冷戦対立のなかでの小国日本の役割＝「積極的中立主義」

談話会の対抗構想の特徴の第一は、当時の情勢を冷戦による二つのブロックの対立ととらえ、そのもとで対立を緩和し平和を維持するための日本の役割を明らかにすることをめざしていた点である。談話会は、こう主張した。冷戦下の二つのブロックが核兵器を擁した対決であることから、両陣営の戦争はただちに核戦争を引き起こさざるをえず、もはや、戦争は政治の解決手段として意味をなさなくなった。日本は、二つのブロックのいずれにも属さず当時勢力を伸ばしつつあった「第三勢力」と手を組んで「二つの世界の対立」の緩和に努力する「積極的中立主義」を採用すべきである、というものである。

こうした談話会の冷戦―中立論は、冷戦を、アメリカ帝国主義を盟主とする帝国主義ブロックと社会主義を中心とした平和勢力の対立とみる共産党や左派社会党の冷戦論とはその見方を異にしていたが、二つのブロックのいずれにも立たずその対立の緩和に貢献するという主張は、その後の平和運動に引き継がれ、中立論は、第二期以降、革新勢力の共通の目標として定着することになる。

日本国憲法への評価

談話会声明にみられる対抗構想の第二の特徴は、構想をつらぬく柱に日本国憲法をすえたことであった。第二声明は、談話会の議論の前提となる「公理」として「われわれの憲法に示されている平和的精神に則って世界平和に寄与するという神聖なる義務」を掲げていた。また、第三声明「三たび平和について」の鵜飼信成が書いた第三章は、日本国憲法を正面からとりあげ、憲法九条はあらゆる戦争を否定しておりそのもとでは日本の再武装は不可能であると論じ、九条の平和とは中立不可侵と国連であると主張した。

こうした日本国憲法の非武装平和主義の理念を擁護し、それを戦後日本の平和構想の中心にすべきだという主張は、談話会だけではなく多くの論者の主張でもあった。たとえば山川均の「非武装憲法の擁護」*5は、冷戦下での安保、再軍備の口実として持ち出されていた「真空」論を批判しつつ、日本の安全保障を、非武装憲法を堅持しつつ国連集団安全保障にゆだねること、国連加入にさいしても日本は非軍事的協力と中立を主張せざるをえないと指摘していた。それでも侵略の危険は免れないが、そのときには、非服従、非協力、サボタージュ、ゼネストといった非武装抵抗で侵略者に対処するしかないと主張したのである。憲法を平和構想の中心にすえる、いまに至る運動のあり方は、この時代につくられたのである。

中立と経済自立のリンク

談話会の対抗構想の注目すべき第三の特徴は、この構想がたんに日本の平和と安全の維持にとどまらず、日本経済の自立の構想をも含み、経済自立のためにも全面講和と中立が必要であると論じたことである。また、その延長線上に、その対抗構想がたんに安保と平和にとどまらず、経済、政治体制、さらには文化、科学技術政策を含めたトータルな日本の改革構想であった点も私たちに学ぶべき多くの教訓を与えている。

談話会の第二声明は、日本の経済的自立のためにも全面講和が不可欠であると論じた。「日本の経済的自立は、日本がアジア諸国、とくに中国との間に広範、緊密、自由なる貿易関係を持つことを最も重要な条件とし、言うまでもなく、この条件は全面講和の確立を通じてのみ満たされるであろう」[*6]と。

この時点では、対抗構想は、片面講和で中国と講和ができないと中国市場に入れないという比較的単純な主張であった。しかし、談話会のこうした、安保と経済的自立を連結して考えようという視角は、その後、より具体化する。談話会の経済部会はその後も検討を続け、一九五四年一〇月号『世界』に、経済部会とフェビアン研究所の合同の報告「日本経済自立のために」を発表し、産業構造の転換も含めた経済自立の構想を打ち出した。しかも、この報告に続いて、平和問題談話会法政部会が「日本の政治的独立のために」を発表し、さらに五五年六月には、平和問題談話会文科部会が「今日の文化の問題」を発表した。

じつは、その後現在に至るまで、知識人グループがトータルな対抗構想を出したことはない。しかし現代日本においては、平和を実現・維持するためには、グローバル企業の横暴や地域の産業破壊に歯止めをかけ新自由主義改革に反対し農業や地場産業の発展を促進する福祉国家型政策とセットで対抗構想を練り上げなければならないと考えると、この時代の対抗構想から学ぶべき点は多い（第7章6、参照）。

(3) 第一期の限界と課題

しかし第一期においては、その後の運動の中核の一角をなすことになる革新政党は、十分に担い手としての役割を果たせないでいた。占領期に民主運動で大きな役割を果たしていた共産党は、この時期、コミンフォルムの批判、介入を機に分裂し、その一方をなした所感派は、極左冒険主義路線を追求し孤立した。共産党が第六回全国協議会により統一を回復するのは、五五年を待たねばならなかった。また社会党も先述のように分裂した。社会党が統一を回復するのも五五年を待たねばならなかった。こうした革新政党の分裂状況下で、統一戦線を具体化する条件はなかった。そのため、この時期の運動は、安保と再軍備のない日本を実現する政府構想を具体化することができなかったのである。

3 一九六〇年安保闘争期と対抗構想

第一期の運動と対抗構想の特徴は、一九六〇年を前後して大きく変貌した。第二期には、自民党岸信介内閣が、日本を対米従属のもとでアジアの大国として復活させようという野望を抱き、安保条約の改定に続いて改憲をめざしたのに対し、運動側では、社会党、共産党が運動の主軸に座り、これら革新政党が、総評の仲立ちで安保改定反対の課題で統一戦線を結成し、運動が高揚した。さらに、この安保闘争を闘うなかで、各政党は、安保破棄を軸とする対抗構想を共有し安保破棄の政権構想を提示したのである。第二期は、統一―対抗構想―政権構想という連関が成立したという点で、平和運動と対抗構想の歴史のなかでもとりわけ注目すべき時期である。

(1) 担い手の移動——総評＋社会党＋共産党という隊列

この時代における対抗構想の担い手である運動の特徴から検討しよう。この時代には、保守支配層の安保改定、改憲の企てに対する運動側の隊列に大きな変化が現れた。

革新政党の比重の増大

その第一の特徴は、共産党の運動隊列への復帰、社会党の統一などをふまえ、運動内での革新政党の比重が増大し、政党のリーダーシップが増したことである。

まず、五〇年代前半期には分裂と極左冒険主義によって国民からの信頼を失い大きな力を発揮できなかった共産党が、五〇年代中葉以降、それを克服して革新の運動と対抗構想の有力な担い手の一つとなった。注目されたのは、共産党が統一の回復とともに、既存の政策の点検と修正を開始し、日本国憲法の評価、安保破棄後の中立の評価を劇的に変更したことであった。すなわち、共産党は、第七回党大会でそれまでの日本国憲法に対する消極的評価を転換し、「憲法の平和的民主的条項の擁護」という方針を打ち出し、憲法改悪に反対する運動のとりくみを強めたのである。

他方、第一期の政党の中心であった左派社会党は、一九五五年に右派社会党と合併して日本社会党となり、国会に三分の一以上の議席を確保する一大勢力となった。同党の躍進は、安保と再軍備に反対し憲法を擁護する勢力が議会内で確固たる地位を占めて発言力を確保することで、対抗構想の具体化にも大きな力をもつに至った。総評は、太田薫―岩井章体制に代わっていたが、社会党と共産党の共闘のイニシアティブをとるとともに、安保反対闘争への労働者の大量動員を行なった。

こうして第二期の対抗構想の担い手は、第一期とはがらりと変わって、社会党、共産党が中心となり、両党が対抗構想を政策というかたちで打ち出すことになったのである。

安保共闘――対抗構想実現の政治力

運動側の変化の第二は、この時期に、安保と再軍備に反対し、憲法擁護の点で、社会党、共産党、総評を中心とした共闘が成立し、反対運動高揚の原動力となったばかりか、安保に代わる対抗構想を具体化するうえでも梃子となったことである。なぜなら、安保に代わる対抗構想といっても、政治勢力の共同と政権構想がなければそれを実現する展望は開けないからである。

一九五九年三月、それまでの共闘の経験をふまえて、総評の強いイニシアティブで、安保条約改定阻止の一点で「安保条約改定阻止国民会議」が結成され、社会党と共産党が同じテーブルに着いた。中立労連などの反対を顧慮して、共産党は幹事団体には入れなかったが、オブザーバーとして幹事団体会議に出席し、事実上安保闘争の全期間をつうじて、社会党、共産党、総評の共闘が成立した。すぐあとでみるように、この国民会議の運動の高揚をふまえて、社会党、共産党のそれぞれが、安保体制打破の政府構想を提唱することで、対抗構想を実現する政治体制についての展望がはじめて開かれたのである。

(2) 中立構想の共通化・具体化

担い手の拡大にともなって、対抗構想の内容にも変化が現れた。ここでは二つの点に注目したい。一つは、安保破棄後の日本の安全を考えるうえで中立構想が対抗勢力内で共通の構想になったことである。

共産党の中立論支持への転換

中立化構想が有力化した一つの現れは、日本共産党が、五〇年代末葉にそれまでの中立批判の態度を変えて、中立構想支持に転じたことであった。安保条約の改定を前にして日米軍事同盟の強化を警戒したソ連、中国が相次いで日本の中立化を支持する声明を出したことを直接の契機にして、共産党は一九五八年一二月に幹部会声明で「対米従属から自主的中立政策」への転換を呼びかけ、翌年一月の第四回中央委員会総会決議[*7]で中立方針を打ち出した。決議は、「今日本が安保条約を破棄して対米従属から抜け出したあと、対米関係をどうするか、日本の安全をどうして守るかという日本人民の間に広く存在する不安と疑問に答える」必要があるとして、中立化構想を提起した。そのさい決議は、中立化を「いかなる軍事同盟からも離脱し、いかなる軍事同盟にも参加しない政策」「世界各国と平等と友好の関係を樹立する政策」と定義したうえで、中立を安保破棄、米軍撤退後の日本の安全保障のカナメにおいたのである。共産党が安保条約を破棄して西側同盟から離脱してもソ連を中心とした軍事同盟には入らないという態度を鮮明にしたことで、社共共闘の障害物の一つが取り除かれたのである。

社会党の中立論の深化

すでに中立構想を打ち出していた社会党も、六〇年安保改定を前後して、安保破棄、中立にもとづく外交政策を具体化した。まず、最も注目されたのは、安保闘争後には、社会党の中立の定義が、両陣営からの中立という第三勢力論的な色彩を弱め、軍事ブロックからの離脱を軸にしたものに変わった点である。一九六〇年七月の中央執行委員会の文書[*8]では、「われわれの中立とは、いずれの軍事ブロックにも加わらない非加盟主義を基礎とするものであり、……積極的にすべての国との平和友好関係を樹立する平和外交政策を基調とする」と定義され、共産党の中立論と共通する点が多くなったのである。

安保改定後に打ち出された「日本社会党外交方針[*9]」では、「積極中立の外交」の原則として、以下の四点が掲げられた。①すべての国との友好関係の樹立、②東西いずれのブロックにも加わらない――安保条約の廃止、中ソの対日軍事同盟関係の解消、③自主的国連活動の展開、④すべての国との間の貿易関係の拡大である。具体的には、外交交渉により安保条約など一切の軍事的取り決めを廃止、米軍基地撤去を実現し、また沖縄・小笠原の返還を掲げ、自衛隊についても「強化阻止から縮小・平和建設隊への改組」を謳い、日中国交回復、対ソ平和条約締結、アジア・アフリカ諸国との協調、さらに、核兵器の禁止、アジア・太平洋地域の非核武装地帯設置などを提唱した。とくに、共産党との比較では、東西両陣営の軍事同盟とブロックの解消をいっている点、日本の安全をすべての軍事ブロックの解消とともに国連の強化による「普遍的安全保障」によることを主張している点が注目される。

こうして、社会党と共産党は安保破棄と中立という将来構想において基本的な一致をみることとなった。

中立構想の具体化

中立構想を具体化する試みは、市民的知識人のなかからも起こった。安保闘争の盛り上がる一年前の『世界』一九五九年八月号に掲載された坂本義和の「中立日本の防衛構想」は、こうした産物の一つであった。坂本は、核対決の深刻化から「錯誤による破滅」の危機が迫っていることを強調し、こうした核戦争の危機の時代には、軍事同盟の論理は核戦争の危機に巻き込まれる危険を増すだけだとして中立を主張したが、この考え方は、談話会の中立論を引き継ぐものであった。しかし、坂本は、そこからさらに一歩を進めた。

すなわち坂本は、中立の国際的保障にもかかわらず国民のなかになお日本の安全に対する不安が存在していることを指摘し、それを解消するために中立の国際的保障の追求と同時に中立諸国からなる国連警察軍の日本駐留と縮小した自衛隊の国連警察軍への吸収を提案したのである。坂本の構想は冷戦のただなかでは実現性のない議論であったが、九〇年代の冷戦後には現実主義者の構想に受け継がれる構想であった。

他方、平和問題談話会の中堅に若手の政治学者らをくわえた二〇名の知識人によって、「政府の安保改定構想を批判する」という見解が、『世界』一九五九年一〇月号に出されたが、ここでは、核の手づまり状況から冷戦の論理の後退が起こっているという情勢の根本的変化に注目して中立構想の現実性が増大したことが強調された。この提言は、「安保体制に代るもの」として、軍事同盟からの離脱による中立、国連の集団安全保障の強化、緊張緩和を促進する日中国交回復やアジア非核武装運動などの外交政策の推進の三つを提言した。提言は、先の社会党の外交方針とも共通し、六〇年安保時の革新側の最大公約数であったといえる。

(3) 連合政府構想の登場

この時代の平和構想の第二の、そして最大の特徴は、運動の担い手の強化、拡大と社会党、共産党の台頭、運動内での比重の増加により、第一期には念頭におかれなかった政府構想が打ち出されたことである。安保に代わる構想といってもそれを実現する政府構想ぬきには現実性は乏しいが、安保反対闘争の共闘をへて革新政党が連合政府構想を具体化するに至ったことは大きな前進であった。

社会党の「護憲・民主・中立の政府」

一九六〇年五月一九日の岸内閣による改定安保条約の衆院強行採決後の運動の土壇場、七月五日の第三二回中央委員会で、社会党は、社会党単独政権に至る過渡的政府として、「憲法を守る民主主義と中立の政府」を提唱した。それは社会党と、保守を除くあるいは保守の一部をも含めた連立政権として構想されたが、連立政権の焦点となる共産党との共闘に関しては、一方で「安保阻止の過程で安保推進勢力に対する、共産党をも含めた国民連合的なものが生まれたことは事実であり、今後もそれは党の指導の下に大衆闘争の中でますます強めていかねばならない」としながら、綱領、政治指導の誤りなどを理由に「次の総選挙後の連立政権の対象とはなり得ない」とした。[*10]「政権をこうした統一行動の発展、統一戦線への接近のうえに築くという方針を当時の社会党は持っていなかった[*11]」のである。

安保反対の民主連合政府

他方、共産党は、条約の強行採決後の山場に、「国会解散・民主的選挙管理内閣」を、次いで「民主連合政府」の構想を打ち出した。一九六〇年五月末に共産党が「民主的選挙管理内閣」を提唱したのは、「岸の暴挙に反対し、岸の退陣と国会解散に賛成するすべての反岸勢力の結集[*12]」をめざしたもので、共産党、社会党のみならず安保改定には賛成の自民党反主流派の結集をも組み込んだ提起であった。

しかし共産党は、六月二九日から開かれた第一一回中央委員会総会で安保闘争後の新たな局面での政府スローガンとして、安保反対の運動に国民の過半数を結集しうるという展望のもと、「安保条約反対の民主連合政府」を提唱した。共産党は、社会党が「憲法を守る民主主義と中立の政府」を、総評が「新安保を承認しない民主的政府、憲法を守る中立政権」の樹立を掲げており「これらはともに、安保条約に反対し、平和、独立、民主、中立をめざそうとする人民の要求に沿いうる前進的な方向で」[*13]あるとの判断から、社共の共闘を軸とした連合政権構想を打ち出したのである。安保闘争の評価においても、共産党は、社会党、共産党、総評の共闘に対して、社会党よりもはるかに高い評価を与えていた。それが「安保条約反対の民主連合政府」に結晶したのである。

(4) 第二期の限界と課題

しかし、政府構想は共産党の選挙管理内閣構想を除けばいずれも、安保闘争が終焉してから打ち出されたものばかりであった。これが安保闘争の高揚を政治転換の方向に発展させる点での立ち後れをまねいた。また、この時点での政府構想はいずれも抽象的であり、社会党の政権構想では共産党が排除されていた。こうした政府構想が具体化・前進するには共闘の前進が不可欠であったが、それは、安保条約の批准強行後中断したまま、その後今回の戦争法反対で実現するまで、五五年にわたりできることはなかった。

4 一九六〇〜八〇年代
――対抗構想の具体化、変容

(1) 自民党政治の転換と運動の担い手の変貌

第三期は、一九六〇年代から九〇年に至る三〇年間である。安保闘争の衝撃を受けて、自民党政治は大きく転換し、改憲と復古的政治への回帰を断念しただけでなく、九条のもとでの自衛隊の存続をはかるためその活動を制約する政府解釈を具体化し「小国主義」の政治が実現するとともに、他方、運動側では、共闘の試みが繰り返されるなか、とくにこの期の前半期七〇年代までは安保のない日本の対抗構想が最も具体化をみた時期であった。

自民党政治の変貌――平和運動と構想の影響

自民党政権は、安保闘争に衝撃を受け大きな転換を余儀なくされた。改憲と復古的政治を断念しただけでなく、安保政策も大きく転換した。憲法による制約を前提とした安保と自衛隊政策が具体化されたのである。

安保条約の改定は米軍基地貸与条約から日米軍事同盟への強化をねらって行なわれたものであったが、日本政府はそうした新安保の具体化は凍結し、アメリカ側もそれを了承した。アメリカは、ベトナム侵略戦争を遂行するため、日本の基地機能をフルに使いたいこともあって、安保による軍事基地化は進行したが、日米安保条約の軍事同盟的機能を具体化する動きは停滞し、自衛隊の米軍との共同作戦活動の強化にも歯止めがかけられた。自衛隊が海外で武力行使はしない、という政府解釈が確立し、九条の理念を具体化する、非核三原則、武器輸出三原則など、軍事大国化の方向を否定する政策がとられたのである。

革新政党の運動強化、共同の条件と平和構想の具体化

自民党政治の「小国主義」への転換は、平和運動の側にも攻勢的な影響を与えた。第二期の高揚をもたらした統一戦線は中断したままであったし原水爆禁止運動などで分裂の動きが強まったが、にもかかわらず第二期を支えた社会党、共産党、総評、さらに知識人による運動は、上げ潮を続けた。

第一に、社会党、共産党だけでなく公明党も含めて、安保条約破棄、自衛隊の縮小・解散、憲法擁護の大まかな一致点がみられ、安保のない日本についての広範な合意の基礎がつくられた。

第二に、共同の面でも、社会党は八〇年代初頭までは「全野党共闘」を唱えていたし、共産党も安保反対の連合政権構想を公明党も含めて呼びかけていた。その結果、この時代は現在とくらべても、革新側の平和構想が最も活発に論じられ、具体化された時代となったのである。

⑵ 平和構想の具体化と前進

この時期には、安保に代わる平和構想にも大きな変化と前進が現れた。三つの点が注目される。一つは、知識人の対抗構想が具体化したこと、二つ目は、社会党が非武装中立構想を具体化したこと、三つ目は、共産党が「中立・自衛」論を展開したことである。

安保闘争後の知識人の平和構想の前進

この時期の平和構想の特徴の第一は、知識人たちの平和構想が具体化されたことである。

中立論の具体化、前進　一つは、安保と自衛隊に代わる非武装中立構想の具体化である。ここでは、談話会に参加し、安保闘争期にも活発な言論活動を続けた日高六郎の議論[*14]が典型的であった。日高が「中立」概念に注目したのは、これが、社会党と共産党を共闘させる政策的鍵をなすと考えたからである。

日高の中立論の特徴の第一は、それを戦時における戦争回避の消極的な政策としてではなく、「平和と独立を確保しようとする国民の要求に根ざした恒常的対外政策」と位置づけ、これを安保に代わる日本の外交政策の柱にすえようとしたことである。その拡大された中立政策のなかには、具体的には、軍事ブロックへの非加入、軍事基地の撤去、諸民族の完全独立、すべての国との交流などの平和政策が含まれたが、こうした中立政策はあとでみるように、社会党、共産党の政策にも共通したものであった。

この点に絡んで日高の議論の注目すべき点は、第一に、日本の場合には、中立は、安保条約ですでに締結された「侵略的軍事ブロックからの離脱」という政治的意義をもつという点を指摘したことだ。

第二に、日本における中立の実現の諸段階を探求し、中立実現のポイントを指摘したことである。一つは、日本での中立の実行には「自主独立の中立主義政権」の樹立が不可欠だと指摘し、中立の不可欠の前提として、政府問題を提起したことである。二つ目は、日本での安保条約破棄と中立実現には、国連の中立非同盟諸国の活動による軍事ブロック破棄、軍事基地撤廃の声の普遍的広がりなど国際的レベルでの運動の高揚がなくしては難しいとし、中立実現の国際的条件を指摘したことである。

日高が、中立実現の条件としてあげたこの二つは、これから日本で私たちが「安保のない日本」をつくるさいにも必須の重要な二条件であると思われる。

「安保のない日本」の経済

もう一つは、安保条約の破棄後の経済の問題がいっそう具体化されたことである。それを具体化したのは都留重人であった。都留は、談話会第三声明の第四章を執筆し、また先にふれたフェビアン研究所との合同報告でも「序論」を執筆していたが、安保闘争を前に、中立と経済の関係の具体化を探求し、安保体制解消のもとでの自立した経済構想を打ち出した。[*15]

都留提言の注目すべき点の第一は、安保解消が日本経済にいかなる影響を及ぼすかを指摘し、全体として安保解消は日本経済にプラスにはたらくと指摘したことである。安保解消により日米経済は一時的に停滞に陥るが、軍事費負担は軽減し、中国承認による日中貿易拡大、AA諸国との貿易は拡大すると指摘した。

そのうえで、注目すべき点の第二は、軍需という有効需要に頼らない経済の構築を展望し、福祉国家型の経済の建設を提起したことである。すなわち、安保解消、自衛隊縮小――国土建設隊的なものへの改変、中国承認とともに、経済では、当面、独占価格統制・金融管理、二重構造打破をめざし、より長期的には、完全雇用政策、税制による所得再分配、社会保障制度の総合統一強化、国土建設、社会資本投資への国家資金投入により「国の経済の運営を真の意味において民主的なコントロールのもとにおきつつ働くもの全体の福祉の増進をはかる」構想が提示された。都留提言には、第7章でもう一度ふれるが、現代日本で安保廃棄後の経済を福祉国家型に改変することを展望するさいにも大きな示唆を提供しているといえる。

社会党の非武装中立構想の具体化と影響

社会党の平和構想の具体化　第三期の平和構想で注目すべき二つ目は、社会党の「非武装中立」構想の定式化・具体化であった。

社会党は、安保破棄を明確化した五〇年代末から平和構想の具体化にとりくんだ。一九五九年には、安保体制打破と積極中立外交を打ち出したが、この段階では、自衛隊の処遇は「自衛隊の強化・阻止から縮小・平和建設隊への改組」にとどまり、いまだ非武装中立という定式化はなされていなかった。しかし、その後社会党は、安保破棄、自衛隊違憲論の主張を明確にするにしたがい、また共産党との論争などをつうじて非武装中立論というかたちでその構想を具体化していったのである。

安保条約の破棄とともに、自衛隊解消のプロセスを本格的に検討したのは、一九六六年五月に党外交防衛政策委員会に提出された石橋政嗣の案、いわゆる石橋構想[*16]であった。石橋構想は、自衛隊の本体をまず国民警察隊に改組し、そのうえで、政権の安定度などの四条件を勘案しながら装備を漸減し非武装にする。それとともに一部を平和国土建設隊、平和共栄隊に改編する。安保については、日中国交回復、平和不可侵条約、日ソ平和友好条約の締結をふまえて安保条約の解消をはかることを打ち出した。この構想は、六六年八月の中央執行委員会で採用され、六九年の第三九回臨時党大会で出された「非武装・平和中立への道」[*17]（以下「政策」）で完成をみた。

憲法を前面に　この完成した社会党の非武装中立論の特徴は、四つにまとめられる。第一の特徴は、社会党の非武装中立論はその根拠を日本国憲法に求めていたことである。これは、当時の共産党の中立論と比較しての大きな特徴であった。「政策」は冒頭で日本国憲法の平和主義の理念を繰り返したうえで、こう語った。「日本国憲法の精神は国際的な優越性を持つものであり、われわれはこの憲法制定以来党の基本方針として非武装の絶対平和主義を完全に貫徹する方針を堅持してきたが、その正しさと重要性は現在でも少しも変わっていないことを改めて確認する」と。また「政策」は、非武装中立の日本における条件の第一にも、「平和憲法の存在」をあげていた。また、中立の正当化に「核時代」という国際状況の変化が掲げられていることも同様であった。これらの理論はいずれも第一期の平和問題談話会の論旨を受け継いでいたということができる。

第二の特徴は、この段階で、安保破棄が明確化しただけでなく、安保破棄後の平和友好外交と、中立の国際的保障措置が具体化された点である。前者では、日台条約破棄と日中国交回復、日ソ平和条約、日韓条約破棄と統一朝鮮との国交回復などが掲げられ、後者では、米、ソ、中、朝による「個別的集団的平和保障体制」の締結、「アジア太平洋非核武装地帯の設置」、「アジア中立地帯の拡大」の三本が謳われた。

第三の特徴として、「政策」は、「非武装中立の国内的措置」として、自衛隊解体のプロセスを具体化し、国家機構の民主的・平和的改革を提案したことである。「政策」では、憲法の理念を具体化する「平和基本法」の制定、国防会議、防衛庁などの機構の廃止とともに、平和教育の拡充、警察制度の民主化と都道府県自治体警察への改組、国土開発省と平和国土建設隊の設置などが謳われていた。こうした行政機構や政策の見直しは、私たちが対抗構想を考えていくさいにも重視すべき点である。

自衛隊廃止の条件と廃止過程　自衛隊廃止の過程の具体化は、最も力の入れたところであった。「政策」は、石橋構想が打ち出した自衛隊解体の四条件を提示した。社会党政権の安定度、自衛隊掌握の度合い、国民意識、平和・中立外交の進展度がそれである。廃止計画の立案作業に自衛隊員代表を入れることも提案された。とくに、自衛隊員の転職と生活保障を念頭において、自衛隊の解散とともに、三つの新たな組織の立ち上げが提案された。

一つは「国民警察隊」である。これは広域警察を分担する。また海上保安庁の拡充も謳われた。

二つ目は、「平和国土建設隊」で、これは国土開発に携わるとともに、大規模災害にさいして、その救援出動、復旧作業に従事するとされた。

三つ目は、「平和共栄隊」で、開発途上国の要請に応じた国土開発を任務とするものである。

連合政権構想の貧弱　第四の特徴は、非武装中立の政策の具体性に比して、それを実現する担い手、とりわけ政府構想への言及が著しく弱かった点である。この「政策」でも、安保条約を破棄し平和外交を展開する政府としては「護憲・民主・中立」政府が指摘されていたが、自衛隊の解体に至る非武装中立の国内的措置の担い手としては唐突に「社会党政権」が出てくるという具合であった。

社会党が政権構想、とりわけ連立政権構想を具体化するのは、一九七〇年代に入り高度成長の矛盾が爆発し、自民党政権への反発が高まった時期以降、共闘ができれば本気で政権交代が望める展望が出たときであった。一九七二年、田中角栄内閣の列島改造論が物価高をもたらすなかで行なわれた七二年衆院選での社会党の久方ぶりの前進、共産党の躍進をふまえて、成田知巳社会党委員長は、「国民主導の連合政権構想」を打ち出し、七三年二月の第三六回大会では「国民連合政府の樹立」が決定した。これを受けて、社会党社会主義理論委員会は「国民統一綱領」を発表し、第三七回大会がこれを採択した。[*18]そこでは、社会党を中心としながら、共産党や公明党を含めた反独占・反自民の国民戦線を基礎に「国民連合政府」をつくり、そのもとで、大資本中心の成長政策の転換をはじめとした六項目の基本政策の実現をはかることが打ち出されたのである。

共産党の中立・自衛論の具体化

中立・自衛論の形成と確立　共産党は、一九五八年に中立論を打ち出し、六〇年には安保条約反対の民主連合政府論を提唱したが、平和構想の具体化は、六〇年代後半に行なわれた。この時期、一方ではベトナム侵略戦争を戦うアメリカが日本の基地を戦争拠点としてフル活用し多くの問題を引き起こすとともに、他方、沖縄返還運動が盛り上がり七〇年に安保条約の固定期限が切れ、十条により安保条約を廃棄できる時期でもあった。こうした安保廃棄派に有利な情勢に直面して、共産党は安保廃棄後の外交政策、安全保障政策を具体化したのである。

一九六八年一月、共産党は「日米軍事同盟の打破、沖縄の祖国復帰の実現――独立・平和・中立の日本をめざして」と題する安全保障政策を発表して、のち中立・自衛論といわれる政策をはじめて打ち出した。続いて、六八年五月には「民主連合政府の対外政策」、「日本の中立化と安全保障についての日本共産党の構想」を、翌六月には、「安保廃棄後の対外経済政策とその展望」を発表し、さらに七三年、第一二回党大会で、「民主連合政府綱領*19」を採択して、その構想は一応の完成をみたのである。

中立・自衛論の構造　共産党の平和構想の特徴の第一は、なんといっても中立・自衛論といわれた構想にあった。構想はまず、安保条約の廃棄、米軍基地撤去、沖縄、小笠原返還により、中立の日本を実現する。続いて、対米従属の軍隊であり憲法九条にも違反する自衛隊を解散する。中立日本の安全保障は、1「政府の平和政策の積極的推進」、2「独立・中立を擁護する国民の決意と政治的団結の強化」、3「中立日本の国際的保障」により行なうという方向を明示した。しかし、この構想はそこにとどまらず、独立後の日本ではあらためて憲法を再検討し自衛措置を執るという方針を打ち出したのである。「将来の問題としては、内外情勢の推移によっては、日本が自国の独立と主権を守るために、軍事的な意味でも、一定の自衛措置を執ることを余儀なくされるような状況も生まれることを考慮する必要がある。……しかし、この問題は、将来、日本国民自身が、新しい内外情勢に応じ、憲法上の扱いもふくめて、国民の総意に基づいて決定すべき問題である」[*20]と。

この「中立・自衛」論には注目すべき点がいくつかあった。一つは、共産党は、安保廃棄と自衛隊の解散については、徹底した態度をとることを強調していた点である。同党は、安保条約の第十条にもとづく廃棄通告による解消を打ち出し、社会党などの「外交交渉による廃棄」論を批判した。また違憲である自衛隊の解散を主張し、自衛隊の「国民警察隊」への改組などをへる社会党や、公明党の政策を批判した。この点では、憲法九条の忠実な実行を強く主張していたのである。

第二は、そうした中立日本の安全保障を憲法九条のもとで維持するために、共産党が三つの措置を提起していたことである。[*21]平和政策、国民の政治的団結、そして中立の国際的保障である。この点は、私たちが平和の構想を考えるうえで、現在でも重視すべき指摘であった。

第三は、この構想は、すぐあとに述べる民主連合政府構想と密接にリンクしていたことである。共産党は、民主連合政府の進展に応じて、安保・自衛隊政策を段階的に区別して提示した。[*22]第一段階の民主連合政府段階では、安保条約は廃棄するが、自衛隊については日米共同作戦体制づくり、軍国主義復活強化を阻むことにとどめる。続いて、民主連合政府が前進した第二段階で、政策的一致を得て自衛隊の解散に着手する。そして第三段階、中立日本のもとで、憲法の見直し、自衛の措置の国民的検討に入る、という設定である。このように段階を踏んだのは、その緊急度とともに、政党間、国民の間での合意の調達をふまえた考慮からであったと推測される。

第四は、その延長線上であるが、共産党は、民主連合政府段階でいったん自衛隊を完全に解散したあとに、中立日本のもとで「将来」国民の総意にもとづいて改憲提起を行なう理由を、こう述べていたことである。一つは、憲法の改正は「社会全体の歴史的発展に則して提起されてくる問題であって」[*23]九条の問題だけで手をつけるべきでないという理由である。第二は、民主連合政府段階の任務は、日米軍事同盟を解消して、日本をアメリカの従属下から独立させることであり、この「歴史的段階を通過することなしには、……真に独立・中立の日本にふさわしい、新しい自衛の措置を執りうる次の段階に前進できる国民的な条件をつくり出すことができないのです」[*24]と。ここでは、共産党は、対米従属の自衛隊は改組できるようなものではなくこれを解散させ、あらためて人民の武装部隊を創設する以外にないと判断していたと考えられる。

この構想は、二つの大きな難点をもっていたと思われる。第一に、これは日本の独立と平和について真摯に検討した結果であることは否定できないが、にもかかわらず将来の日本の平和と安全を「自衛措置」

で確保する、という点で、「武力による平和」の構想であったという点である。これは、日本とアジアの平和を「武力によらない平和」として実現することをめざした憲法九条の理念と異なるばかりか、共産党がめざす将来の社会構想からも矛盾するものであった。

第二に、この構想は、自らがめざした民主連合政府段階での「武力によらない平和」の実現を過小評価していたことである。なぜなら、民主連合政府が安保を廃棄し自衛隊を解散するには、それを可能とする国際的、国内的条件の形成が不可欠となる。政権がこれを実現するには、長い時間と民主的な議論、行きつ戻りつの文字どおりの歴史的、国民的大事業となる。民主連合政府がそれを可能にする国際的、国内的条件を作り出しながら、なぜあえてその後ふたたび軍備を創設するようなことが必要なのであろうか。

連合政権構想の重視　共産党の平和構想の特徴の第二は、社会党のそれとくらべて、安保構想と連合政権構想が強く結合して提起されていたことである。当時、共産党、社会党のみならず公明党も安保廃棄に接近していたことから、共産党は革新三目標にもとづく革新統一戦線とそれを基礎にした民主連合政府構想を打ち出した。[*26]

こうした連合政権構想と安保構想の関係について注目されるのは、共産党は、自党の構想と公明党も含めた民主連合政府構想を区別して政策を立てていたことである。①共産党は、安保廃棄については十条による廃棄通告論であった。外交交渉は、そのうえで行なうべきであり、もしアメリカの同意を求めて、ということであれば、事実上安保廃棄はできないという理由からであった。その点は堅持したが、しかし、連合政権構想では、安保廃棄通告も「国会の承認を得て」と明記した。このような重大な日本の進路変更をただちに行なうのではなく、国会の同意を得てとしたのである。②自衛隊解散についても民主連合政府綱領では、社会党、公明党を考慮して、まず自衛隊の縮減と基地縮小、隊員の再教育を行ない、第二段階として「政策的一致」を条件として自衛隊の解散に踏み込むと明記した。③第三に、将来国家における憲法と自衛措置については、民主連合政府の政策では入れなかったことである。

沖縄返還の重視　共産党の平和構想の特徴の第三点は、一貫して沖縄の全面返還―米軍基地撤去を構想に位置づけていた点である。じつは一九六〇年の安保共闘の共同目標には、沖縄全面返還は入っていなかった。共産党は、六〇年代前半に安保共闘の再開を要求するなかで、沖縄返還を共闘の共通課題に入れるように要求した。*27 沖縄こそ、日本の対米従属と安保体制の根幹だという認識からであった。

(3) なぜ共闘はできなかったのか

以上のように、六〇～七〇年代には、安保条約を廃棄し自衛隊を縮小・解散し憲法九条の実現をめざす構想が最も具体化し、またその実現をめざす政権構想も具体化が進んだ時期であった。しかし、結局この時代には、共闘もそれを土台とした連合政権も実現しなかった。逆に、八〇年代に入ると、社会党は、公明党との間で連合政権合意を結び共産党排除を明記すると同時に社会党の安保外交政策のカナメであった安保廃棄も自衛隊解散もあいまいにし、共闘条件は失われた。ここではその要因を指摘しておきたい。

第一に、先にみたように、社会党、共産党、公明党の間では、安保廃棄と自衛隊縮小・解散では共同の条件が生まれながら――この合意は、現在の戦争法廃止の野党共闘の合意にくらべると驚くほど高いハードルであった――安保廃棄後の将来日本の構想をめぐって、大きな相違が顕在化したことである。共産党は当面する連合政権段階では全面的な合意ができるとし実際に連合政府の主張と党の主張とを区別したが、憲法も含め、将来構想の違いは公明党などが共闘を拒否する大きな口実となった。

第二に、共闘の主役である社会党、共産党の間で、この時期に原水爆禁止をめざす政策で重大な対立が起きたり、教育・自治体労働運動をめぐる対立など運動上の深刻な対立が共闘の成立を妨げたことだ。

第三に、七〇年代前半までの野党と運動の力は上げ潮であり、持続的共闘を組まなくとも政府の反動的政策を押し返す力をもっていたことである。この点も安倍内閣が登場し共闘をせねば憲法と立憲主義が破壊されかねない、という切迫した状況にある現在との違いがある。

そして第四は、八〇年代には、すぐあとでみるように、労働組合運動の変質をはじめ共闘の成立を困難とするような社会構造がつくられたことである。七〇年代になると高度成長の波に乗って企業社会が成立し、民間労働組合運動内では、企業の生産性向上に協力し企業の成長とともに労働者の生活改善をはかる企業主義的労働運動が征覇した。民間重化学産業の組合は軒並み企業主義的潮流に席巻され、平和運動から後退していった。これは総評や社会党の変貌を余儀なくさせた。企業主義労働運動は、企業統合に反対する共産党を敵視し、また、社会党内では右派潮流が台頭し、社会党を右から引っぱるようになったのである。こうして、八〇年代に入ると、対抗構想や共闘を求める運動は急速に退潮したのである。

(4) 一九八〇年代の運動の変貌と対抗構想

現実主義の台頭と担い手の変貌

七〇年代前半期は、共産党、社会党、さらに公明党が、安保廃棄、自衛隊の縮小・解散で一致し、革新の連合政権の実現可能性が最も濃化した時期であった。それだけに平和構想の具体化やすりあわせが最も進んだ時期でもあった。しかし、八〇年代に入るとこうした平和運動の担い手の状況は激変した。

一つは、オイルショック後の不況克服過程で企業社会が確立をみたことにより運動内から民間労働組合が脱落し、労働運動の停滞が起こったことである。企業社会化は、労働者を企業内に封じ込めた。

二つ目は、企業主義労働運動の圧力により、社会党の変質がはじまったことである。[*28] 直接の動きは、社会党が、それまで掲げていた「全野党共闘」論を取り下げ、共産党の排除を含めて公明党との政権合意を取り結ぶに至ったことである。これは、安保廃棄と自衛隊縮小・解散を軸とする平和構想の担い手の分裂、縮小をまねくこととなった。すでに「現実主義」化して安保廃棄、自衛隊解散の旗を降ろし容認に踏み切っていた公明党との合意により、社会党は、まず連合政権構想のレベルで、重大な後退をするに至った。

①社公合意は、「安保廃棄は日米合意の上で」として、事実上安保廃棄の旗を降ろしたことである。②また、自衛隊に関してもシビリアンコントロールを強め、縮小・改組を検討するということで、縮小・改組も「検

討」レベルに下がったことである。

続いて社会党は、党の安保政策の再検討に入った。一九八四年、社会党内で「違憲・合法」論が展開されたのは、こうした平和構想の変質を象徴していた。*29 この動きは、九〇年代に入り、社会党を濁流のように押し流し、その変質、解体をもたらす先駆であったということができる。

知識人の平和構想の具体化と限界

六〇年代以降の対抗構想の主力は、政党であったが、この間知識人たちの運動や構想にも変化があった。とくに、この時期の平和運動で注目されるのは、憲法学者、法曹の動きの活発化であった。六〇年代には恵庭、長沼裁判をはじめ、自衛隊違憲裁判が闘われ、弁護士たちや憲法学者が裁判にもかかわり、九条解釈論や平和的生存権論を精力的に展開した。一九六五年には、憲法研究者たちが公法学会とは別に憲法研究者の学会・全国憲法研究会をつくり理論的な検討を精力的に行なうようになった。憲法学者は憲法問題研究会の活動も受け継いだ。五〇年代の談話会に代わって憲法学者や弁護士たちが担い手として大きな比重を占めるようになったのである。

こうした試みの一つが一九八七年の深瀬忠一ら二〇名による共同研究『平和憲法の創造的展開』*30 であり、その中心となったのが共同研究にもとづいて深瀬が執筆した「総合的平和保障基本法試案」であった。しかし、この詳しい検討は第5章で行なわれているので、ここでは、こうした憲法学者の対抗構想も八〇年代後半期の、共闘による政権実現の可能性が遠のいた時代につくられた特徴と限界をもっていたという点だけを指摘しておきたい。

5 一九九〇年代、冷戦終焉と経済グローバル化のもとでの大国化と対抗構想の変質

(1) 冷戦終焉と自衛隊海外派兵の動きの台頭

冷戦終焉と世界の警察官アメリカ

九〇年代に入り、冷戦の終焉は世界の政治経済の状況を激変させた。冷戦の終焉、ソ連・東欧の崩壊さらに中国の市場経済の採用、インドをはじめとした第三世界の市場経済への参入によって、資本の「自由な」市場は拡大し、冷戦期からアメリカが望んでいた「世界」が実現した。アメリカや日本の多国籍企業は、拡大した市場に進出しグローバル経済と競争の時代がやってきた。アメリカの一極覇権が確立し、アメリカは「自由」世界の憲兵として、自由市場秩序の維持・拡大にあたることとなった。*31

こうした「世界」の激変は、日本の安保・外交政策にも大きな影響を与えた。世界の憲兵となったアメリカは、自由市場秩序の維持・拡大の負担の分担を日本に強く求めてきた。冷戦期の日本の経済成長によ

って、日本企業がアメリカを脅かすようになったこともアメリカの圧力に拍車をかけた。アメリカの軍事力により拡大・維持された自由市場に日本企業が参入し、アメリカ企業を駆逐する事態に直面して、アメリカは「ともに血を流せ」という強い圧力をかけたのである。海外展開を本格化させていた日本のグローバル企業もそれに呼応して、自衛隊の海外派兵を柱とする「国際貢献」を政府に迫った。その直接の契機は、一九九〇年のイラクによるクウェート侵攻、湾岸戦争であった。イラクへの自衛隊派兵、「ただ乗りは許さない」の大合唱が起こったのである。

自民党政権の政策転換——自衛隊派兵と改憲

こうした事態は、自民党政権が六〇年代以来とってきた安保・外交政策の転換を迫るものであった。アメリカの圧力に応ずるためには、憲法のもとで自衛隊の海外派兵、集団的自衛権行使を否定することで自衛隊の存続をはかってきた既存の路線の修正を迫られたからだ。

自民党政権内で、こうしたアメリカの圧力に呼応して従来の「小国主義」を一掃し、自衛隊の海外派兵、対米追随の軍事大国をめざす動きが台頭した。小沢一郎[*32]は、自民党幹事長として湾岸戦争への自衛隊の派兵を追求し、自民党内に調査会をつくって、路線の転換をはかったのである。

第1章で検討したように、自民党政権は、自衛隊の海外派兵の手始めにＰＫＯ協力法の制定を強行、さらに一九九七年には日米防衛協力の指針（ガイドライン）、九九年には周辺事態法を制定し、二〇〇一年の

9・11事件を契機とするアメリカのアフガニスタン戦争、イラク戦争に呼応して自衛隊の海外派兵を実現した。さらに、民主党政権をへた第二次安倍政権では、自衛隊の海外での武力行使を阻んでいた政府の憲法解釈を変更し戦争法が強行採決されるに至ったのである。また、これに並行して、しばらくなりを潜めていた改憲の動きもふたたび台頭した。あらためて、自衛隊の海外での武力行使や後方支援を縛っている憲法の打破がめざされたのである。

(2) 平和運動の担い手の大変貌

こうした自民党政治の大きな転換の動きを受けて、平和運動の担い手の側にも大きな変化が現れた。大きく六つの変化が注目される。現実主義派の台頭、社会党の解体・社民党の誕生、民主党の結成、共産党の変化、市民運動の台頭、そして、第二期とは異なる新たな共同の模索である。

現実主義派、「リベラル」派の台頭

第一の変化は、冷戦の終焉にともなって、平和問題談話会以来、安保体制に反対し九条にもとづく平和を追求していた知識人層に分岐と解体が起こり、その一部に「現実主義派」とでもいうべき潮流が台頭したことである。

この潮流は、小沢一郎らが推進した「国際貢献」論とは一線を画しつつ、既存の自衛隊違憲、安保廃棄、

憲法擁護の立場では安保・憲法についての国民間の分裂を修復することはできず、国際化した世界での平和に積極的に参加することもできないとして、現実主義的対応を説くグループであった。これは、「平和基本法」にみられるように、安保廃棄と自衛隊違憲論を主張してきた知識人の一部に典型的に現れた。

また、これとはやや異なり、従来安保と自衛隊を容認してきた勢力内から、自衛隊のインド洋海域、イラク派兵の前後から自衛隊の海外派兵に危機感をもちそれに反対する「リベラル」派が台頭した（第6章）。

社会党の安保・自衛隊政策の転換、社会党の解体、社民党

第二の変化は戦後の憲法と平和運動をリードしてきた社会党の安保・自衛隊容認への転向と解体である。すでに、八〇年代後半から社会党の現実主義への転換の動きが台頭していたが、冷戦終焉、政治改革は一気に社会党の転換を促進した。政権交代のえさを小沢一郎からぶら下げられた社会党は、まず、一九九三年、非自民党政権に参画することで転換を開始し、続いて自民党との連立による村山政権の誕生を機に、安保・自衛隊容認に踏み切った。現実主義派の言説がこうした社会党の安保・自衛隊容認の背中を押したのである。しかし、この転換は安保体制に代わる日本を求めて社会党を支持してきた革新派国民の大量離反をまねき、社会党は解体に向かった。九六年、社会党は党名変更し社会民主党が成立したが、その一部は民主党へ参加し、平和運動の陣列の縮小が起こった。社民党は、結党後、村山政権下での安保・自衛隊容認を受け継ぎつつ徐々に変貌し、憲法改悪反対・護憲を筆頭に、安保条約の友好平和条約への

転換、自衛隊の縮小を打ち出すに至った。二〇〇六年の「社民党宣言」は次のようにいう。「自衛隊の改編・縮小、日米安全保障条約の平和友好条約への転換、在日米軍基地の整理・縮小・撤去を進めます。国連の集団安全保障活動であっても、自衛隊がこれに参加して海外で武力行使することを認めず、憲法九条に基づき、国際貢献については非軍事・文民・民生を基本に積極的な役割を果たします[*33]」。

民主党の台頭、ジグザグ

第三。一九九六年、社会党の一部も糾合して第三極として登場した民主党は、一九九八年保守政治勢力も糾合して、自民党に代わり政権を担当する保守政党に脱皮した。民主党は、政権交代可能な保守政党をめざしたため、安保・外交政策でも社会党との違いを明確にした。安保条約、自衛隊の容認を打ち出し、PKOには積極参加、有事法制を主張した。しかし、自民党との違いも出すべく「憲法の平和主義に乗っ取った防衛政策」を掲げ、集団的自衛権の解釈による容認は認めない、非核三原則、武器輸出三原則など戦後の防衛政策の諸原則の尊重を掲げ、国連中心主義、国連平和維持活動への積極参加を打ち出した。

二〇〇〇年代に入り民主党は政権に近づくにつれ、その現実主義化を推し進め、二〇〇五年の岡田マニフェストでは「日米同盟」の容認まで踏み込んだ。ところが、小沢民主党のもとでは、逆に急進化し、日米対等のもと、地位協定見直し、イラク派兵の早期撤退、インド洋海域への自衛隊派遣打ち切りを主張、さらに普天間基地の県外、国外移転を掲げるに至った。その頂点となった鳩山由紀夫政権は、普天間基地の県外、国外移転を追求したが、それに挫折すると、続く菅直人、野田佳彦両政権ではふたたび現実主義化し、野田政権下で策定された「党綱領」では、日米同盟+専守防衛を明記したのである。「私たちは、外交の基軸である日米同盟を深化させ、隣人であるアジアや太平洋地域との共生を実現し、専守防衛原則のもと自衛力を着実に整備して国民の生命・財産、領土・領海を守る。国際連合をはじめとした多国間協調の枠組みを基調に国際社会の平和と繁栄に貢献し、開かれた国益と広範な人間の安全保障を確保する」。こうした民主党の政策は、のちに第6章、第7章で検討する「リベラル」派の姿勢に共通するものである。

共産党の平和構想の転換、徹底

第四に、冷戦後には政府の自衛隊海外派兵の動きに危機感をもって、こうした現実主義の潮流の登場とは、まったく逆の動きが台頭したことも見逃せない。とくに注目されるのは、共産党の平和構想に転換、徹底が起こったことである。それは三つのかたちで現れた。一つは、憲法九条のもつ意義を強調するようになったことである。自衛隊の海外派兵による動きに強く反対し、共産党は九条の「国際的にも先駆的意義」を指摘し、新たな世界のなかでの安全保障構想として九条の非武装平和主義こそ先駆的意義をもつものであると力説するようになったのである。二つ目に、その延長線上で、将来の日本においては憲法の見直しとともに自衛の措置を検討するという従来の中立・自衛構想を事実上転換し、九条の堅持による「武力によらない平和」路線を掲げるに至ったことである。そして三つ目には、憲法内での天皇条項の存在などを理由に、改憲阻止、憲法の民主的平和的条項の完全実施としていた方針を改憲阻止に徹底したことである。

こうした徹底にともない、共産党の変革構想のなかでの日本国憲法の比重は飛躍的に高まった。先にふれた、九条の先駆的意義の言及は、こうした憲法評価の転換を象徴するものであった。同時に、共産党は自民党政権の軍事大国化に反対するだけでなく、多国籍企業の求めに応じて政権が追求した新自由主義改革にも強い反対運動を展開するようになったのである。

共産党のこうした転換の背景には次の二つの要因をみてとることができる。第一は、共産党内には、不破哲三の憲法論[*34]にみられるように、五〇年代末頃から憲法の価値を日本の変革の綱領としても高く評価する主張があったが、それが軍事大国化の台頭を機にいっそう強力な流れとなったことである。第二は、共産党の支持基盤が、アメリカの要請に応えることを自己の利益とした大企業や企業主義化した労働組合ではなく、少数派労働運動や中小・地場産業にあるため、グローバル化のもとでの新自由主義改革や軍事大国化に批判的な立場を堅持しえただけでなく、いっそう急進化したことである。

軍事大国化に反対する市民運動の台頭

平和運動内の変化の第五点は、冷戦終焉後の「国際貢献」「一国平和主義」批判の大合唱のなかで、自衛隊の海外派兵反対に焦点をあてた新たな市民運動の台頭、強化が起こったことである。

新たな市民運動は、その理論構成や運動の文化という点で既存の市民運動とは異なる特徴をおびるようになった。第一に、市民運動は冷戦後における国連の旗のもとでの自衛隊の海外派兵の動きに対処せざるをえなくなったため、国連についての幻想を払拭し、その批判的な検討、実際の役割を評価する動きが進んだことである。第二に、冷戦後アジア諸国、韓国や中国で台頭した、日本の戦争責任を追及する動きに呼応して、市民運動内で日本の戦争責任を現代の視点からとらえ直そうという動きが活発化したことである。自衛隊派兵の動きは直接にはアメリカの圧力によるとはいえ、その背景にはグローバル化した日本企業の要求と、日本の軍事大国化への志向があった。冷戦後アジア諸国の運動は一方では冷戦期に抑圧されていた運動が解禁されたことにともなう要求の噴出という側面と同時に、日本の軍事大国化への警戒心があった。市民運動は、こうしたアジア諸国の動きに呼応しながら、日本自身の立場から戦争責任、慰安婦問題をとらえ直そうとしたのである。第三に、市民運動は、それが従来もっていた、反政党主義、反組織主義を払拭し、二つのレベルで、積極的に運動内の連携を模索したことである。一つは市民運動相互の連携であり、もう一つは、政党間の共同を促進し、その媒介のイニシアティブを積極的にとろうという動きであった。前者では、既存市民運動の連携を求めて一九九九年に結成された「憲法改悪許すな!市民連絡会」の動きがある。また、後者では、二〇〇一年からはじまり続いてきた五・三憲法集会実行委員会におけるとりくみがあった。これらの動きが、次に述べる現代の共同への模索を生んだのである。

新たな共同の試み

平和運動の変化の第六は、第二期に追求された総評、社会党、共産党の共闘とは異なる新たな共同の模索が繰り返されたことである。その試みが、戦争法の登場に対抗して、「戦争させない・9条壊すな！総がかり行動実行委員会」として開花したことはいうまでもないが、そこに至る流れが九〇年代以降連綿と続けられてきたことには注目しなければならない。新たな共同の試みの特徴は、以下の三点にまとめられる。

第一は、第二期の共闘の成立にイニシアティブを発揮した総評に代わり、市民運動が、政党間や労働組合の共同の蝶番としての役割を果たすようになったことである。「総がかり」の結成も、労働組合内の統一を求める努力と同時に市民運動の強力なイニシアティブによるものであった点を見逃すことはできない。

第二は、新たな共同は、第二期の共闘を代表する「安保条約改定阻止国民会議」と異なり、ゆるいネットワーク型の組織形態をとり、そのなかでの諸個人の役割が大きいことである。

第三は、第二期、第三期のそれが安保廃棄、自衛隊の縮小・解散を一致点としたのとは異なり、安保条約、自衛隊の合・違憲の違いを棚上げし、日米同盟の強化と自衛隊の海外での武力行使に反対するという点での合意にもとづいた共同である点である。この詳細は、第7章で検討する。

(3)「現実主義」の対抗構想とその変容

平和基本法構想の輪郭

この時代の現実主義の台頭を象徴したのが九三年に発表された「平和基本法」[*35]の構想であった。

この議論は、既存の安保・自衛隊違憲論と安保・自衛隊合憲論の「不毛な対立」を乗り越えて、合意可能な選択肢を提出するという意欲的な試みであった。冷戦の終焉を機に従来の安保・自衛隊論の見直しが現れたことは、不思議ではない。憲法九条が掲げた「武力によらない平和」の理念など、「理想論」にすぎないと一笑に付してきた「冷戦」が終焉したからだ。ところが、その見直しは、九条の平和構想の具体化という方向ではなく、逆に安保・自衛隊を合憲的な存在として容認する方向を打ち出したのである。

平和基本法構想の骨格は以下のようなものであった。

まず、いう。冷戦の終焉により「世界戦争の時代」が終わり、世界は「経済の時代」に入った。冷戦時の軍事ブロックは意味を失い、軍事同盟、集団的自衛権も意味を失った。世界で東西対決の終焉を迎えたいま、国内政治における対決と論争に終止符を打つことが必要であり、その中心は、憲法と自衛隊・安保をめぐる対決の終焉である。この対決のもとで、政府の解釈改憲により進行した憲法と安保・自衛隊の矛盾、乖離をこのままにしておくわけにはいかない。この矛盾と乖離を憲法の精神に則して回復しなければならない。

ここからの自然な帰結は、安保条約の廃棄と自衛隊解散による憲法と安保の矛盾の解消のはずであったが、しかし基本法論は逆の議論を展開した。基本法論は、違憲か合憲かの解釈論の不毛な対決に終止符を打つ「創憲の道」を提唱したのである。理由は、自衛隊違憲論、安保廃棄では、保守と革新の対決は解決されずコンセンサスは得られないからだ。そのために平和基本法を制定し、そこで合憲的な「最小限防御力」まで現在の自衛隊を縮小し、冷戦終焉によりいまや対ソ前線基地としての意義を喪失した安保条約を「脱軍事化し地域安全保障機構に吸収させ」ることで、日本と地域の安全を、国連の集団安全保障と地域の集団安全保障のなかで実現する方向をめざす、というものである。*36

平和基本法構想に現れた革新の側からの「現実主義」論の特質

平和基本法は、安保・自衛隊に批判的な革新勢力の側から現れた「現実主義」の構想として注目される。

「現実主義」の系譜　もともと、「現実主義」とは、一九六〇年代以降、保守的知識人が、安保・自衛隊違憲論が国民の間に浸透していることに危機感をもち、安保・自衛隊についての広い国民的合意をつくることをめざして展開した議論であった。それは、安保や自衛隊が憲法九条に違反している疑いがあることを念頭におき、憲法の柔軟な解釈による安保・自衛隊の合憲を主張し、またもっぱらその現実的効用を押し出すことで安保・自衛隊についての合意を獲得しようとはかったのである。そのさい「現実主義」が押し出したのは、日米安保の効用論、とくに安保によって日本は過大な軍備負担を免れ、その分を経済成長にまわすことが可能となったという経済的効用論であった。

それに対し、九〇年代に現れた平和基本法は、国民の三分の一近くにのぼる、安保・自衛隊批判派に対して安保と自衛隊の現実を認めさせることで安全保障をめぐる分裂を克服し、広く国民的合意をつくることをねらってのものであった。基本法論も、安保・自衛隊の違憲論の克服と容認をめざしたが、それには、本来の「現実主義」が使った日米安保の効用論では通用しないため、きわめて作為的な立論を繰り出したのである。

基本法論の機能　基本法論は、自衛隊は違憲状態にあるといいながら自衛隊廃止論をとらない理由を、国民の分裂の修復に求め、違憲状態の自衛隊を基本法により「国土警備隊」へ改称して合憲と認めたうえで、合憲的な「最小限防御力」に縮小することを提案した。また安保条約についても、冷戦下での安保の効用を全面的に否定しつつ、同時に安保廃棄論をも否定し「安保の脱軍事化」を主張したのである。

基本法論が、安保廃棄をとらない理由として掲げた主張は、その従属的軍事同盟としての危険性を否定するために、苦し紛れの説得力のないものであった。一つは、安保条約には二条に経済発展条項があるから軍事同盟条約一辺倒ではないという理由であり、もう一つは、安保条約がアジア諸国の日本の軍事大国復活への警戒を和らげる効果を果たしているということであった。前者についていえば、だからこそ、安保廃棄論が唱えてきたように、安保条約を廃棄して日米通商友好条約を結ぶことが必要であり、また二条があることが五条、六条の安保の危険性を解消する理由とはなりえない。二番目に至っては、安保条約を廃棄して米軍基地を撤去することこそ、日本がアジアで明確に平和国家として生きていく最も明瞭な宣言になるのであって、安保廃棄が日本の軍事大国化を懸念させることにはなりようがない。

このように、基本法論は、たてまえとしては安保・自衛隊についての国民的コンセンサスをつくり、その害悪を少しでも縮小することをねらったものであった。だが、たとえば基本法論が「安保の脱軍事化」の施策として掲げているガイドライン体制からの脱却、安保―地位協定にもとづく特別法の廃止、国連軍地位協定の破棄、沖縄、厚木などの米軍基地返還など、どれ一つとっても、基本法論のいうようなアメリカとの協議によって実現できるはずがないことは明らかであった。第7章であらためて検討するが、これらを一つでも実現するには、安保条約の廃棄を通告し、そのうえでアメリカとの交渉に入る以外に手だてはない。

しかも、自衛隊の「最小限防御力」への改組、「安保の脱軍事化」という線で国民の合意をつくろうという現実主義の思惑は、まったくはずれた。自民党政権は、端的に安保・自衛隊合憲論であったからこんな議論に耳を傾けるはずはなく、他方、安保・自衛隊違憲論者は納得しなかったから、この議論は大きな影響力をもちえなかったのである。ただ政権参画で既存の安保・自衛隊違憲論からの転換の口実を探していた社会党幹部の転向を促進したことが基本法論の成果であった。基本法論は、一九五〇年代初頭に平和問題談話会が行なった声明と同様、知識人の手による対抗構想であったが、その国民的影響力は対照的であった。

新たな現実主義＝「リベラル」派の台頭

ところが、二〇〇〇年代に入り自衛隊のインド洋派遣、イラク派遣が続くと、こうした事態に危機感と危惧を抱いて、保守主義の陣営内から、新たな現実主義の潮流が台頭した。それは、さまざまなバリエーションはあるものの、一九六〇年代に定着した安保・自衛隊体制については日本の安全を支えたという理由から評価しながら、九〇年代以降のアメリカに追随した自衛隊の海外派兵の動向を批判するものであった。安保・自衛隊の定着を前提にしつつ、自衛隊の海外派兵は、その体制の逸脱であり日本の安全を揺るがすととらえたのである。この新たな現実主義「リベラル」派については、第6章が詳しく検討しており、またその対抗構想の検討は、第7章で行なうので、ここでは省略する。

こうした「リベラル」派は、安保・自衛隊に批判的な運動と合流し、保守政権による自衛隊の派兵と日米軍事同盟強化の動きを阻む力となった。とくに、この潮流は、冷戦後の日米軍事同盟強化、それを阻む憲法の改変を掲げて安倍政権が登場し、既存の政府解釈変更の閣議決定、さらに戦争法案を提出するに至って、政権と全面対決することになった。この点では、平和基本法論の「現実主義」とは逆のベクトルを示すものであった。

(4) 冷戦後の新たな対抗構想の特質

冷戦後には、安保廃棄派、自衛隊違憲派の潮流のなかからも新たな対抗構想が生まれた。この新たな潮流は、第二期の議論を踏襲しながら新たにそれまでの議論になかった、あるいは弱かった論点を主張するようになった。本書は、この新たな潮流に立って対抗構想を具体化しようという試みであり、その構想は

第7章で詳しく検討するので、ここでは、その特徴を箇条書き的に指摘するにとどめたい。

第一は、アメリカ主導の現代の戦争や紛争、テロが、冷戦後の多国籍企業の世界的展開を保障する戦争であることに着目し、現代の戦争をなくし抑えるには、日米同盟の強化、自衛隊の海外での武力行使に反対するだけでなく、世界の戦争とテロの根源となっている多国籍企業の規制、新自由主義改革に対する反対をともに実現しなければならないと主張していることである。第二に、この構想は、安保体制と日米同盟強化の焦点として、沖縄基地とりわけ普天間基地撤去、辺野古新基地反対を重視していることである。さらに、第三に、この構想は、日本帝国主義の植民地支配と侵略戦争によりもたらされた被害の責任と補償を明確にすることを重視している点である。そして第四は、現代の戦争とテロに対してアジアと日本の平和を実現する理念として、あらためて憲法の理念を重視、再評価している点である。

6 学ぶべき諸点と課題

戦後の平和運動とそのなかで構想された日本の平和についての対抗構想の推移を駆け足でみてきた。その検討をつうじて得た本章の結論は、以下の諸点である。

第一に、五〇年代初頭以来その担い手を変えつつ繰り広げられた運動こそが、日本の軍事化に歯止めをかけてきただけでなく安保と自衛隊に代わる対抗構想を生み発展させてきた原動力であったことである。

第二は、運動の主体の間での共同が成立しあるいは共同の追求が行なわれている時代に、対抗構想は具体化、発展をみたことである。とくに、共同が実現し運動が前進するときに、安保廃棄あるいは戦争法廃止の連合政権構想が生まれたことはそれを示している。

第三に、戦後日本の平和構想では、とくに日本国憲法九条の理念がつねにその中心に位置づけられ、また九条の実現をめぐってさまざまな構想の分岐が現れたこと、総じて、憲法が、戦後日本の平和構想の原点でありかつ論点でありつづけたという点である。

以上の諸点を念頭におきつつ第7章では、現代の平和構想の輪郭と担い手について検討したい。

◉注

＊1 以下の点につき、赤堀正成『戦後民主主義と労働運動』御茶の水書房、二〇一四年、参照。

＊2 談話会については、緑川亨・安江良介「平和問題談話会とその後」、ほか『世界』一九八五年七月臨時増刊号所収の諸文献を参照。

＊3 「戦争と平和に関する日本の科学者の声明」一九四九年三月、前掲、『世界』一九八五年七月臨時増刊号。

＊4 渡辺治『「豊かな社会」日本の構造』旬報社、一九九〇年、第三章。清水慎三『日本の社会民主主義』岩波新書、一九六一年。

＊5 『世界』一九五一年一〇月号。

＊6 談話会「講和問題についての平和問題談話会声明」前掲『世界』一九八五年七月臨時増刊号、一〇九頁。

＊7　日本共産党宣伝教育部『日本共産党決議決定集四・五』一九六一年、一〇四頁以下。

＊8　党中央執行委員会「政治方針の解説」日本社会党四十年史記念出版刊行委員会『資料日本社会党四十年史』一九九四年、四五八頁以下。

＊9　「日本社会党外交方針」石堂清倫・大橋周治・上田耕一郎・不破哲三『中立日本の構造』合同出版社、一九六〇年、二〇〇頁以下。

＊10　党中央執行委員会前掲「政治方針の解説」四五六頁以下。

＊11　月刊社会党編集部『日本社会党の三十年（2）』一九七五年、三六四頁。

＊12　第一一回日本共産党中央委員会総会幹部会報告「安保闘争の成果に立ってさらに前進しよう」日本共産党宣伝教育部『日本共産党決議決定集六』一九六一年、九四頁。

＊13　第一一回日本共産党中央委員会総会「愛国と正義の旗の下に団結し前進しよう」日本共産党宣伝教育部、前掲『日本共産党決議決定集六』一一六頁。

＊14　日高六郎「非武装中立」『思想』一九六一年九月号、一二頁以下。引用はここから。

＊15　都留重人「安保体制に代るもの」『世界』一九五九年一一月号、一二頁以下。

＊16　石橋政嗣「社会党の安全保障政策移行の方式（案）」日本社会党結党四十周年記念刊行委員会編『資料日本社会党四十年史』一九八五年、八一二頁以下。

＊17　前掲、刊行委員会編『資料日本社会党四十年史』八九一頁以下。

＊18　「国民統一の基本綱領」同前、九九八頁以下。

＊19　「民主連合政府綱領についての日本共産党の提案」『前衛臨時増刊　日本共産党第12回党大会特集号』一九七四年一月、二一二頁以下。

＊20　「日本の中立化と安全保障についての日本共産党の構想」『赤旗』一九六八年六月一一日付、のち毎日新聞社編『日本共産党政権下の安全保障――国会方式70年への質問戦』毎日新聞社、一九六九年、二三九頁以下。

＊21　同前、二四一頁。
＊22　前掲「民主連合政府についての日本共産党の提案」二二四頁以下。
＊23　「『民主連合政府綱領についての日本共産党の提案』について」前掲、『前衛臨時増刊　日本共産党第12回党大会特集号』一七八頁。
＊24　同前、一七九頁。
＊25　共産党の中立・自衛論を含む憲法九条論の批判的検討については、和田進「戦後諸政党と憲法・憲法学――日本共産党の憲法論の展開」樋口陽一編『講座憲法学別巻』日本評論社、一九九五年、が有益である。
＊26　前掲「民主連合政府綱領についての日本共産党の提案」参照。
＊27　日本共産党中央委員会『日本共産党の七十年（上）』一九九四年、三〇七頁。
＊28　前掲、渡辺『「豊かな社会」日本の構造』第三章。
＊29　渡辺治「現代日本社会と社会民主主義」東京大学社会科学研究所編『現代日本社会5　構造』東京大学出版会、一九九一年。
＊30　和田英夫ほか編『平和憲法の創造的展開』学陽書房、一九八七年。
＊31　渡辺治「総論アメリカ帝国の自由市場形成戦略と現代の戦争」同編『講座現代の戦争1　「新しい戦争」の時代と日本』大月書店、二〇〇三年、参照。
＊32　渡辺治『政治改革と憲法改正』青木書店、一九九四年をみよ。
＊33　「社会民主党宣言」二〇〇六年二月、第一〇回党大会で採択。
＊34　不破哲三「日本の憲法と革命」『現代の理論』五号、一九五九年五月、「安保条約改定と憲法擁護運動」『思想』一九五九年六月号、など。
＊35　古関彰一ほか「平和基本法をつくろう」『世界』一九九三年四月号。
＊36　古関彰一ほか「アジア・太平洋地域安保を構想する」『世界』一九九四年一二月号。

（渡辺　治）

第5章 憲法研究者の平和構想の展開と変貌

1 戦争法案反対運動のなかでの憲法研究者

(1) 憲法研究者が果たした役割

二〇一四年七月一日の集団的自衛権行使容認などを内容とする閣議決定を受けて、一五年五月一五日に国会に「平和安全法制関連法」案（以下、「戦争法」案と略す）が提出された。この法案に法律家など専門家だけでなく、多くの一般市民も反対の声をあげたが、同年九月一九日に参議院本会議で「可決」される。

残念ながら戦争法自体は「成立」したが、今回の戦争法案反対運動には、これまで必ずしも集会・デモに参加してこなかった、組織化されていない労働者・学生・女性・市民なども国会前や全国各地の街頭に立ち、同年八月三〇日の国会周辺には約一二万人もの人が集まった。これらの反対運動の土台をつくったのは、「戦争させない・9条壊すな！総がかり行動実行委員会」[*1]であるが、憲法研究者の役割も大きい。「潮目が変わった」と言われたように、六月四日の衆議院憲法審査会で参考人として出席した三人の憲法研究者（自民党推薦の長谷部恭男早稲田大学教授、民主党推薦の小林節慶応大学名誉教授、維新の党推薦の笹田栄司早稲田大学教授）すべてが戦争法案を「憲法違反」とする認識を表明したことが大きな影響を与えた。この三人の発言はマスコミも大きくとりあげ、とりわけ与党推薦の長谷部の発言によって、マスコミもその報道に接した一般市民も戦争法案により疑問を抱くようになる。

それ以前は、憲法研究者が声明を発表しても、『東京新聞』や『しんぶん赤旗』を除きさほど大きく報道されることはなかったが、六月三日に発表された「安保関連法案に反対し、そのすみやかな廃案を求める憲法研究者の声明」は、多くのマスコミでとりあげられることになった。この呼びかけ人は三八名、六月三日記者会見時の賛同人は一二八名であったが、最終的（六月二九日）には賛同人が一九七名、呼びかけ人・賛同人合わせて二三五名に達する。[*2]これがマスコミや衆議院の安保法制特別委員会の野党議員から、「二〇〇人以上の憲法研究者が安保法制を違憲と考えている」というかたちで紹介されるようになる。

さらに、マスコミ独自の憲法研究者に対するアンケート調査が実施され、その結果が続々と発表される。

『東京新聞』による憲法研究者への調査（二〇一四年文教協会発行『平成26年度全国大学一覧』が掲載している大学・大学院の法学系の学部・学科・研究科で、憲法を専門にしているか、憲法の講義をしていると確認できた教授・准教授・特任教授・客員教授・名誉教授の三二八人を対象に実施し、二〇四人が回答）では、戦争法案を「違憲である」と回答した人が一八四人（回答者の九〇％）、「合憲である」が七人（三％）、「その他」が一三人（六％）だった。[*3]『朝日新聞』による憲法研究者への調査（二〇一三年有斐閣発行『憲法判例百選［第6版］』の執筆者二一〇人のうち故人一人を除いて実施し、一二二人が回答）では、戦争法案を「憲法違反」と回答した人が一〇四人、「憲法違反の可能性がある」が一五人（以上、両者は回答者の九八％）、「憲法違反にはあたらない」が二人（二％）。[*4] NHKによる憲法・行政法研究者への調査（日本公法学会の会員・元会員一一四六人に実施し、四二二人が回答）では、戦争法案を「違憲もしくは違憲の疑いがある」と回答した人が三七七人（回答者の八九％）、「合憲」が二八人（七％）だった（行政法研究者も対象なので、右記二社のアンケートとまったく同列には扱えないが）。[*5]

憲法研究者による声明には、ほかにも七月二八日に発表された「安保関連法案の強行採決に抗議するとともに、そのすみやかな廃案を求める憲法研究者の声明」（七月二八日現在で賛同人は二〇四名）、八月二一日に発表された「統合幕僚監部内部文書に関わり国会の厳正なる対応を求める緊急声明」（八月二八日現在で賛同人は七三名）がある。[*6] 戦争法「可決」後も、一〇月九日に「安保関連法の常軌を逸した強行採決に抗議し、そのすみやかな廃止を求めるとともに、法律の発動を許さず、廃止までたたかう市民と連帯することを決意する憲法研究者の声明」（一〇月一〇日現在で賛同人は二一一名）が発表された。

今回の戦争法案に対する憲法研究者のとりくみの特徴は、これまでと違ってより多くの研究者が論文執筆のみならず集会等でも自身の意見表明を行ない、行動に参加したことである。これがマスコミによってとりあげられ、アンケート調査で約九割の憲法研究者が戦争法案を違憲と考えていることが可視化されていくなかで、市民にも「どうも今回の法案はおかしい」という意識が生まれていったと思われる。

(2) 戦争法案反対論における憲法研究者の状況

しかも、戦争法のみならず、自衛隊と日米安保条約を違憲であると主張する憲法研究者はまだ数多く存在する。国民の多数派がいまや自衛隊を違憲とは考えず、共産党も社民党も選挙などで正面から自衛隊解体と日米安保条約廃棄を主張しないなかで、それは特殊な状況だといえる。とはいえ、憲法研究者の様相も以前とは大分変わった。二〇一五年六月四日の衆議院憲法審査会で戦争法案は違憲と発言した長谷部恭男は、秘密保護法案については自民党推薦の参考人として衆議院の特別委員会で賛成の主張を行なっており、衆議院憲法審査会の三人の参考人もすべて自衛隊合憲論の立場に立っている憲法研究者である。[*7]

また、先の憲法研究者声明でも、「これまで政府が憲法9条の下では違憲としてきた集団的自衛権の行使を可能とし、米国などの軍隊による様々な場合での武力行使に、自衛隊が地理的限定なく緊密に協力するなど、憲法9条が定めた戦争放棄・戦力不保持・交戦権否認の体制を根底からくつがえすものである」としているが、「そもそも自衛隊は違憲」と正面から唱えているわけではなく、憲法九条解釈についても深入りはしていない。そのこともあり、自衛隊を違憲とは考えない憲法研究者も賛同しやすいかたちになり、呼びかけ人・賛同人数が近年まれに見る二〇〇人を越えるに至ったと思われる。*8

このような憲法研究者の変化は、時代状況と無縁ではない。戦後日本の平和運動は、憲法九条のもとでは日米安保条約も自衛隊も違憲であり、それを覆す政治の動きには憲法の危機ととらえて展開されてきた。憲法研究者も積極的に護憲運動、さらには自衛隊違憲訴訟に参加し、違憲の現状を変革して、憲法九条の実現を求める試みも生まれた。これが、憲法研究者が積極的に平和構想にかかわった理由であった。

本章は、そうした憲法研究者が、革新政党の日米安保条約・自衛隊論（これについては、第4章で検討）とは別に試みた平和構想を検討するが、その背後に共有されてきた憲法九条と前文解釈は、はっきりと日米安保条約・自衛隊は違憲と考え、これをなくして「武力によらない平和」の実現をめざす立場のものであった。決して、政府解釈にもとづく日米安保条約・自衛隊合憲論が憲法研究者を突き動かしたわけではなく、解釈の本流は日米安保条約・自衛隊違憲論である。

そこで、まず憲法研究者の平和構想の土台となり、また憲法研究者自身が作り上げてきた、憲法の平和主義解釈の本流を確認したうえで、憲法学界における平和構想がどのように変わってきたのかを概観し、検討したい。

2 平和構想を導いた憲法研究者の解釈

(1) 憲法制定の背景と平和主義の構造

日本国憲法は、大日本帝国憲法のもとでのアジアへの侵略戦争の反省から、前文で平和主義に関する基本原則を示し、九条で平和に向けての目的と手段を示している。

まず前文であるが、一段で「政府の行為によつて再び戦争の惨禍が起ることのないやうにすることを決意し、ここに主権が国民に存することを宣言し、この憲法を確定する」とした。すなわち、天皇主権のもとで引き起こされた先の戦争の過ちを否定し、ふたたび過ちを繰り返さないために国民主権と平和主義を併置した憲法の基本原理を打ち出したのである。

そして、前文二段では、平和主義の原理を全面的に展開する。まず、「日本国民は、恒久の平和を念願し、人間相互の関係を支配する崇高な理想を深く自覚するのであつて、平和を愛する諸国民の公正と信義に信頼して、われらの安全と生存を保持しようと決意した」とする。また次に、「われらは、平和を維持し、専制と隷従、圧迫と偏狭を地上から永遠に除去しようと努めてゐる国際社会において、名誉ある地位を占めたいと思ふ」「われらは、全世界の国民が、ひとしく恐怖と欠乏から免かれ、平和のうちに生存する権利を有することを確認する」とした。

次に九条であるが、まず一項で、「日本国民は、正義と秩序を基調とする国際平和を誠実に希求し、国権の発動たる戦争と、武力による威嚇又は武力の行使は、国際紛争を解決する手段としては、永久にこれを放棄する」とした。すなわち、前文の基本原則を受けて、国際平和のために日本は戦争を放棄するという目的を掲げるのである。

そして二項で、「前項の目的を達するため、陸海空軍その他の戦力は、これを保持しない。国の交戦権は、これを認めない」とし、一項の目的を達する手段として、二項で軍隊の放棄を明示したのである。

(2) 憲法の平和主義の解釈

自衛権

次にこの憲法の平和主義に関する解釈についてである。まず、憲法九条には「自衛権」という表現がないので、そもそも日本国憲法は自衛権の保持を認めているのか否かという問題があり、憲法学界では自衛権留保説と自衛権放棄説とがある。

学界の多数説は、個人には自己保存のために正当防衛権が当然保障されているように、国家にも自己保全のために国家固有の自衛権の保持が保障されていると考える自衛権留保説であり、九条の規定からそれは武力によらない自衛権だとする説（武力なき自衛権説）がある。この場合、具体的には外交交渉による侵害の回避や警察力による排除、群民蜂起による抵抗などを想定している。

しかし、自衛権を保持するが行使しないというのは意味がなく、武力なき自衛権説の具体例を自衛権として説明することに疑問を投げかけ、憲法の平和主義を徹底して考えるのが自衛権放棄説である。これは、生身の個人と個人から人為的契約によりつくられる国家とを区別し、自衛権を保持するか否かも契約によるものであるとし、自衛権は国家固有のものではないとする説得力のある考え方だといえる。

戦争の放棄（九条一項）

続いて、九条一項の戦争の放棄に関する条文解釈であるが、学界の多数説は、条文中の「国際紛争を解決する手段」としての戦争を侵略戦争とし、九条では侵略戦争を放棄したと解釈する（限定放棄説）。この学説は、第一次世界大戦という世界戦争の悲劇を繰り返さないために一九二八年に制定された「戦争抛棄ニ関スル条約（不戦条約）」の一条「締約国ハ国際紛争解決ノ為戦争ニ訴フルコトヲ非ト［ス］」という規定の解釈をそのまま日本国憲法にもあてはめたものである。不戦条約は戦争一般を放棄したとされているが、実際には自衛権行使までは放棄していないと考えるので、事実上「国際紛争解決ノ為」の「戦争」を侵略戦争と解し、ここで放棄したのは侵略戦争であるとする。

しかし、限定放棄説に対しては、自衛戦争と侵略戦争の区別は難しく、自衛の名で侵略戦争が行なわれてきたし、戦争はすべて国際紛争解決のためにあるのではないか、先の戦争の過ちから日本は徹底的に戦争を放棄すべきではないかという反論がある。また、多数説は一項で事実上の自衛戦争を放棄せず二項で自衛のための軍隊も放棄したと考えるが、そのような解釈に意味はなく、平和主義を徹底的に考え、そもそも一項で事実上の自衛戦争を含む一切の戦争を放棄したと考えるべきではないかとの意見もある（全面放棄説）。学界では、平和運動にもかかわる研究者を中心に、この全面放棄説が有力に唱えられている。

戦力の不保持（九条二項）

次に九条二項の戦力の不保持についてであるが、条文中の「前項の目的」は、一項の「国際紛争を解決する手段としては、戦争を放棄する」にかけて、全面放棄説の立場から、「目的」（侵略戦争放棄）のための戦力の放棄は限定的で、自衛のための戦力の保持は許されるとする解釈がある（甲説）。

これに対して、ここでいう「前項の目的」は、一項の「正義と秩序を基調とする国際平和を誠実に希求［する］」か、一項全体をさすと解釈し、自衛のための戦力の保持も許されないと考える解釈が、平和主義の観点からなされている（乙説）。学界では、この乙説が多数説である。

ところが、この乙説に立って、国際平和機構としての国連による安全保障が日本の安全保障の方式として実現性のあるものであり、[*9] 憲法九条二項が保持しないとしているのは日本の戦力であり、日本に指揮権がない駐留軍は日本の戦力ではないから違憲ではないとする国際法研究者による安全保障論もあった。[*10] 憲法研究者からも、国連による安全保障の完成に至る過渡的措置として、外国軍隊の駐在を違憲とみるべきでないと主張されたり、[11] 憲法前文二段の「平和を愛する諸国民の公正と信義に信頼して、われらの安全と生存を保持しようと決意した」の部分を国連に重ね合わせ、一九五一年に締結された旧日米安保条約四条が「国際連合の措置または代替されうる別の安全保障措置の効力を生じたと両国政府が認識した場合に失効する」としていたことから、安保条約を国連憲章五二条の地域的取極に準じるとした見解もみられた。[12]

しかし、平和主義を徹底して解釈すれば、このような考え方は疑問である。

このような学説状況に対して、政府の九条解釈は独特である。政府は、一項については侵略戦争の放棄（限定放棄説）の立場に立つが、二項については「戦力」の保持も許されないという立場に立ちつつ、条文にある「戦力」を「自衛のための必要最小限度の実力を越えるもの」ととらえる。この解釈から現行の自衛隊を「自衛のための必要最小限度の実力」と解釈し、自衛隊は違憲ではないとするのである。

平和的生存権（前文二段）

先にもみたように、憲法前文では、「全世界の国民」に「平和のうちに生存する権利」を保障し、これを「平和的生存権」という。ここでいう「恐怖と欠乏から免かれ〔る〕」「権利」の解釈としては、「恐怖から免かれる権利」を自由権、「欠乏から免かれる権利」を社会権と考える。戦時になれば、徴発や徴兵・国家統制・反戦思想弾圧などにより国民の財産権や苦役からの自由・移動の自由・思想の自由・表現の自由など多くの自由権が制約され、社会保障の制限や戦争遂行のため生存権・教育を受ける権利・労働基本権など多くの社会権が制約される。つまり、平和な状態であることが自由権と社会権を全面的に保障し、自由権も社会権も平和が確保されてはじめて全面的に享受できると考えるからである。[*13]

また、平和の問題を「権利」としたことは画期的である。なぜなら、戦争か平和かの問題を「政策」とした場合、戦争に関する権限は議会または行政の長（大統領もしくは首相）にゆだねられる。すなわち、戦争をするかしないかは多数決原理にもとづく民主的決定問題となるのである。平和の問題を「権利」とした場合、少数派の平和のうちに生存する権利を安易に多数決で奪ってはならないということになる。

ただし、憲法学界では、前文一段で国民主権や民主主義、戦争の放棄を「人類普遍の原理」としていること、一一条および九七条で基本的人権の永久不可侵性を規定していることから、憲法改正には限界があるとする改正限界説が多数説である。憲法は国家権力を縛るものであるから、立憲主義の観点から憲法改正に歯止めをかけ、限界の内容は改正手続、基本原理（国民主権、基本的人権の尊重、平和主義）だと考えられている。このように、憲法改正には限界があるのだから、仮に平和の問題が「権利」に至らないとしても、日本国憲法下では安易に平和主義の部分に変更をくわえてはならないことになる。

また、学説では、憲法上平和的生存権を認めるのか否かで、積極説と消極説とに分かれる。積極説はさらに、権利の根拠条文を①前文、②九条、③前文・九条、④前文・九条・第三章全体、のいずれかにおくかで学説が分かれるが、裁判規範性までも認める。すなわち、根拠条文にもよるが、政府による軍隊の保持や戦争遂行、他国の戦争支援、場合によっては世界の貧困問題に対処しないことまでもが、平和的生存権侵害ととらえることになる。この平和的生存権を根拠に自衛隊の海外派兵に対するいくつもの違憲訴訟が提起されてきたが、裁判闘争においても平和的生存権の内容の具体化が必要である。*14

しかし、日本国憲法に平和的生存権の規定がありながら、政府は国連人権理事会の理事国になっているときで、平和への権利宣言に関する決議をあげるさいに、アメリカやEU諸国と同様に反対している。このような姿勢は憲法の観点から批判されなければならない。また国内の平和主義研究者や平和運動家・団体においては、国際的な平和への権利確立運動と連携した平和主義の理論づくりが求められる。*15

(3) 憲法の平和主義の意義

戦争違法化の歴史のなかで

日本国憲法の平和主義は、異端扱いしたり、突然変異的に登場したととらえるべきではなく、世界の流れから導き出されたと考えるべきである。なぜなら、二〇世紀は「戦争の世紀」と呼ばれたが、一方で「戦争違法化の世紀」でもあり、憲法の平和主義はこの流れに位置づけられるからである。

中世の世界では、「神の意思」にもとづく戦争を正当化する「正戦論」があった。この考え方は、正義のためならどんな戦争を行なってもよいし、どのような戦い方をしてもよいというものであった。しかし、一九世紀以降、欧米諸国による植民地争奪戦のなかで「正戦論」は「無差別戦争観」に変わり、さらに科学技術の発展は戦争の規模と被害を飛躍的に拡大させた。そして、初の世界戦争である第一次世界大戦の経験から、世界は無差別戦争観を否定し、侵略戦争の制限を試み（一九一九年の国際連盟規約）、さらに、侵略戦争を放棄する（一九二八年の不戦条約。形式的には戦争一般を違法化したが、自衛権行使は禁止していない）。

しかし、これらの試みも第二次世界大戦の勃発により失敗する。そこで、今度は一九四五年の国連憲章によって自衛権行使も制限するのである（事実上の「自衛戦争」の制限）。とするならば、「自衛戦争」の制限のさらに先にあるのは「自衛戦争」の放棄である。先述した全面放棄説に立って憲法九条が「自衛戦争」をも放棄したと考えれば、日本国憲法は戦争違法化の歴史をさらに押し進めたととらえることができる。すなわち、正戦論・無差別戦争観→侵略戦争の制限→侵略戦争の放棄→「自衛戦争」の制限→「自衛戦争」の放棄、という流れの最先端に位置づけられるのである。

また、かつての正戦論や無差別戦争観のもとでは戦争の方法に対する法的規制は十分ではなかったが、戦争被害の飛躍的拡大（民間人の犠牲と被害の拡大）と国際平和運動により、戦争の方法についても規制を強める動きが出てきた。たとえば、一九四九年のジュネーブ諸条約は、戦時における文民・捕虜の保護というルールをつくる。さらに、七二年の生物兵器禁止条約や九三年の化学兵器禁止条約、九七年の地雷禁止条約、二〇〇八年のクラスター爆弾禁止条約によって、大量破壊兵器や残忍な兵器の規制を行なう段階にまできており、最近では通常兵器にまで規制の射程が広がろうとしている（核兵器についても、九六年に国際司法裁判所は核兵器の使用は一般的に国際法違反との判断を出す）。

とするならば、短期間では無理としても、何十年といった長い期間であれば、軍隊そのものの規制も不可能ではないだろう。国民の非武装化と警察への武器保有の一元化のように、各国の軍隊の保持規制と国連軍への軍隊の一元化はまったく不可能なことではない（さらに、その先にめざすべきものは一切の軍隊保有の禁止である）。日本国憲法のもとで国連軍による平和構築を容認するのか否かという問題はあるが、自国の軍隊を放棄するという点で世界の多数派の一歩先を行く憲法といえる。

一九九九年のハーグ世界市民平和会議の行動目標のなかで、日本国憲法九条のような戦争禁止決議を各国が採択すべきだとされた。すでに「軍隊のない国家」は世界で二七カ国も存在するが、*16 これらは小国のため、大国の日本が名実ともに「軍隊のない国家」になることは、世界に大きな影響を与えるであろう。

国連憲章との比較から

前述したように、国連憲章は戦争違法化の歴史のなかでは、まだ「自衛戦争」の制限段階に位置づけられ、加盟国の「武力による威嚇又は武力の行使を、……慎まなければならない」（二条四項）としている。すなわち、どうしてもやむをえない場合は、武力を用いてもよいということであり、憲法九条一項とは根本的に異なるのである。そして、国連憲章五一条では、加盟国に個別的自衛権と集団的自衛権を認めている。さらに、四二条には「国際の平和及び安全の維持又は回復に必要な空軍、海軍又は陸軍の行動」（すなわち、国連軍による行動）を認める集団安全保障体制の規定がある。

以上、国連憲章と比較して考えれば、「国際貢献」論や集団的自衛権行使容認論により、自衛隊が海外で軍事活動することは平和主義の理念において戦争違法化の歴史の最先端に位置づけられる日本の位置を、「普通」の位置にレベルダウンすることになる。

二つの平和主義

ところで、日本国憲法の平和主義というと、まず思い浮かべるのは九条である。しかし、憲法にはもう一つの平和主義が存在する。それは前文二段である。両者を比較すると、九条の平和主義は暴力（戦争）のない状態をめざす消極的平和を追求する規範であるのに対して、前文二段は「構造的暴力」（国内外の社会構造による貧困・飢餓・抑圧・疎外・差別などが存在する状態。前文二段の専制・隷従・圧迫・偏狭・恐怖・欠乏がこれに該当する）のない状態をめざす積極的平和を追求する規範である。とすれば、政府には自国限定の平和政策にとどまらない、世界の南北問題の解消をも視野に入れた非軍事的な平和政策が求められるのである。

3 憲法研究者の平和構想の内容と検討

このような世界の最先端を行く平和主義を掲げながら、現実の政治はその理念に逆行するものであった

（本書第Ⅰ部第1章参照）。歴代の自民党など保守政権が反憲法的な政策を実行してきたこともあり、憲法研究者の主張も、政府・自民党の憲法の平和主義に反する法律・政策などを批判していくことに力点がおかれ、憲法の平和主義にもとづきどのような法律を制定すべきか、どのような政策を実行すべきかについての具体的な提案が多いわけではなかった。この流れを少しでも食い止めるべく、憲法研究者の側からの平和構想が一九八〇年代後半から出てくる。その具体的で本格的な構想は、深瀬忠一を中心に一九八七年から約一〇年ごとに発行された三冊の文献である。ここでは順に中味を概観したうえで、検討を行なう。

(1)「総合的平和保障基本法試案」の提示──『平和憲法の創造的展開』

同書の概要

一冊目は、深瀬忠一ほか編『平和憲法の創造的展開』[*17]である。深瀬ほか一六人により執筆されたもので（研究メンバーは二三人）、一九八二年から八六年にかけて行なわれた研究の成果をまとめたものである。

同書は、「核時代における人類の生き残り」「憲法の平和主義を積極的・創造的に展開する展望を持たなければならない」（はしがき）というコンセプトにより、「序章　総論」「第一編　平和保障の基盤の構築と日常的努力」「第二編　軍縮実現を成功に導く諸方策」「第三編　国連の平和維持機能の強化による平和保障」という分類で一九本の論稿と「総合的平和保障基本法試案」から構成されている。

主な平和構想

以下、同書に収録されている個別論文における平和構想を紹介しよう。

かなり具体的かつ詳細な提起をしているのは、小林直樹論文である。まず憲法九条に即した平和的安全保障策として、軍事中立の確保、アジアの平和地域化、ＰＫＯの活性化と憲法九条の枠内での最大限の協力による国連強化、軍縮と平和外交の徹底、平和教育と平和研究を提案している。そして、日本は非武装をつらぬくべきであり、他国から侵略された場合は、国民による非暴力抵抗運動とＰＫＯの「国連軍」の駐留を求めて対応すべきとしている。さらに、徹底軍縮政策の具体化として、自衛隊の平和的改編（一〇年間の第一段階で軍縮省の設置と自衛隊の平和隊への改組、続く一五年間の第二段階で災害救助活動や医療・建設・通信などの分野で協力するＰＫＯに派遣する平和隊と国境警備活動を行なう警備隊への改組、続く一五年間の第三段階で軍縮省から平和省への改組と警備隊から警察予備隊への改称、続く一〇年間の第四段階で警備隊・警察予備隊の国連への帰属、続く一〇年間の第五段階で日本の軍事組織のゼロ化と世界連邦への移行）を提案している。日米安保条約については、平和的相互協力条約への転換を提案している。[*18]

また、深瀬忠一論文も具体的で詳細である。まず、一〇年間の第一段階を調査・研究・立案・国民的討議・基本法制定の準備期間とする。次の三〇年間の第二段階で防衛庁を平和省に改編し、自衛隊を国境警備にあたる警備隊、国連の平和維持活動にあたる国連平和維持待機隊、国内外の災害救助にあたる災害救助隊、平常時の国際的な経済・技術・社会・医療・文化・教育等に協力する国際協力隊に改編し、日米安保条約を日米友好協力基本条約に転換する。最後の二〇年間の第三段階で戦争を廃棄し、全面完全軍縮を達成した世界連邦的恒久平和秩序の組織化と実効化の完備に向けての努力を行なうとしている[*19]（図1・図2）。

ほかに、自衛隊を救助建設部隊・農林業開発援助部隊・医療保険部隊からなる平和隊に改編するという上野裕久論文[*20]、日米安保体制を解消して非同盟・中立の日本の安全保障を国連の集団安全保障体制に依拠しようとする隅野隆徳論文[*21]、日本の平和隊のなかに国連のPKOに協力する国連平和維持待機隊を設けるとする古川純論文[*22]がある。

「総合的平和保障基本法試案」

憲法研究者による本格的な法案というかたちで提示されている点でこれまでに例をみない、研究会の多数意見としてまとめられたのが「総合的平和保障基本法試案」である。これは、国連の平和維持機能の強化と全面完全軍備撤廃をめざすことを基本的指針とし（一条）、平和的生存権の確保・拡充（二条）、国連中心の平和外交（三条）、平和経済（四条）、文化的・人的交流・協力（五条）、平和研究・教育（六条）、東アジア・太平洋地域の平和的連帯（七条）、総合的平和保障の担い手（八条）、世界的軍縮（九条）、国際地域的軍縮（一〇条）などの内容から構成されるものである。

自衛隊の平和憲法的改編（一一条）では、領海・領空・領土の警備と侵犯に対応する警察的任務に限定

図１　平和憲法の精神にそう総合的平和保障構想と実施過程〈総合的関連見取図〉

——自衛隊の平和隊への漸進的移行過程の次元と段階

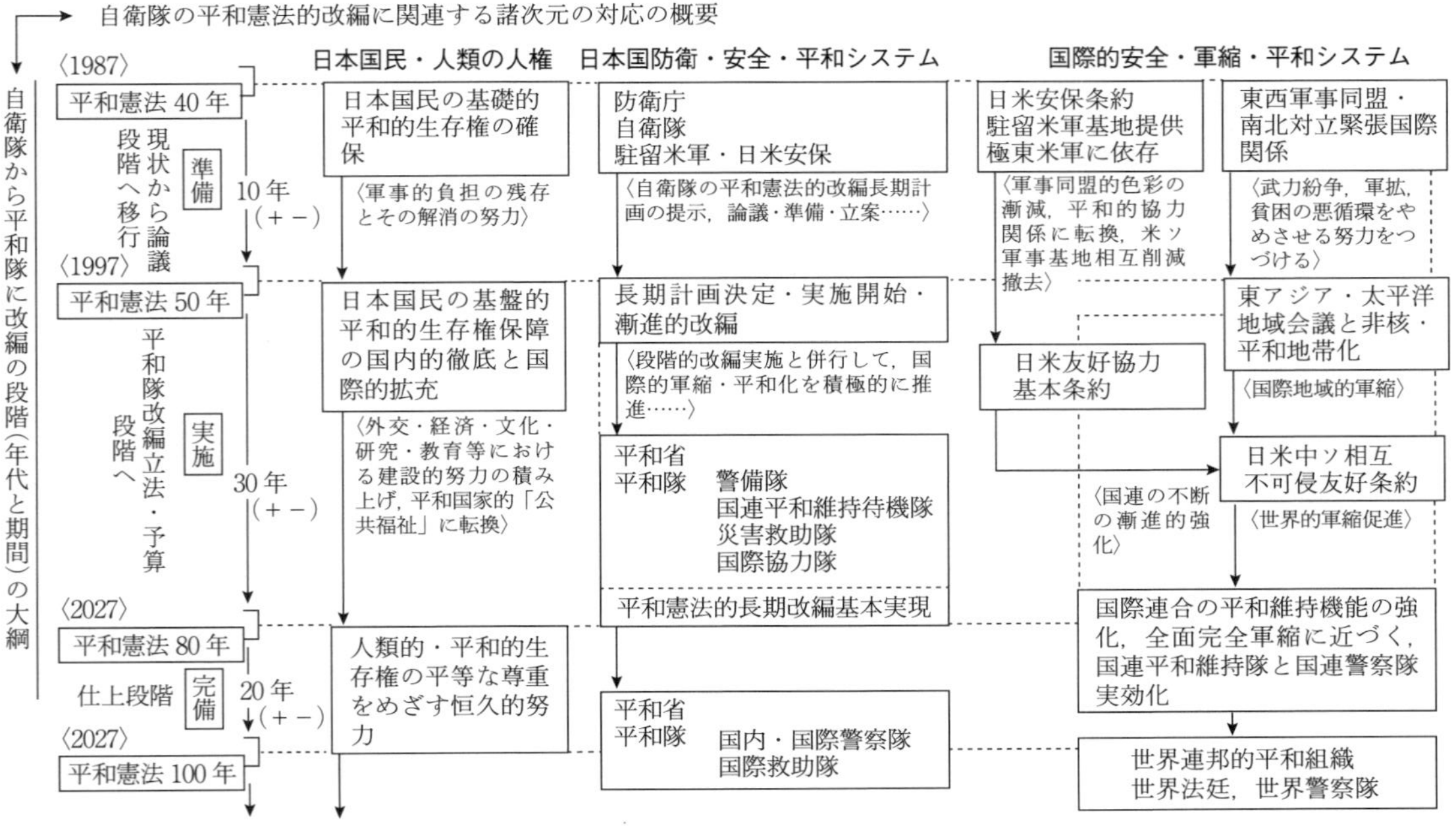

図２　平和省・平和隊の組織図

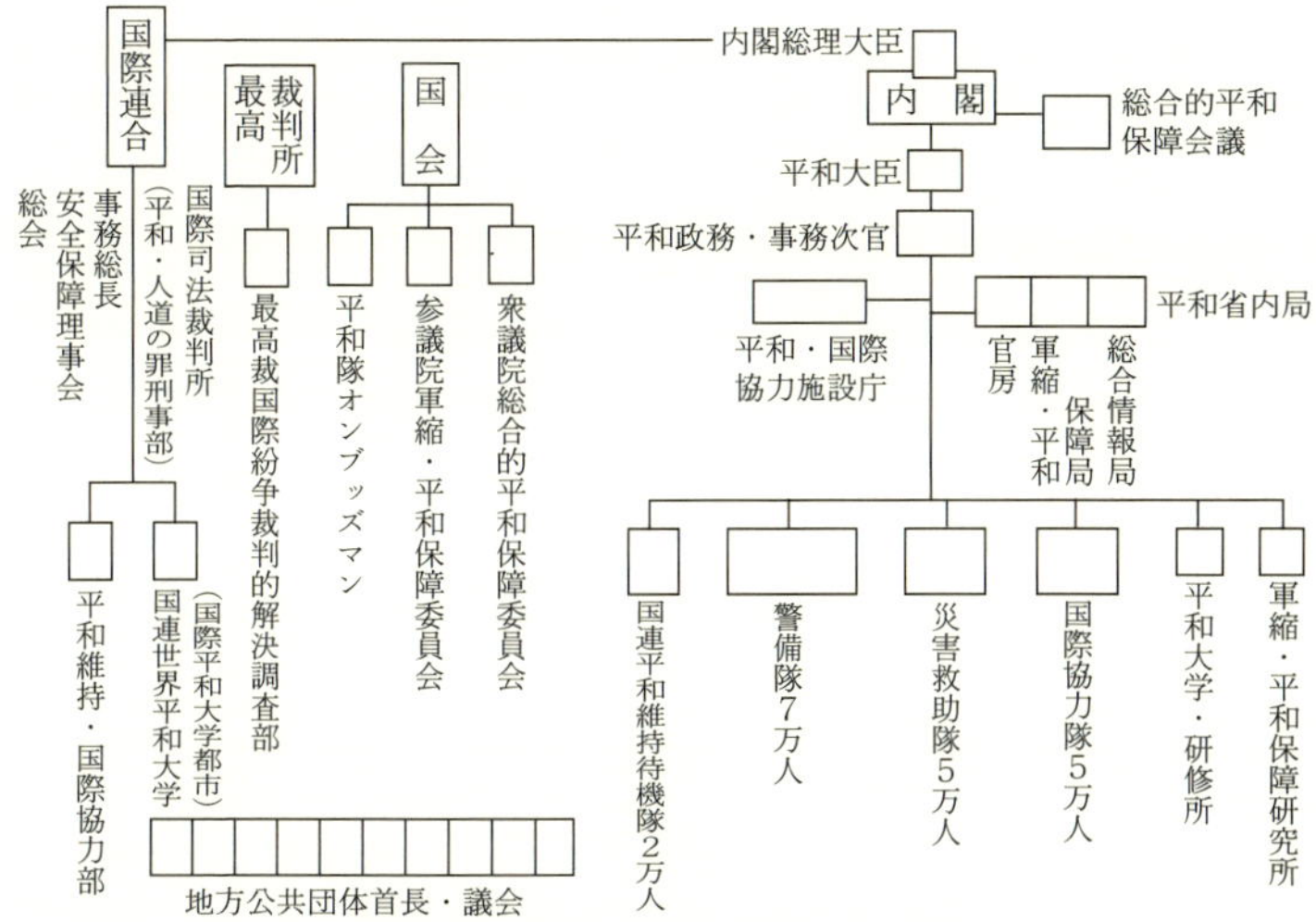

出典）図１，２ともに深瀬ほか編『平和憲法の創造的展開』320，321頁。

した警備隊、緊急事態に対応する国連の平和維持待機隊、国内外の災害に対応する災害救助隊、平常時に対応する国際協力隊に改編していくべきと提案している。また、平和隊整備計画と実施過程（一二条）として、構想の提示と討議・検討立案（一九八七～九六年）、基本法と整備計画の決定・実施開始（一九九七年・憲法施行五〇年）、平和隊への漸進的改編（一九九八～二〇二七年）、世界連邦的平和組織の樹立（二〇二八～四七年・憲法施行一〇〇年）といったかたちで、具体的なスケジュールも示している。

ほかにも、平和隊の組織（一三条）、日米安保体制から国連平和維持隊等の活動による国連平和保障体制への段階的移行（一四条）、東アジアと太平洋地域における非核地帯化・平和地帯化による国際地域的平和保障の形成（一五条）、北欧型国連平和維持活動への協力を内容とする国連平和維持待機隊の設置（一六条）、戦争廃止と軍備撤廃・世界警察による国連の改造・世界連邦的平和組織の樹立（一七条）を提案している。[*23]

(2) 冷戦崩壊後の「国際貢献」論に対して――『恒久世界平和のために』

『平和憲法の創造的展開』から一一年後に出版されたのが、深瀬忠一ほか編『恒久世界平和のために』[*24]である。

同書の概要

同書は、深瀬忠一ほか三四人により執筆されたもので（研究メンバーは三五人）、『平和憲法の創造的展開』より大幅に執筆者が増え、一九九三年から九七年までの研究の成果をまとめたものである。

同書は、「単なる『国際貢献』論ムードにおどらされることなく、真の世界平和貢献をめざす共同研究会」（はしがき）というコンセプトにより、「第一部　総論」「第二部　国際連合の改革と国際協力」「第三部　軍縮による安全保障と平和的構造転換」「第四部　平和的生存権の確立と拡充」という分類で三五本の論稿から構成されている。ただし条文形式の試案（法案）はない。

主な平和構想

同書では、まず冒頭に深瀬忠一論文があるが、『平和憲法の創造的展開』のような具体的で詳細な平和構想は提示せず、憲法の平和主義の比較的理念的な「構想」を論じている。[*25] 具体的な個別の平和構想としては、山内敏弘論文が非軍事の国際協力（核兵器の廃絶と通常兵器の徹底軍縮。重装備で国連が紛争の一方当事者になる国連の平和強制部隊と、米ソ冷戦後に大国も参加し、紛争当事国の同意や停戦合意がなくても活動する国連の平和維持活動は批判している）[*26]を、隅野隆徳論文が日米安保体制の構造転換（日米安保体制の解消・友好条約の締結とアジア諸国との友好）[*27]を、水島朝穂論文が自衛隊の平和憲法的解編（自衛隊の解散と非軍事組織の新たな編成、国際災害救援隊への転換、警察・海上保安庁の機能強化など）[*28]を、上田勝美論文が永世中立構想（日米安保条約の解消、国連加盟国のままでの永世中立の国会宣言）[*29]を、澤野義一論文が永世中立型憲法（伝統的な武装永世中立ではない非武装永世中立の国家宣言、国連の集団安全保障の機能停止・廃止、米ソ冷戦後に変質した軍事的ＰＫＯへの不参加）[*30]を提起している。

(3) 9・11後の対米追随を脱するために――『平和憲法の確保と新生』

『恒久世界平和のために』の一〇年後に出版されたのが、深瀬忠一ほか編著『平和憲法の確保と新生』[*31]である。

同書の概要

同書は、深瀬忠一ほか一七人により執筆されたもので、『恒久世界平和のために』より執筆者が半減し、二〇〇四年から〇七年までの研究の成果をまとめたものである。「ブッシュ的な新軍国主義でもなく、対米追随でもない恒久世界平和の建設に積極的に寄与する道」というコンセプトにより、「第一部　平和的生存権の深化と展開」「第二部　恒久世界平和の理念」「第三部　東北アジアの信頼醸成機構の構想」「第四部　核廃絶・軍縮実現の国際協調」という分類で一七本の論稿から構成されている。同書にも条文形式の試案（法案）は付されていない。

主な平和構想

第四部の具体的で詳細な平和構想として、水島朝穂論文はあらためて自衛隊の平和憲法的解編を唱えている。『恒久世界平和のために』掲載論稿から一〇年たち、アフガニスタン戦争とイラク戦争の勃発・自衛隊の海外派兵という状況の変化をふまえて、具体的には、①自衛隊をまずは専守防衛水準に押し戻すこと、②「制服を着た市民」として軍人をとらえる観点から防衛オンブズマンの導入により軍に対する民主的統制をすること、③「防衛計画大綱」を「平和計画大綱」に組み替えて軍縮方向に舵を切ること、④自衛隊を常設の国際環境・災害救援隊に転換することの四点を提案している。[*32] 深瀬忠一論文では、ここでも『平和憲法の創造的展開』のような具体的で詳細な平和構想は提示せず、憲法の平和主義をめぐるこれまでの「国民的批判・抵抗と建設・創造」のまとめと、今後の国民の課題をごく簡単に提示したにとどまる。*33

(4)『平和憲法の創造的展開』の意義――「総合的平和保障基本法試案」を中心に

憲法研究者による平和構想の具体的な提案

『平和憲法の創造的展開』は個別論文以外に、「総合的平和保障基本法試案」という共同の案を提起しているのが特徴である（この試案を受けた論文も収録されている）。条文としては長文でこなれていないところがあるものの、かなり具体的かつ詳細に規定している（注23参照）。共同研究の成果としての政策提言という形式自体は重要な成果だといえる。この提案がなされた時代状況は、米ソ冷戦下にあって、アメリカはレーガン政権、日本は中曽根政権という超タカ派の政権のもとで、核戦争に対する強い危機感が高まり、国連の安全保障理事会、そして国連憲章七章が十分に機能していなかった。そうした時代のなかで、少しでも状況を改善したいという強い思いが伝わってくる。そのため、国連やPKOに期待しつつ日本独自の提案をしたこと自体は理解できる。

また、先にあげた個別論文については、非軍事の国際協力（商社等金儲けのため・戦略援助としてのODAは除く）、永世中立構想、日米安保条約の廃棄と日米平和友好条約の締結、東アジア・太平洋地域の非核・平和地帯化構想、平和的生存権の国際化、世界連邦構想など、今後、平和構想を鍛え上げるうえでも参考にすべき議論がなされている。

検討すべき課題

一方で、深瀬忠一理論の前提である、制憲時の幣原喜重郎とダグラス・マッカーサーを平和憲法の源流として位置づけていることや、福田赳夫首相の全方位平和外交、および鈴木善幸首相の軍縮・核廃絶の主張を平和憲法の精神にそうものとするのは過大評価といえる。[*34] そして、平和主義理論・運動の担い手として、労働運動・市民運動より政治家に対する評価のほうが大きいことは、運動の過小評価につながるだろう。[*35] また、具体的に年数を示したうえでの段階的な自衛隊の平和憲法的改編について（二六六頁）も、実現のリアリティという点から検討すべきであろう。

そして、「国連脱退論」のような国連批判ではなく、国連活用論は必要であるが、『平和憲法の創造的展開』は米ソ冷戦期の出版という制約があるとはいえ、国連に対する批判的視点が不十分である。とりわけ、米ソ冷戦終結・湾岸戦争後のＰＫＯの変質（これまでのカナダ・北欧のような小国中心から大国も参加へ、原則として非武装部隊による活動から重武装部隊の出現、受入同意原則・停戦合意原則の無視など）後は、ブトロス・ブトロス・ガリ国連事務総長による平和強制部隊構想や同構想にもとづくソマリアでのＰＫＯの失敗をみれば、通用しない提案であった。したがって、全般的に現実の国連を冷静に評価できていない、国連信仰にもとづく提案ともいえる。[*36]

実際に、そのような状況や米ソ冷戦後のアメリカ一人勝ちのもとでの湾岸戦争やアフガニスタン戦争、国連も止めることができなかったアメリカによるイラク戦争の強行、これら一連の戦争に協力する日本の自民党政権の状況を受けて刊行された、一九九八年の『恒久世界平和のために』でも、二〇〇八年の『平和憲法の確保と新生』でも、国連やPKOに期待した具体的提案がなくなっている。

個別論文で述べられた自衛隊の解編は、警察と海上保安庁の強化につながるが、これについては「軍事と治安の融合化」(軍隊の警察化と警察の軍隊化)現象に対する慎重な姿勢が必要である。[*37]

(5) 検討すべきその他の憲法研究者の平和構想

以上の深瀬忠一を中心とした一連の共同研究以外で、検討すべき憲法研究者らによる平和構想として、以下の三冊の文献を概観しておこう。

自衛隊違憲合法論

これは、小林直樹『憲法第九条』(岩波書店、一九八二年)で提示されたもので、自衛隊は解釈論からすれば違憲、しかし現実には「合法的」な存在であるという「違憲かつ合法」論である。その内容は、①矛盾した緊張関係を正確にとらえることで、矛盾をどうしたら最もよく解消できるか考察し、②違憲性を絶えず指摘しながら、同時に法律上可能なかぎり自衛隊の膨張や逸脱を抑制して、③平和のための積極的構想(戦争防止、永世中立・不可侵条約・集団安全保障・非核地帯などの国連強化、非武装・非暴力抵抗)として段階的に時間をかけて実現に導く自衛隊改編・日米安保解消論である。ただ、「違憲かつ合法」という論理がわかりづらく、あえて「合法」といわないと自衛隊の法的コントロールはできないのかという疑問もわく。たとえば、破壊活動防止法や国旗・国歌法、秘密保護法に対して、これらをあえて「違憲かつ合法」と表現しながら反対運動はしないであろう。

平和基本法構想

憲法研究者もかかわっている構想としては、フォーラム平和・人権・環境編『9条で政治を変える 平和基本法』（高文研、二〇〇八年）がある。本書は、前田哲男（ジャーナリスト）、児玉克哉（三重大学教授）、吉岡達也（ピースボート共同代表）、飯島滋明（名古屋学院大学講師・憲法学）により執筆されたもので、『世界』における平和基本法の提言[*38]を継承し、自衛隊を国土警備隊・平和待機隊・災害救助隊に改編する一方、最小限防御力は容認している。これは、結局は「自衛隊」的なものの容認につながるもので、政府の「人間の安全保障」と国連の活動に対する批判も不十分であるといえる。

水島朝穂編『立憲的ダイナミズム』

これは、岩波書店発行の「シリーズ 日本の安全保障」（これについては、第6章を参照されたい）の第三巻で、二〇一四年の集団的自衛権行使の容認などを内容とする閣議決定後に出版された本である。[*39] ここで、編者の水島朝穂自身はあらためて「自衛隊『解編』論」の立場を明示し、「現実への追随とは明確に区別された、まさに憲法と立憲主義の柔軟で活力ある具体化（立憲的ダイナミズム）」という観点に立ちながら、「軍事力によらない無軍備平和主義の主張」と「従来の『国土防衛』の線まで引き戻せという『専守防衛』の伝統的な国家安全保障論の主張」を「地球規模での軍事的協力関係を阻止するという点において共通の課題をもつ」ものだとしている。*40 そのためか、同書の個別論文は、二〇一四年閣議決定に対する批判は従来の政府解釈をはじめとする解釈論や立憲主義論からのものであり、自衛隊解体と日米安保条約廃棄に向けての具体的構想を提示するものではない。

(6) 憲法研究者の平和構想の評価と今後の課題

憲法は国家権力制限規範であるから、歴代自民党など保守政権による憲法九条に反する行為や立法化に対し、憲法研究者として憲法の平和主義の観点から批判するのはある意味当たり前のことである。また、憲法研究者は政治家ではないのであるから、「対案」を出せという主張を気にする必要はない。

本章2でみたように、戦後の憲法学界における営為によって、憲法九条一項については解釈が分かれるものの、二項解釈から自衛隊違憲論が憲法学界では多数派を占めてきた。また、当初は駐留米軍の存在を憲法から論じない学説もあったが、日米安保条約についても批判的にとらえてきた。そして、前文の平和的生存権についても、さまざまな解釈論が展開され、本章でまとめたような平和主義に関する理論構築が行なわれてきたといえる。

こうした蓄積のなかで、国連とＰＫＯに対する認識が不十分だったとはいえ、『平和憲法の創造的展開』において世界連邦の実現を目標にしつつ、自衛隊と日米安保条約についての具体的な改編論を展開したことは画期的なことであった。しかし、その後も続く自民党政権と世論動向、憲法学界における世代交代もあり、徐々に憲法研究者が正面から自衛隊と日米安保条約違憲論を主張しなくなっていく。そして、批判の軸は平和主義から立憲主義に移行してきたといえる。

昨今、ますます政治の世界で改憲論が活発になってくるなかで、二〇一二年の自民党改憲案（「日本国憲法改正草案」）では、集団的自衛権も行使する国防軍の設置と平和的生存権の削除を提案している。[*41] しかしながら、日本国憲法が存在するかぎり、憲法九条と平和的生存権規定によって自衛隊と日米安保条約違憲論を憲法研究者は積極的に展開し、自民党の構想に対抗する日本国憲法にもとづく平和構想を提起していくべきであろう。

◉注

＊1　詳しくは、清水雅彦「市民と法律家・研究者の共同の取り組み――広がる共同と共同の創出」『法と民主主義』四九五号、二〇一五年、三二頁以下を参照されたい。同実行委員会は、法律家団体・研究者・学生団体・女性団体・市民団体など、現在では一九団体で構成され、九団体が賛同協力する組織になったが、二〇一四年一二月の結成時は、伝統的な労働組合が中心になって組織化された。

＊2　本章でとりあげた八月二一日発表の声明を除き、この声明とあとで紹介する声明については、声明全文と呼びかけ人・

賛同人一覧はブログの「安保関連法案に反対する憲法研究者」(http://anpohousei.blog.fc2.com/) を参照されたい。

＊3 『東京新聞』二〇一五年七月九日付朝刊。

＊4 『朝日新聞』二〇一五年七月一一日付朝刊。

＊5 七月二三日放送の『クローズアップ現代』「検証〝安保法案〟いま何を問うべきか」のなかで結果を発表 (http://www.nhk.or.jp/gendai/kiroku/detail_3690.html)。

＊6 八月二一日発表の声明の賛同人一覧はブログの「STOP! 違憲の『安保法制』憲法研究者共同ブログ」(https://antian-po.wordpress.com/) を参照されたい。

＊7 長谷部恭男は、「各国が自衛のための何らかの実力組織を保持することを完全には否定しない選択肢」を「穏和な平和主義」と表現して肯定し (長谷部恭男『憲法と平和を問いなおす』ちくま新書、二〇〇四年、一六〇頁)、「ともかく軍備を放棄せよという考え方は、『善き生き方』を教える信仰ではありえても、立憲主義と両立しうる平和主義ではない」(同前、一七九頁) とまで述べていた。また、小林節は、「護憲論者の姿勢」を「無教養というか、まったく知性が感じられない」(小林節『憲法守って国滅ぶ――私たちの憲法をなぜ改正してはいけないのか』KKベストセラーズ、一九九二年、二二頁) とまでいい、憲法九条を「愚かな非武装・平和主義」「空想主義」と規定したうえで、国の交戦権を否定せず、自衛軍を設置する「日本国憲法改正私案」を発表していた (以上、同前、四〇頁、四六頁、一七〇頁)。

＊8 このような憲法研究者の声明を検討するものとして、清水雅彦「ミニ・シンポジウム2＝法学研究者運動と法と社会――『法学者声明』を手がかりとして――憲法研究者の『声明運動』――その意義と特徴」『法の科学』四七号、二〇一六年、一二八頁以下を参照されたい。

＊9 横田喜三郎「国際連合と日本の安全保障」『国際法外交雑誌』四九巻三号、一九五〇年、七一頁以下。

＊10 横田喜三郎『自衛権』有斐閣、一九五一年、二〇九頁以下。

＊11 宮沢俊義(芦部信喜補訂)『全訂日本国憲法』日本評論社、一九七八年、一七九頁以下。

＊12 法学協会編『注解日本国憲法上巻』有斐閣、一九五七年、一九四頁以下、二三八頁以下。

＊13　深瀬忠一『戦争放棄と平和的生存権』岩波書店、一九八七年、一八五頁以下参照。

＊14　この平和を求める訴訟の時期区分や意義などについては、清水雅彦「一九九〇年代以降の九条裁判――平和主義理論と運動の新たな展開」『法と民主主義』三九七号、二〇〇五年、三〇頁以下参照。

＊15　詳しくは、笹本潤・前田朗編『平和への権利を世界に――国連宣言実現の動向と運動』かもがわ出版、二〇一一年、清水雅彦「日本国憲法の平和的生存権――戦争と暴力に抗する手段として」木村朗・前田朗編『21世紀のグローバル・ファシズム――侵略戦争と暗黒社会を許さないために』耕文社、二〇一三年、二三八頁以下を参照されたい。

＊16　前田朗『軍隊のない国家――27の国々と人びと』日本評論社、二〇〇八年。

＊17　和田英夫・小林直樹・深瀬忠一・古川純編『平和憲法の創造的展開――総合的平和保障の憲法学的研究』学陽書房、一九八七年。

＊18　小林直樹「平和的安全保障政策――憲法九条に即した平和策」同前、二七頁以下。

＊19　深瀬忠一「自衛隊の平和憲法的改編と国際的軍縮実現の促進　第一　総論的考察」同前、三〇一頁以下。

＊20　上野裕久「平和隊についての各論的考察」同前、三三一頁以下。

＊21　隅野隆徳「日米安保から国連平和保障へ」同前、三五七頁以下。

＊22　古川純「国連の平和維持機能とわが国の平和隊」同前、三九一頁以下。

＊23　深瀬忠一「『総合的平和保障基本法試案』論議のすすめ」同前、四二九頁以下、「資料　総合的平和保障基本法試案」（文責：深瀬忠一）同前、四八一頁以下。

各条文は比較的長いので、とくに重要な条文を以下引用しておく。

第一条【基本的指針と目的】　日本国の安全と平和の保障は、平和憲法の精神に従い、国際連合の平和維持機能の強化と全面完全軍縮の徹底をめざす不断の軍縮努力および如何なる国をも仮想敵国視せず、平和的な外交的・経済的・文化的・研究教育的協力を促進すること等を総合し、全世界の諸国民の相互理解と信頼の回復と確立に努め、かつ、公正な世界的世論によって支持されるに値する平和国民となるよう最大限努力することをもって、基本とする。

右の基本的指針は、核時代の戦争の絶滅的惨禍からわが国国民のみならず、人類の現在および将来の世代を救い、またそのような戦争の誘発を不可避ならしめる軍拡競争の悪循環を断ち、かつ、軍備による諸国民の過重な負担およびそれによってますます激化する飢餓、貧困、疾病、資源浪費、環境破壊等の矛盾から人類を解放し、全世界の国民がひとしく恐怖と欠乏から免かれ、平和のうちに生存する権利を確保し享受できるようにすることを目的とする。

第十一条【自衛隊の平和憲法的改編の基本的方針】 自衛隊は、国際連合の平和維持機能を強化し、世界的および国際地域的な軍縮努力の先導的実行例として、平和憲法の理念と法規に従い、わが国の独立を維持し、国民さらには人類の平和的生存権を守るため、次条（十二条）その他の諸条件の総合的整備と併行して、以下のような基本的形態を目標とし、窮極的には世界連邦的平和組織の樹立に向け、漸進的に根本的な改編を行い、全国民の支持を得、真に世界平和に寄与する自主的な平和隊に発展的に解消していく。

a 日本国の領海、領空、領土を警備し、万一の侵犯に対して次項(b)の国連平和維持待機隊と連携しつつ、日本国民の生命と人権（平和的生存権）を保護するため、警察的任務に限定された、七万人の警備隊をおく。

b いかなる緊急事態に際しても「交戦権」を行使せず、また「武力攻撃」を未然に防止することを重点としつつ、万一の事態に際しては、ただちに国際連合および地域的平和組織に報告・連携し、実力的衝突の停止と引き離し、監視、調停ないし平和的解決にあたることを任務とする、国際連合の平和維持待機隊二万人（十六条参照）が、事態の収拾と解決にあたる。必要に応じ、わが国の要請により、国際連合の他の待機隊が来援する。

c わが国の国内、および国際連合あるいは被災国の要請する世界の各地において、緊急の災害事態に対する救助、復興作業、民生協力（輸送、医療、防災、緊急農業基礎工事等を含む）に従事する五万人の災害救助隊をおく。

また、平常時のため、国際協力隊（国連機関協力隊、国際技術協力隊、青年国際協力隊、五万人）の創設ないし統合強化を検討し、条件が整い次第実現する。

以上のb、c項（国際的災害救助活動のための派遣）については、わが国が、名実ともに平和国家として広く承認されることが、前提条件となる。

d　万一の「侵略」事態に対しても、個別的および集団的（軍事同盟の）戦闘行動による「戦争の惨禍を再び起こすことのないようにする決意」をもって、右のa、b項および十六条の緊急措置をとるほか、国民の総力をあげ、あらゆる平和的総抵抗の組織化を研究し、準備する。

右と併行して、国際地域および世界の「公正と信義」に基づく世論に訴え、その支援と相呼応し、また、「侵略」責任者を国内的ないし国際的（世界的）な刑事裁判において厳しく処罰する（東京国際軍事法廷の普遍化と公正化による）組織を整える。

以上のa、b、c、d項は、将来の世界連邦的平和組織の樹立にともない、世界警察隊および世界災害派遣隊を含む世界平和組織に発展的に解消される。

第十四条【日米安保体制から国連平和保障体制へ】　日米安保体制は、ソ連ないし社会主義ブロックの軍事力に対抗する軍事同盟条約体制の一環であり、日本列島は米国核戦略の最前線基地として用いられ、軍事的緊張と戦争の危険性を持続させており、国際連合本来の集団的安全保障体制の分裂と、その普遍的平和維持機能を麻痺させる構造的原因をなしている。したがって、日本国民、東アジア、太平洋地域ひいては米ソを含めた全世界の諸国民を核時代の戦争の惨禍から恒久的に解放するため、上記「総則」の基本的指針に従い、日米安保体制の軍事同盟的要因を次第に解消し、東西の緊張を緩和し、相互の軍縮を実現しつつ、国際連合の安全保障理事会および総会における公正かつ普遍的な世界的世論およびその決定に基づき、国連平和維持隊（わが国の平和隊の待機隊を含む）等の活動による国連平和保障体制に、着実かつ段階的に移行する。かくして日本列島における外国軍隊および軍事基地（とくに沖縄基地、その他）は撤収せられ、国連平和保障体制に統合されることになり、太平洋・日本海・オホーツク海は、「核の海」と化することを免かれ、「平和の大洋」となる。

第十六条【国連平和維持待機隊】　日本は、北欧諸国の例を参考にし、平和憲法に従い、国際連合の平和維持活動への積極的な協力体制を整備し、厳格に平和的目的に限定され組織・訓練された国連平和維持待機隊を設置する。その定員は二万人とし、個人の志願制とする。

また災害救助隊と国際協力隊は、国際連合または当該国の要請に基づき、国際的に用いることができる（十一、十二、十三条参照）。

＊24　深瀬忠一・杉原泰雄・樋口陽一・浦田賢治編『恒久世界平和のために――日本国憲法からの提言』勁草書房、一九九八年。

＊25　深瀬忠一「恒久世界平和のための日本国憲法の構想――核時代の平和を先取りした立憲民主平和主義」同前、三五頁以下。

＊26　山内敏弘「国際協力のあり方と国連改革の方向」同前、二三七頁以下。

＊27　隅野隆徳「日米安保体制の構造転換と非軍事化」同前、五一三頁以下。

＊28　水島朝穂「自衛隊の平和憲法的解編構想」同前、五八九頁以下。

＊29　上田勝美「人類の悲願・戦争の放棄と日本の永世中立構想」同前、六七〇頁以下。

＊30　澤野義一「永世中立型憲法と平和保障政策」同前、六九五頁以下。

＊31　深瀬忠一・上田勝美・稲正樹・水島朝穂編著『平和憲法の確保と新生』北海道大学出版会、二〇〇八年。

＊32　水島朝穂「平和政策への視座転換――自衛隊の平和憲法的『解編』に向けて」同前、二七五頁以下。

＊33　深瀬忠一「ポスト経済大国の理念としての立憲民主平和主義――まとめにかえて」同前、三五一頁以下。

＊34　前掲、深瀬ほか編『平和憲法の創造的展開』四三三頁以下および四四一頁以下。

＊35　この点について、試案の第八条「総合的平和保障の担い手」の解説文（同前、四五五頁以下）で、ごく簡単に平和運動の意義と諸形態についてふれているが、諸例は山内敏弘「平和の担い手と運動と世論」（同前、四五八頁）「参照」としている。

＊36　のちに山内敏弘は、米ソ冷戦後にＰＫＯが変質したことを受け、武装した軍事要員から構成される平和維持軍に憲法上自衛隊は参加できないという観点から、『平和憲法の創造的展開』の「総合的平和保障基本法試案」一六条の日本が国連の平和維持活動に協力する平和維持待機隊を設置するという提案に対して、「再検討の必要があるように思われる」、この「試案」の作成議論に参加していたことに「私も責任の一端を負っている」と述べている（山内敏弘『平和憲法の理論』

日本評論社、一九九二年、三六四頁）。

＊37　清水雅彦「軍事と治安の融合化――警察及び政府の『テロ対策』を中心に」浦田一郎・清水雅彦・三輪隆編『平和と憲法の現在――軍事によらない平和の探求』西田書店、二〇〇九年、五七頁以下、清水雅彦「海上保安庁の『軍隊化』――『海』で進む『軍事と治安の融合化』」『法と民主主義』四三八号、二〇〇九年、五一頁以下参照。

＊38　古関彰一・鈴木佑司・高橋進・高柳先男・前田哲男・山口定・山口二郎・和田春樹・坪井善明「『平和基本法』をつくろう――平和憲法の精神に沿って自衛隊問題を解決するために」『世界』一九九三年四月号、五二頁以下、および古関彰一・前田哲男・山口二郎・和田春樹「憲法9条維持のもとで、いかなる安全保障政策が可能か――『平和基本法』の再挑戦」『世界』二〇〇五年六月号、九二頁以下。

＊39　水島朝穂編『日本の安全保障3　立憲的ダイナミズム』岩波書店、二〇一四年。

＊40　水島朝穂「序論　安全保障の立憲的ダイナミズム」同前、一頁以下。

＊41　この自民党改憲に対する批判としては、さしあたり清水雅彦『憲法を変えて「戦争のボタン」を押しますか？――「自民党憲法改正草案」の問題点』高文研、二〇一三年を参照されたい。

（清水雅彦）

第6章 「リベラル」派との共同のために

その外交・安保構想の批判的検討

1 本章のねらいと背景

本章では、第二・第三次安倍政権による安保法制（戦争法）の強行など軍事大国化には反対するが、戦後日本の保守政治がつくり維持してきた日米安保条約や自衛隊を容認する論者の外交・安保構想を批判的に検討する。序章で指摘されているように、戦争法に反対し憲法九条を守るという一致点のもとで、安保廃棄派と安保・自衛隊容認派が共同して大きな運動をつくった。戦争法案反対運動にみられた共同は、安倍政権へと連なる現代の軍事大国化を転換させる可能性をもっている。これを現実のものとするには、大国化を克服したのちの将来展望について認識を共有することが必要であろう。本章では、この共同を崩さず、戦争法を廃止する政治に発展させるための課題を明らかにしたい。

こうした検討が必要な理由は以下のとおりである。

第一に、日米安保や自衛隊を容認するが東西冷戦終了以降の軍事大国化には反対する立場からの外交・安保構想が、とくに第二次安倍政権発足以降、多く出され、これを批評する必要があるからである。岩波書店から発行された『シリーズ日本の安全保障』[*1]（全八巻、二〇一四〜二〇一五年、以下では岩波シリーズと表記）はその代表例である。このシリーズは安倍政権を「保守」と規定する一方で、民主党政権を「リベラル」と規定し[*2]、保守に代わる政権がとるべき外交・安全保障構想を提示している。本章では、これにならい、日米安保と自衛隊を容認する外交・安保論者を「リベラル」派と呼ぶことにする。[*3]

第二に、これら「リベラル」派が、戦争法廃止運動に層として参加し、運動へ少なくない影響を与えているからである。「リベラル」派が層として運動に参加したことで、マスメディアでの露出も増え、全体として運動を広げる役割を果たしたことは間違いない。

ただ、積極的な側面ばかりではない。「リベラル」派は、戦争法案反対運動の一翼を占めた安保廃棄派の掲げる、日米安保や自衛隊のない日本という将来像に展望をもっていない。旧来からの護憲派に対して、日米安保と自衛隊の容認を迫る論者さえいる。[*4]ここで懸念されるのは、戦争法廃止運動の側が、日米安保・自衛隊の是非をめぐって分裂したり、廃止運動全体が日米安保と自衛隊を容認し、日米同盟派一色になってしまったりすることである。こうした事態は、戦争法を廃止するうえで障害となりかねない。

第三に、安保廃棄派と「リベラル」派との共同が、戦争法廃止だけではなく、その後の平和構築をめざす諸課題をめぐって長期に持続する可能性があり、共同のあり方を洗練させる必要があるからである。そもそも、戦争法を廃止するだけでも、かなりの時間と政治的な力が必要である。一度や二度の国政選挙で廃止をめざす勢力が国会で多数をとれる見込みはない状況である。さらに、戦争法がアメリカや財界など支配層の宿願が達成された結果であるため、廃止をめざす勢力はこれからの圧力に立ち向かいつづけなくてはならない。これには野党とそれを支える運動の政治的力量、国民世論の圧倒的支持が必要である。

また、戦争法廃止をめざす野党共闘と運動は、共同を進めれば進めるほど、日本の平和と安全にかかわるその他の課題に直面せざるをえない。周辺諸国との領土問題、北朝鮮や中国のいわゆる脅威があり、また万が一、戦争法発動の結果日本でテロが生じた場合、支配層がそれを利用して日米同盟のさらなる強化へ世論動員をはかる可能性もある。こうした課題の平和的解決に共同することが求められる。

さらに、「リベラル」派の支持層という点からも、共同は中長期にわたることになる。第7章で指摘されているように、日米安保廃棄派と日米安保・自衛隊容認派の共同は、九条の会のとりくみで先駆的にみられていた。九条の会の特徴の一つとして、日米安保・自衛隊容認派である地域の良心的な保守層が多く参加していることがある。これら良心的保守層は、とくに小泉政権以降に進んだ構造改革による地域の疲弊によって、自民党政治からの離反の動きをみせている。彼らが求めるのは、TPP参加反対、地場産業の保護などである。これらは新福祉国家構想における地域政策と重なる部分が多い。

以上をふまえると、「リベラル」派の外交・安保構想の検討は、実践的な課題でありかつ緊急を要する。本章では、戦争法を廃止し、戦争法を今後も必要としない日本をつくるという観点から、それらの外交・安保構想を批判的に検討していく。第1節では、「リベラル」派の外交・安保構想の歴史的展開を、東西冷戦終了以降の日米安保体制強化の進展との関係で明らかにする。なお、後述するように、「リベラル」派の理論的中軸を今後担うことが想定されるので、本章での主要な検討対象は岩波シリーズとなる。第2節では、「リベラル」派構想の前提となる彼らの情勢認識を明らかにする。第3節では、「リベラル」派の外交・安保構想の特徴を析出する。第4節では、「リベラル」派の外交・安保構想のはらむ問題について批判的に検討する。最後に、「リベラル」派の外交・安保構想がそれだけでは今後、現在の軍事大国化に対抗しがたいことを明らかにし、日米安保廃棄派の果たすべき役割について提起したい。

2 「リベラル」派の外交・安保構想の歴史的展開

「リベラル」派による外交・安保構想はどのように展開してきたのだろうか。東西冷戦終了以降の軍事大国化に対抗するものとして、「リベラル」派が独自の外交・安保構想をもって台頭しはじめたのは、二〇〇〇年代初頭のことである。背景として、以下の三つの要因が考えられる。

まず、日米安保の再定義によって自衛隊による海外での対米軍事協力の仕組みができたことである。一九九六年の日米安全保障共同宣言、九七年の日米防衛協力のための指針（ガイドライン）の改定をへて、九九年に周辺事態法などガイドライン関連法が成立したことで、地域や内容におけるさまざまな制約があったものの、米軍への後方支援の枠組みができた。このことによって、自衛隊を海外に出さないという東西冷戦期における小国主義的な慣行が、軍事大国化とは別方向の選択肢になりうる余地が生じたといえる。

第二に、九七年ガイドラインと周辺事態法成立を画期として、財界やアメリカなど支配層からの軍事的要求が高まったことである。第一次アーミテージ報告において、「共同防衛計画の基本である米日防衛協力指針（ガイドライン）の改定は、太平洋をまたぐこの同盟で日本が果たす役割の増強に向けた、上限ではなく、基盤とみなすべき[*5]」とされ、集団的自衛権の行使を可能にするための憲法改正、秘密保護法制の整備などが謳われた。直後に単独行動主義を掲げて登場したジョージ・W・ブッシュ政権は、二〇〇一年九月一一日のアメリカ同時多発テロを契機とする対テロ戦争を遂行する過程で同盟国への軍事分担要求を強め、日本では自衛隊の海外派兵と日米軍事協力が拡大した。とくに、大量破壊兵器の存在が疑わしかったにもかかわらず、日本として何の検証もせずに、小泉純一郎政権がアメリカによるイラクへの武力行使を支持したことによって、良心的な保守層による自民党支持からの離反が進んだ。小泉政権が新自由主義的な構造改革を急進的に進めたことで、地域が疲弊したこともこれに寄与した。

第三に、アメリカのヘッジファンドなど機関投資家による通貨の空売りがもたらした一九九七年のアジア通貨危機の影響も指摘しておきたい。経済や金融分野の協力が進展していくなかで、アジアにおける経済成長を可能にする安定した秩序構想として、東アジア共同体構想がアジア国際政治で議論されるようになった。日米二国間関係のみに規定されがちな日本外交のオルタナティブの一つとして、「リベラル」派の多くにとっては、東アジア共同体が選択肢に浮かび上がったのである。

これらを背景として台頭した「リベラル」派の外交・安保構想は、日米安保体制の展開にともなってそれに代わる選択肢として生み出されてきた。以下では、(1)日米安保再定義の完成、(2)イラク戦争における自衛隊海外派兵、(3)民主党政権による外交・安保政策転換の試みと躓き、(4)第二次安倍政権以降の軍事大国化再起動の四つの時期区分をとり、各時期を代表する「リベラル」派の外交・安保構想をみていこう。

(1) 第一期：日米安保のグローバル化への反発——寺島実郎

第一期は、日米安保再定義が完成をみ、日米安保のグローバル化がはじまってからイラク戦争に至るまでの時期である。一九九五年の沖縄米海兵隊少女暴行事件を契機に、普天間基地撤去・返還を求める運動が高まり、それが日本政府によって撤去・返還ではなく移設へとすり替えられた時期でもあった。こうしたなか、在日米軍基地の見直しを柱として外交・安保構想を打ち出したのが寺島実郎である。

寺島は、九〇年代半ばから、米軍基地の段階的縮小とアメリカとの経済協力の推進を主とする外交・安保構想[*6]を打ち出し、雑誌『世界』で二〇〇二年から連載「批評　脳力のレッスン」をもつなど、リベラル・

左派論壇で活動してきた。当時から寺島に一貫しているのは、独立国に他国軍が駐留するのは異常であり、アメリカはその国益の範囲内でしか日本を守らないという「常識」をふまえるべきだという認識である。ではどうやって日本の安全を守るのか。前提として、極東地域の安定を保つために米軍の存在は必要だとされる。しかし、それが先述の「常識」に照らせば現在のように米軍の駐留を容認しつづけるわけにはいかない。寺島は、構想の一本目の柱として在日米軍なき日米軍事協力を打ち出す。アメリカも入ったアジア多国間安保機構の構築と、在日米軍基地の段階的縮小とを組み合わせることによって、アジアにおける力の空白ができるのを避けつつ、米軍の撤退を実現するという。

寺島の構想の二本目の柱は、米国との協力を軍事的なものにとどめず、経済的な協力を深めるというものである。寺島が東西冷戦終了以降のグローバル化に対して指摘する問題点は、それが金融の肥大化をまねき、実体経済へ悪影響を及ぼすことである。実体経済にとって重要なのは、経済成長が著しいアジア・太平洋地域である。その果実を日本が手にするためにも、日米経済協力が必要だというのである。よって、寺島の構想では日米自由貿易協定の締結が一貫して提示される。二〇〇〇年代に入ってから寺島はアメリカに過剰に流れる資金をアジアに貫流させるスキームをつくるべきと主張[*7]するようになるが、これも日米経済協力の延長線上といえる。ＴＰＰへの交渉参加が議論になって以降も、日米ＦＴＡ構想を捨ててはいない。[*8]

寺島は自衛隊の海外派兵に抑制的である。米国の要請による派兵のみならず、国連ＰＫＯにも批判的である。イラク派兵直前に、自衛隊とは別組織による人道支援を提案している。[*9]

(2) 第二期：自衛隊海外派兵本格化への反発——伊勢崎賢治

第二期は、自衛隊のイラク派兵以降、民主党政権が成立する間までの時期である。イラク派兵を契機として、海外で武力行使ができないという憲法九条の既存政府解釈による制約が支配層によってあらためて自覚され、明文改憲の機運が高まった。二〇〇五年に自民党・民主党という当時の二大政党が明文改憲実現に向けた構想を出したのがその表れである。他方で、〇四年六月に発足した九条の会の知識人・文化人九人の呼びかけに呼応して、明文改憲に反対する世論がつくられた。

イラク派兵に反対し、憲法九条を守ると明言してこの時期に登場したのが伊勢崎賢治である。その外交・安保構想は、第二次安倍政権以降、内容が豊富化される。この時期に絞った構想は、自衛隊による国際貢献にほぼ限定される。伊勢崎は、自身がシエラレオネ、東ティモール、アフガニスタンで平和構築や武装解除に携わってきた経験をもとに、既存の護憲派も、自衛隊を海外に送ろうとする改憲派も紛争地の実態を理解していないと断ずる。憲法九条をめぐる解釈上の議論、規範的な議論は彼にとって意味をなさない。なぜ彼が、九条擁護に至ったか。決定的だったのはアフガニスタンでの武装解除の経験である。アフガニスタンの人々に、日本は「平和国家」であると思われている「美しい誤解」[*10]に、伊勢崎は憲法九条の効用を見出し、当時の文脈での明文改憲に反対を唱える。「美しい誤解」を活かし、非武装の自衛隊員を紛争地の武装解除のため、監視要員として派遣することを提案する。

(3) 第三期：民主党政権への期待——戦争法廃止運動における「リベラル」派結集の準備段階

第三期は、第一次安倍政権による明文改憲の策動が挫折し、福田康夫・麻生太郎という短命内閣をへて誕生した民主党政権の時期である。政権交代を果たした鳩山政権は、「最低でも県外」と銘打って辺野古への新基地建設中止を訴え、東アジア共同体構想を唱えた。鳩山由紀夫は、日米安保が日米関係の基軸であるとしながらも、テロ対策特措法を延長しないなど、アメリカの世界戦略に乗るかたちで自衛隊海外派兵を進めていた自民党政権とは異なる姿勢をもっていた。二〇〇九年一月に発足した米国のオバマ政権は、前ブッシュ政権からの転換を掲げて登場したため、日米関係が変わることも想定された。

しかし、鳩山は普天間基地移設をめぐって当初の公約を果たせず退陣し、続く菅直人政権と野田佳彦政権は日米同盟基軸へ戻ってしまう（第1章参照）。しかも、菅政権による尖閣諸島近海への中国船舶による領海侵犯への対応のまずさや、野田政権による尖閣諸島国有化表明などにより、日中関係が悪化した。

鳩山政権の掲げた外交・安保構想は「リベラル」派のそれと非常に親和性が高かったため、その多くが同政権に期待した。鳩山政権退陣以降も、「リベラル」派は自身の外交・安保構想を、日米同盟基軸の外交・安保政策に対するある種の対案として、より積極的に主張するようになる。

この時期に登場した論潮として二つをあげておく。第一は、かつて自民党政権の外交・安全保障政策を担っていた孫崎享や柳澤協二といった元高級官僚によるものである。第二は、「リベラル」派の国際政治学者など知識人によるものである。のちに岩波シリーズ全体の編集を担う一人である遠藤誠治は、普天間基地移設に関する二度にわたる声明[*11]の呼びかけ人を務め、民主党政権に対する外交提言を繰り返し行なっている。[*12]これらの論者は、第二次安倍政権発足以降、軍事大国化に反対するための組織をつくって「リベラル」派総体として戦争法案反対運動の一翼を担った。こうした点で、第三期を、第四期における「リベラル」派結集の準備期として位置づけることも可能である。

第三期においてまとまったかたちの外交・安保構想を展開したのは孫崎享である。孫崎の議論で特徴的なのは、対米従属を徹底して問題視する点である。戦後日本政治は、対米従属の道か、それとも独立した日本への道かという二つのせめぎ合いがみられたとする。[*13]

孫崎によれば、二〇〇五年の「日米同盟：未来のための変革と再編[*14]」で日米安保条約が実質的に変わった。条約の対象の範囲が極東から世界に拡大し、その理念が、国連の役割重視から日米共通の戦略重視になった。[*15]よって、日本はアメリカの戦略への協力を余儀なくされる。

日本独自の戦略をもつべきとする孫崎にとって、こうした事態は容認できない。しかも、中国が政治的・経済的に台頭すれば、アメリカの対外政策における日本の位置は低くならざるをえない。かといって、日本独自の軍事的な安全保障は無理である。

そこで孫崎は、以下のような構想をもつ。第一に、アメリカの世界戦略に追随しない。アフガニスタン戦争、イラク戦争のような自衛隊の海外派兵は認めず、集団的自衛権の容認を目的とする憲法改正には反対する。[*16] TPPにも参加しない。NATOなど、ヨーロッパ諸国との協力を模索すべきだとする。第二に、グローバル化を背景とする経済的相互依存関係を用いた近隣諸国との善隣関係構築である。焦点は対中国関係である。日中経済関係が死活的利益だと中国に認識させれば、中国によるこの利益を否定する行動をあらかじめ阻むことができ、同国への間接的な抑止効果をもたらせる。[*17] 尖閣諸島をめぐる領土問題については、さまざまな紛争の平和的解決手段を用いつつ、棚上げ路線でいく。東アジア共同体も、こうした経済的相互依存関係をもとにして構築されるべきだとする。[*18]

(4) 第四期：安倍政権の暴走への反発——「リベラル」派の組織的活動

第四期は、第二次安倍政権発足以降、現在までである。第2章と第3章で検討されたように、安倍政権は自民党政権がつくった憲法九条の政府解釈すら変え、戦争法の成立を強行したばかりか、明文改憲をもめざしている。このような戦後日本の平和のあり方をドラスティックに変える手法と、安倍首相個人が歴史認識などで新保守主義的な思想の持ち主であることも相俟って、マスメディアも含めて、安倍政権の復古的側面や非民主主義的な政治手法への批判が高まった。

この時期の最大の特徴は、安倍政権による軍事大国化に対抗すべく「リベラル」派が層として運動に参加するに至ったことである。具体的には、立憲デモクラシーの会（二〇一四年四月一八日発足）[*19]、国民安保法制懇（二〇一四年五月二八日発足）[20]、自衛隊を活かす会（二〇一四年六月七日発足）といった組織が立ち上がり、これらに結集する学者・知識人が戦争法案反対運動にこぞって参加した。その中心メンバーが岩波シリーズの諸論考を執筆した。これら三組織は、戦争法案反対運動で少なくない役割を果たし、戦争法廃止運動にも引き続き参加している。とくに立憲デモクラシーの会は、安保法制廃止のための市民連合の一翼を担っている。注目すべき論者とその構想の概要は、以下の三者である。

柳澤協二および「自衛隊を活かす会」

まず、三組織すべてに参加している柳澤協二である。柳澤は普天間基地移設問題を契機に安全保障問題で精力的に発言するようになった[21]。その外交・安保構想の中心は、自身が呼びかけ人を務める「自衛隊を活かす会」が精力的に展開している専守防衛の復活[22]である。

冷戦期においては、イデオロギーでも体制でも相容れない米ソ二大国が協調の余地なく対立していたため、そこで必要な抑止力は、A国がB国を攻撃した場合、B国がA国を破壊しつくすという懲罰的抑止力であった。しかし、東西冷戦終了後、グローバル化が進むと、世界は自由市場のもとに一つになったため、経済活動の基盤を破壊するような懲罰的抑止力は必要とされなくなった。むしろ求められるのは、A国がB国を攻撃した場合に、B国がA国の攻撃を押しとどめ、A国の望みを阻む拒否的抑止力である。冷戦時代の日本の専守防衛は、まさにこの拒否的抑止の役割を果たしていたのであり、二一世紀の世界においてもその役割を果たすべきだという。戦争法にひた走る安倍政権の外交・安保政策は、冷戦思考の時代遅れにほかならないとされる。

伊勢崎構想の拡大

次に注目すべきは、これも三組織すべてに参加している伊勢崎賢治の外交・安保構想の拡大である。従前は地域紛争にいかなるかたちで自衛隊を活用すべきかを論じていた伊勢崎は、この分野での議論をリードしつつ、日本の外交・安全保障のあり方を包括的に論じるようになった[*23]。

伊勢崎によれば、地域紛争の現場で求められているのは、武力によらない平和でも、アメリカをはじめとする大国による武力介入でもない。東西冷戦終了後のグローバル化によって、経済的相互依存関係が深化した結果、国際社会が協調して地域紛争の解決をはかり、世界秩序の維持にあたらなければならない。

アメリカに安全保障をゆだねてきた戦後日本は、こうした問題を保守も革新も考えてこなかった。世界秩序維持のためには、国連安保理の決定にもとづく集団安全保障（伊勢崎はこれを国連的措置と呼ぶ）に日本も参加しなければならない。そのためには日本自身の安全および内政を安定させる必要がある。沖縄辺野古への新基地建設問題も、内政の安定という観点からとらえる必要がある。その解決のためには、アメリカと軍事同盟を結んだ他国にならい、日米地位協定を対等平等なものに改定しなければならない。

日本は当然、集団安全保障（国連的措置）に参加する。そのさい、停戦終了後に非武装の自衛隊を派遣し、武装解除、停戦の監視、和平合意への協力、和平後の社会構築などに徹するべきである。そのためにも、自衛隊自身のプレゼンスは日本国内にとどまらなければならない。

伊勢崎の新九条論はこれらのコロラリーである（詳細は第3章補論に譲る）。

岩波シリーズ

最後にあげるのは岩波シリーズである。編集代表による論考によれば、①アメリカの地位の相対的地位の低下および中国の台頭、②日本における国家安全保障と歴史修正主義の台頭、③東日本大震災と東電福島第一原発事故が示したリスク、④東西冷戦終焉以降に登場したテロや大量破壊兵器の拡散など新たな脅威の蓄積、を背景に、日本の安全保障を再検討することを目的にこのシリーズを組んだ。[*24]

本シリーズ第一、二、八巻において編集代表が示す構想はおおよそ以下のとおりである。そもそも安全保障は、他国を脅す抑止だけでは実現できない。自国は悪いことをしないので安心してほしいというメッセージを他国に発する安心供与をともなってこそ実現できる。また、グローバル化以降の安全保障の客体は、国家だけでなくその構成員たる人間中心にすえられるべきである。ただし、国家間対立が残る東アジアでは、日本は、戦後の平和国家としてのあり方を安心供与策として活用しつつ、アメリカと協調して安定した秩序をつくるべきである。そのうえで、グローバルに広がるさまざまな課題に対処するため多主体による協力を推進させ、人間中心の安全保障を実現する。これらをとおして、日本の安全保障における軍事の比重を低下させていく、というものである。内容は膨大であるため、各論の紹介は次節で行なう。ここでは、シリーズ全体を通した特徴について三点指摘したい。

第一の特徴は、第二次安倍政権の外交・安保政策に何がしかの問題意識をもつ論者が、思想横断的に執筆者に含まれていることである。「リベラル」派だけでなく、「平和基本法」構想に参加した現実主義派、自民党政権において政策審議会委員を務めてきた中西寛などの日米同盟基軸派のイデオローグまで入っている。シリーズの編集委員のうち、川島真[*25]と鈴木一人[*26]は日米同盟基軸派といって差し支えない。

第二の特徴は、安全保障にかかわる分野を全般的に扱っていることである。これを達成すべく各分野の専門家を集めた結果、日米同盟基軸派のイデオローグも含まれたと考えられる。

しかし、そうなるとますますシリーズ全体の方向性が問われる。そこで第三の特徴として指摘できるのが、日米安保廃棄、自衛隊縮小・解散という、「武力によらない平和」の観点がほとんどないことである。この立場に立ってきた水島朝穂が編集した第三巻では、日米安保条約の問題が捨象され、憲法九条と自衛隊の関係のあり方に重点がおかれているのである。

(5) 小括

以上、「リベラル」派の外交・安保構想の展開を振り返ってみると、これら論者が保守政治が進めてきた軍事大国化に代わる選択肢を示し、その内容を彼らなりに豊富化させてきたことがわかる。次節以降の批判的検討にあたり、ここではその意義を四点指摘しておきたい。

第一に、「リベラル」派は日米同盟と自衛隊の強化に代わる選択肢を示してきたことで、保守政治による軍事大国化に反対する運動や世論の広がりに貢献してきた。日米安保条約も自衛隊も認めるが、憲法九条は守るべきという国民意識と調和する論者である。とくに、戦争法案反対運動において「リベラル」派がこぞって運動に参加したことの影響は大きい。

第二に、他方で、岩波シリーズが鮮明にしているように、日米安保も自衛隊もない日本、「武力によらない平和」という選択肢を排除している点を見逃すべきではない。日米安保と自衛隊の容認は、軍事大国化を進め支持する側と共通点があることも意味する。この方向へ世論や運動を誘導する可能性も、またもっているのである。

第三に、日米同盟と自衛隊の強化に反対しながら、日米安保条約と自衛隊の存在自体は肯定するということは、「リベラル」派が現状維持志向を強くもっていることを示している。それゆえか、アメリカに対して、単独行動主義をとったブッシュ政権には批判的であるが、多国間協調路線をとるオバマ政権に対してはさほど批判的見解は見られない。

第四に、「リベラル」派は軍事大国化の進展にしたがい、安全保障について非常に包括的に論じるようになっている。岩波シリーズはその集大成である。編集代表の遠藤誠治と遠藤乾が立憲デモクラシーの会の呼びかけ人を務めているため、安倍政権による軍事大国化に批判的な議論において、今後、同シリーズが「リベラル」派構想の中軸を担う可能性が高い。

寺島実郎、孫崎享、柳澤協二の構想は第7章において検討されているため、次節以降では、岩波シリーズで示された構想を中心に検討することとする。

3 「リベラル」派の情勢認識

「リベラル」派の外交・安保構想を具体的に検討するにあたり、その前提となる彼らの情勢認識を大ざっぱにみておこう。

(1) 東西冷戦終焉を契機とする安全保障の変貌

「リベラル」派の情勢認識の中枢は、東西冷戦終焉によって世界秩序が根本的に変わり、安全保障の主体や客体、対処すべき脅威が大きく変わったという認識である。

東西冷戦期における最大の脅威は、互いに相容れないイデオロギーと体制をもつ米ソ二大国間で起こりうる核戦争であった。東西陣営の代理戦争を核戦争のような大規模衝突に拡大させず、これらの戦争から国家を守ることが安全保障の目的であり、その手段が、米ソそれぞれを頂点とする軍事同盟であった。

東西冷戦終焉は、こうした事態を大きく変えた。グローバル化によって全世界に市場経済が行き渡り、経済的相互依存関係が進んだために国家同士の戦争は減ったし、また今後も基本的には減っていく。その一方で、東西冷戦期には押さえ込まれていた地域紛争が頻発し、その影響がグローバル化のために全世界に波及するようになった。また、核兵器など大量破壊兵器が地域紛争を戦う主体やテロリストに拡散することも脅威となった。これらの脅威は、軍事的手段によって対処されるものであるが、それ以外に、軍事的手段によっては対処しがたい、新たな脅威も生じた。すなわち、貧困、感染症、地球温暖化、大規模災害、越境犯罪といった、放置すれば影響がグローバルに広がりかねないものである。非伝統的脅威と呼ばれるこれらに対しては、軍事的手段ではなく、多国間が協調し、国際機関や非政府組織などの多くの主体と協力して対処しなければならない。

グローバル化で生じた新しい脅威は、たんに国家が自らの安全を守ることによって対処するだけでは不十分である。とくに非伝統的脅威は、国家の構成員である個人に直接的に降りかかるからだ。ここで出されるのが人間の安全保障という概念である。安全保障は、国家が、国家の安全を、軍事的手段により守るあり方から、国家が、人間の安全を、軍事・非軍事問わずあらゆる手段で守るというあり方に変わった。

(2) 戦後日本の外交・安保政策の肯定評価

「リベラル」派は第二次安倍政権以降の外交・安全保障政策に批判的である。安倍政権が、閣議決定で集団的自衛権の行使を容認し、武器輸出三原則を廃止するなど、歴代保守政権がつくってきた小国主義的慣行を破壊するからである。ここまでは安保廃棄派と同じだが、「リベラル」派の場合は、破壊される小国主義的な外交防衛のあり方、つまり専守防衛を肯定的に評価する。

「リベラル」派にとって、専守防衛の何がよかったのか。第一に、憲法九条の存在によって、自衛隊にさまざまな制約が課せられた結果、自衛隊は旧日本軍のように肥大化せず、他国を脅かすような存在にはならなかった。また、ベトナムへの派兵など、アメリカからのさまざまな軍事分担要求に対しても、憲法九条を盾にこれを拒否することができた。第二に、日米安保条約にもとづく米軍の極東地域におけるプレゼンスによって、ソ連など他国からの侵略を防ぐことができた。これも日本自身の軽武装に寄与し、憲法九条の存在と相俟って日本の軍事大国化を抑えられた。

他方で、米軍基地の大半が集中した沖縄は、九条にもとづく専守防衛と日米安保条約にもとづく侵略防止にともなう負担を一手に引き受けさせられた存在とみなされる。この負担によって、本土は軽武装と侵略防止という利得を得ることができたと把握される。

(3) 極東秩序維持者としてのアメリカ

「リベラル」派が日米安保条約を認めるということは、日本の安全および極東の安定を維持するため、米軍のプレゼンスを認めることを意味する。孫崎のように対米従属を問題視し、寺島のようにアメリカの世界戦略にそう自衛隊の海外派兵を拒む論者においても、このことは前提とされている。

岩波シリーズは、この前提を鮮明に打ち出す。同シリーズにおいて日本の安全保障を抜本的に検討しなければならない背景の一つが、安全保障をめぐる議論が保守とリベラルで両極化し停滞していることである。シリーズの編者は、リベラルの躓きとして、細川護熙・村山富市内閣や二〇〇九年以降の民主党政権でみられたように、日米安保体制を相対化しようとしてその強化に戻っていったことをあげ、日米安保体制が政権の別なく日本の国家安全保障の基礎をなすことを正視すべきとする。[*27]

岩波シリーズの第二巻『日米安保と自衛隊』では、米国オバマ政権によるリバランス政策が、アジアにおける米軍のプレゼンスを維持することにあるとしつつ、単純な対中封じ込めではなく、中国と安定的で持続的な関係を築き、それにもとづいた多国間の地域秩序を組み立てるものだと把握されている。日本は、リベラルの躓きの教訓もふまえて、アメリカの対東アジア政策が現状維持的なものである以上、その担い手としてアメリカと協調すべきだとされる。[*28]

(4) 脅威やリスクとしての中国

中国をどうみるかは「リベラル」派にとって重要である。自らが期待をかけていた民主党政権が躓いた普天間基地移設と尖閣諸島をめぐる問題が、アメリカの相対的地位の低下と中国の台頭という文脈で生じたからである。さらに、安倍政権が中国脅威論を振りまいていることも彼らにとっては見逃せない。

孫崎や柳澤は、日中間、米中間で経済的相互依存関係が深化しているため、大規模な軍事衝突は起こりえないとしている。中国と尖閣諸島など領土をめぐって小規模な軍事衝突が起こる可能性はあるが、それは海洋における行動規範など、紛争の平和的解決に向けた制度を構築しておけば対応可能とされる。

岩波シリーズは、中国を「問題の束」[*29]として同国が日本の安全保障に及ぼしうるリスクをかなり広くとらえている。中国の大国化にともなう国家安全保障上の脅威やリスクだけでなく、グローバル化の進展にともなって生じる非伝統的脅威も中国にはあると把握される。同シリーズの構想の中軸をなす対米協調の根拠の一つであり、中国脅威論といってよい。

(5) 安倍政権異常論

「リベラル」派は、安倍政権を、自らの野望達成のためや、その特異なイデオロギーにしたがって行動しているとみなす。安倍首相個人の新保守主義的な側面を、問題点として多く指摘するのはその表れである。

安倍政権が何からみて異常なのか。大半の「リベラル」派は、戦後日本が保ってきた専守防衛、平和国家のあり方が壊されようとしているという観点から、これを異常だとみなす。この観点にくわえて、伊勢崎賢治や、岩波シリーズの編集責任者である遠藤誠治・遠藤乾は、東西冷戦終了後の主要先進国がとっている安全保障政策、たとえば非伝統的脅威などに、安倍政権の対応が不十分であり、古い思考のままで国家主義的な安全保障政策をとっているとして異常だというのである。

4 「リベラル」派の外交・安保構想の特徴

(1) 日米安保条約の将来構想

沖縄を中心とする米軍基地縮小

「リベラル」派全体に共通しているのは、在沖縄アメリカ海兵隊撤退論であると思われる。海兵隊は、それが駐屯する地域を防衛するためのものでなく、沖縄の海兵隊が撤退すれば、普天間をはじめ、沖縄の多くの米軍基地がなくなり、沖縄の負担軽減になるからである。しかし、これをどう具体化するか定かではないことは第7章で詳細に検討されている。

だから、岩波シリーズ第四巻『沖縄が問う日本の安全保障』の諸論考で顕著にみられるように、沖縄の自立・独立に向けた議論が出てくる。日米安保体制そのものが問題ではなく、その利得を得ている本土の側が負担を一方的に沖縄に押しつけていることが問題なので、解決の方法はもっぱら沖縄の決定権の保障になる。

さらに、寺島も含めて、アメリカの世界戦略の重要な一翼を担い、アジア・太平洋への前方展開の最大の拠点となっている嘉手納空軍基地については、「リベラル」派は誰も具体的に撤退をいわない。

核兵器の将来

日米安保体制と核兵器は密接不可分の関係にある。核密約の問題は指摘するまでもない。他方、戦後日本の平和意識の中枢を反核意識が占めており、核兵器は日本の平和意識と日米安保体制との衝突点となりうる。[*30] これを反映してか、「リベラル」派の間での核兵器の認識はかなりの幅がある。

東西冷戦後の安全保障上の脅威を、大量破壊兵器の拡散だととらえていることもあり、それらの議論のなかで核軍縮の占める位置が低い。伊勢崎、孫崎、柳澤にはあまりみられない。寺島は早い段階から軍事においてアメリカと一線を画すべき点として徹底した非核政策を掲げてきた。[*31]

岩波シリーズは、核軍縮・廃絶ではなく、不拡散に焦点を合わせている。第二巻『日米安保と自衛隊』に二本、関連する論文が収められている。吉田文彦「『核なき世界』とアメリカの核の傘」は米オバマ政権の核軍縮政策を基本的に肯定し、秋山信将「アメリカの核不拡散秩序と日米関係」は核保有国による不拡散政策を擁護している。

⑵ 自衛隊の将来構想

専守防衛に自衛隊を戻すことは「リベラル」派の共通項といえる。それを精力的に展開しているのが柳澤であることも述べた。岩波シリーズでは、専守防衛の自衛隊を、平時において他国に脅威を与えない特殊な軍隊として、むしろアジアにおける信頼醸成の手段として使うこともいわれている。*32

しかし、冷戦期の自衛隊がはたして専守防衛だったのか、日本政府の公式見解以上に検討されているとはいえない。この点について、防衛官僚だった柳澤以外の「リベラル」派は本格的な検討を行なっているわけではない。よって、たとえば、自衛隊の将来構想について装備基準など具体策があるわけではない。

より具体的に展開されているのは海外派遣による国際貢献への活用である。伊勢崎による非武装自衛隊の紛争地への派遣構想はすでにみた。前田哲男は、岩波シリーズで、PKOにおける民生協力や災害救援などでの活用を唱えている。*33

⑶ 非軍事分野の協力深化による安定した秩序の構築

「リベラル」派の多くは、日米安保や自衛隊の改革と併行して、東アジアに安定した秩序を構築する志向をもつ。寺島の多国間安保機構や、孫崎や鳩山の東アジア共同体構想などがそれである。

岩波シリーズは、グローバル化のもとで一国家だけでは対処できない国境を越えて存在する脅威やリスク（global security agenda：GSA）が増えたため、貿易や金融、環境など多国家間の機能的な協力にもとづく安全保障が不可避だとする。国家間対立が絶えない東アジアにおいて、このような安全保障を日本が実現するうえでは、国家安全保障上の問題群（national security agenda：NSA）において信頼醸成と地域安全保障枠組みをつくり、人間中心の安全保障のメカニズムを形成したうえでNSAとGSAが相互に支えあう論理を構想すべきとされる。*34

そこで、周辺諸国との信頼関係をつくれていない中国に対し、中国より軍事的に優位に立つ日米が協力して信頼醸成に向けた戦略的抑制行動をとるべきとされる。日米は中国の不安を取り除くべく、一方的に軍縮などを提起または実行すべきである。その先に、東アジアにおける安定した多国間安保枠組みをつくるため、日本と中国とアメリカの協力が必要とされる。

(4) 構想の担い手

「リベラル」派の外交・安保構想の担い手として想定されているのは、民進党（旧民主党）である。第1節で「リベラル」派の民主党政権への姿勢についてふれたが、現在でも自民党政権に代わる政権の担い手として、野党第一党である民進党が想定されている。たとえば、リベラルな学者・知識人が政権を担えるリベラル政治勢力の陶冶に向けてつくった「リベラル懇話会」は、民主党（当時）岡田克也代表に対して政策のプレゼンを行なっている。国際関係についてのそれは伊勢崎がメンバーの一人となってつくられ、岩波シリーズに参画している論者の議論が参照されている。*35

5 「リベラル」派構想がもつ問題

第2節、第3節での検討をふまえると、「リベラル」派は東西冷戦期においてつくられた日米安保条約と自衛隊が日本の安全と極東の安定の維持に役割を果たしてきたとみなし、東西冷戦終焉後の情勢の変化に対してもそれを持続させようとしているといえる。日米安保と自衛隊が、日本国憲法九条とセットになって存在してきたことから、これらの共存を維持しようとする志向も強い。

安倍政権による軍事大国化に対して、「リベラル」派と安保廃棄派の行動が一致するのは、安倍政権が日米同盟と自衛隊の強化をはかり、憲法九条をはじめとする明文改憲をもねらっているからである。もともと日米安保と自衛隊に批判的な安保廃棄派が安倍政権によるこうした動きに反対するのは当然であるが、現状維持志向の強い「リベラル」派も、安倍政権による軍事大国化を現状改悪とみなして、反対の行動をとる。

しかし、安倍政権による軍事大国化に反対する両者の立脚点が著しく異なるのは明らかだ。戦争法廃止の共同が崩れるとすれば、この点が最大の問題となるだろう。「リベラル」派は、日米安保と自衛隊と憲法九条の共存をめざし、現状の改悪に反対する。しかし、彼らが肯定する現状そのものに、日本の平和と安全にとって大きな問題があることをいわなければならない。そもそも、日米安保条約・自衛隊と憲法九条は、本書の各章で強調されているように、相反する存在である。以下では、「リベラル」派構想のもつ問題を各論的に述べたい。

(1) 情勢認識がはらむ問題

脅威の誤認

「リベラル」派の情勢認識には問題が多い。最大の問題点は、彼らの脅威認識である。核兵器をはじめとする大量破壊兵器の拡散とテロリストによる取得が脅威だとされる。しかし、それら兵器がテロリストにもたれるとなぜ脅威とされ、既存の核保有国によって一万五〇〇〇発以上が保有されているのにそれらが脅威とされないのか、という疑問を呈さざるをえない。既存の核保有国が、自国の安全保障のために核兵器をもち、必要があれば使うという抑止政策をとるから、他国やテロリストももとうとするのではないか。東西冷戦終了以降も、大量破壊兵器の存在それ自体が脅威ととらえられる必要がある。

むしろ、「リベラル」派が脅威とみなすものの源泉は、彼らが所与のものとするグローバル化のなかにあるのではないだろうか。序章で示されているように、現代の戦争の背景にあるのは、多国籍企業が推進してきたグローバル化がもたらしたさまざまな矛盾や困難である。多国籍企業の本国たる先進国中心の世界秩序を前提に外交・安保構想を組み立てても、それら脅威の除去は原理的に不可能であろう。

アメリカの過小評価

「リベラル」派はみな、日米安保条約と自衛隊のもとで、日本の安全と軽武装が保たれたことから、それらを無前提に肯定している。しかし、自衛隊はそもそも対米従属の軍隊としてつくられ、日米安保条約は日本の防衛のためではなく、アメリカのアジアへの前方展開基地を提供するべくつくられたから、彼らの構想の前提となる対米認識、日米安保認識は誤っているといわなければならない。

たとえば、オバマ政権によるリバランス政策について、東アジアにおける安定した秩序構築をめざしているとする岩波シリーズの評価は一面的である。そのめざす秩序が経済成長著しい東アジアにおいて中国の地域的な覇権を阻止する対抗（衝突の可能性をはらむ）であるという点と、リバランス政策が日本の軍事的貢献を含む同盟国による秩序維持のための責任を分担させるものだという点が軽視されている。岩波シリーズや孫崎が敵対的な二国間関係を安定的なものに転換する理論を提供する国際政治学者として肯定的に参照しているチャールズ・カプチャンは、二〇一二年の著作で次のように述べている。[*36]

「アメリカ外交に政治的堅実さを取り戻すには、以下に挙げる諸原則に基づいて戦略を絞り込む必要がある。アメリカは、国内の十分な支持なしに世界中で手広くコミットメントを維持するのをやめ、パートナーに地政学上の責任をもっと委ねるべきである。これは、EUに対して、安全保障関連の負担をさらに引き受けるようプレッシャーをかけつづけることを意味する。同時に、日本にも多くの責任を割り当てるべく、日米同盟をアップデートすることも必要となる。その過程で、日本国憲法の『日本国民は国権の発動たる戦争を永久に放棄する』という条項の修正が必要になってくるかもしれない」。

カプチャンが述べるような同盟国への責任分担路線はすでにオバマ政権がとっており、今後も続く可能性は高い。アメリカが国際協調を重視するのは、同国を中心とする先進国優位の安定を保つためであり、軍事同盟やアメリカが必要と判断する武力行使は前提とされているとみるべきである。日米安保体制を認める政治が日本で続くかぎり、アメリカからの軍事的要求を拒むことは困難であろう。

中国はなぜ脅威やリスクなのか?

岩波シリーズでつとに強調されているように、中国がなぜ脅威やリスクであるのかについては疑問点が多い。そもそも、中国が脅威やリスクだとすると、「リベラル」派が極東秩序安定装置としての役割を認めている日米安保条約が有効に機能してきたかを問わなければならないだろう。グローバル化にともない、中国が軍事上の脅威のみならず、非伝統的脅威も多くもつ存在となったと岩波シリーズでは言及される。しかし実際には、先進国の多国籍企業が、安価な大量の労働力と企業活動に対する規制のゆるさを求めて、中国に進出してきた結果ではないか。「リベラル」派が秩序形成に役立つとするグローバル化のなかに、非伝統的脅威の根拠や誘因がある点を無視することはできない。

(2)「リベラル」派構想の実効性

対米協調は日本や世界の平和と安全に貢献するか?

岩波シリーズが強く主張する対米協調は、端的にいって日本や世界の平和と安全に貢献しない。日本の平和と安全にとって喫緊の課題である戦争法の廃止、および、戦争法で具体化された二〇一五年ガイドラインの撤廃は対米協調を前提にしては不可能である。第7章で明らかにされるように、戦争法の廃止はアメリカからの干渉と闘わねばならない国民的事業だからだ。

対米協調で中国に示すべき安心供与としてあげられているものの一つが、核軍縮である。だが、アメリカと中国を含む核不拡散条約における核保有五カ国がグローバルな核軍縮に背を向けているのを、岩波シリーズの編者はどう考えているのだろうか。そうしたアメリカの姿勢にしたがって、国連総会で核兵器禁止を求める決議に棄権しつづけている日本は、すでにアメリカと〝協調〟しているといえないだろうか?

非軍事分野の協力は安定した秩序をもたらすか?

グローバル化によって国境を越える脅威が増え、多国間、多主体が協力せざるをえない領域が増えるのは確かである。しかし、どこで誰がどの分野でどのように協力するのかをめぐって当然紛争は起きうる。現に、それが成功したとされてきたヨーロッパで起きている。

また、序章で示されているように、グローバル化は自然に進展してきたのではなく、多国籍企業が自由に活動できる市場秩序という枠にそって進んできた。経済や金融、環境などの分野で地域的な協力が深化するとしても、多国籍企業の規制がなければ、地域で暮らす人々の生活は保障できまい。こうした観点が「リベラル」派構想全体にあまりみられないのも問題である。

民衆的観点の弱さ

「リベラル」派構想の実効性における最大の弱点は、その担い手として平和運動など民衆の役割を軽視していることである。第1章で明らかにされたように、東西冷戦期に専守防衛が可能だったのは、日本政府の主体的な選択の結果ではなく、「武力によらない平和」に立脚する強力な運動の存在であった。こうした点は「リベラル」派の認識にあまりみられない。沖縄の米軍基地問題の解決策として自立論に傾いているのも、日米安保そのものを問う沖縄の世論や運動の過小評価といえる。

この指摘に対しては、岩波シリーズの論者から、グローバル化の時代にふさわしい市民社会も含んだ多主体による安全保障構想をもっていると反論を受けるだろう。しかし、東西冷戦期においてもさまざまな平和運動が展開され、それが現実の国際政治に少なからぬ影響を与えてきた。たとえば、「リベラル」派に近く、「人間の安全保障」論を主導しているイギリスの国政政治学者メアリー・カルドアは、ヨーロッパにおける冷戦終焉にとって反核運動の役割が重要だったことを述べている。[*37] 東アジアにおける緊張緩和のためには、東アジア諸国民衆の運動と連帯が必要だろう。岩波シリーズで示される日米協調による中国への抑制的行動、その結果もたらされるべき日米中という大国による安定において、民衆の役割を検討することが必要なはずである。

岩波シリーズからは、戦争法案廃止運動で示された平和を希求する日本の民衆の力をどう自らの構想実現に生かすのか読み取りがたい。「人間中心の安全保障」を謳うならば、さまざまな脅威やリスクにさらされ保護が必要なものとして人間をとらえるだけでなく、そうした状況を変革していく主体としても人間をとらえることが必要ではないか。平和運動などを軽視することはこの点からも望ましくない。

6 結論

安保廃棄派と「リベラル」派が共同したことによって、戦争法案反対運動は大きな広がりをみせた。だが、本章での検討によって、「リベラル」派構想のみに立脚しては今後の運動がつくれないことは明らかだろう。それが、アメリカなど支配層のもつ軍事的要求に真正面から対抗できるものでは決してないからだ。日本の平和と安全の展望について、「武力によらない平和」というラディカルな立場に立つ勢力が社会の一翼を占めていることの意義は非常に大きいといわなければならない。

「リベラル」派は自らの外交・安保構想を、日米安保条約と自衛隊を認めていることから現実的だと認識しているだろう。しかし、本章で検討したように、岩波シリーズをはじめ「リベラル」派構想においては、戦争法廃止にすら具体的な展望が見出せるわけではない。戦争法廃止運動にみられる日本社会に根強い反戦意識に応えるために、「リベラル」派は、自らが肯定的にとらえる現状を成り立たせている、日米安保条約や自衛隊を批判的に検討する必要があるのではないだろうか。

安保廃棄派は、日米安全保障条約廃棄と自衛隊解散という自らの立場を堅持すべきである。戦争法廃止以外の安全保障上の課題で、日本の平和に資するもの（核軍縮や紛争の平和的解決）について「リベラル」派との共同を深化させることは、日米安保条約と自衛隊についての立場の相違を保ったままでできる。ただし、平和構築の方向を徹底するには、日米安保廃棄を含む日本の安全保障の抜本的な見直しが不可避であることを共同の過程で問題提起しなければならない。

「リベラル」派が強調するように、現代世界が情勢の激変のなかにあることは確かである。これに日本が対応するためには、世界秩序を平和で公正な方向へ変革する構想が求められている。日本国憲法がめざす「武力によらない平和」は、たんなる理想ではなく、日本と世界の平和を実際的に保障する選択肢として示される必要がある。そのための作業は第7章でなされているが、戦争法廃止運動のなかで、「リベラル」派構想の検討とあわせて、旺盛な議論がされなければならない。*38

◉注

＊1　全巻の構成は以下のとおり。遠藤誠治・遠藤乾編『1　安全保障とは何か』二〇一四年、遠藤誠治編『2　日米安保と自衛隊』二〇一五年、水島朝穂編『3　立憲的ダイナミズム』二〇一四年、島袋純・阿部浩己編『4　沖縄が問う日本の安全保障』二〇一五年、川島真編『5　チャイナ・リスク』二〇一五年、木宮正史編『6　朝鮮半島と東アジア』二〇一五年、鈴木一人編『7　技術・環境・エネルギーの連動リスク』二〇一五年、遠藤乾編『8　グローバル・コモンズ』二〇一五年。

＊2　遠藤誠治・遠藤乾「なぜいま日本の安全保障なのか」遠藤誠治・遠藤乾編『日本の安全保障1　安全保障とは何か』岩波書店、二〇一四年、一六頁。

＊3　寺島実郎も保守政治に対抗する基軸概念としてリベラルをうたっている。寺島実郎『リベラル再生の基軸――脳力のレッスンⅣ』岩波書店、二〇一四年、一〇～一六頁、参照。

＊4　遠藤乾ブログ記事参照（http://endoken.blog.fc2.com/blog-entry-75.html　二〇一六年八月一日最終閲覧）。

＊5　米国国防大学国家戦略研究所特別報告「米国と日本：成熟したパートナーシップに向けて」、原水爆禁止日本協議会『国際情報資料14』二〇〇〇年、五四頁。

＊6　寺島実郎「『親米入亜』の総合戦略を求めて」『中央公論』一九九六年六月。

＊7　寺島実郎『脅威のアメリカ　希望のアメリカ』岩波書店、二〇〇三年、一五一頁。

＊8　寺島実郎「リベラルの再生はなるか――真の変革への基軸」『世界』二〇一三年四月号。

＊9　寺島実郎『脳力のレッスン　正気の時代のために』岩波書店、二〇〇四年、九二頁。

＊10　伊勢崎賢治「インタビュー　日本は『美しい誤解』を生かせ」『世界』二〇〇七年一一月号。

＊11　「普天間基地移設計画についての日米両政府、及び日本国民に向けた声明」『世界』二〇一〇年三月号、および、「米海兵隊は撤収を――普天間基地問題についての第2の声明」『世界』二〇一〇年六月号。

＊12　遠藤誠治「脱冷戦の外交戦略」山口二郎編『民主党政権は何をなすべきか――政治学からの提言』岩波書店、二〇一〇

年、および同「東アジアの平和のメカニズムの構築を――『普天間問題』を超えて」宮本憲一・西谷修・遠藤誠治『普天間基地問題から何が見えてきたか』岩波書店、二〇一〇年。

＊13 孫崎享『戦後史の正体』創元社、二〇一二年。

＊14 http://www.mofa.go.jp/mofaj/area/usa/hosho/henkaku_saihen.html（二〇一六年八月一日最終閲覧）。

＊15 孫崎享『日米同盟の正体』講談社、二〇〇九年、三〜七頁。

＊16 孫崎享『日本人のための戦略的思考入門――日米同盟を超えて』祥伝社、二〇一〇年、二五九頁。

＊17 前掲、孫崎『日米同盟の正体』二四一頁。

＊18 孫崎享『日本の国境問題――尖閣・竹島・北方領土』筑摩書房、二〇一一年、二一〇〜二一三頁。

＊19 設立趣意書は、http://constitutionaldemocracyjapan.tumblr.com/setsuritsushyushi 参照（二〇一六年八月一日最終閲覧）。

＊20 設立趣意書は、http://kokumin-anpo.com/#declaration 参照（二〇一六年八月一日最終閲覧）。

＊21 柳澤協二『抑止力を問う――元政府高官と防衛スペシャリスト達の対話』かもがわ出版、二〇一〇年。

＊22 自衛隊を活かす会「提言・変貌する安全保障環境における『専守防衛』と自衛隊の役割」同編著『新・自衛隊論』講談社現代新書、二〇一五年。

＊23 伊勢崎賢治『新国防論』毎日新聞出版、二〇一五年。

＊24 前掲、遠藤・遠藤「なぜいま日本の安全保障なのか」一〜一五頁。

＊25 中曽根康弘が所長を務める世界平和研究所の研究員であり、保守政権の外交・安全保障政策のイデオローグである北岡伸一とも非常に近い。

＊26 宇宙基本法に推進の立場である。http://scienceportal.jst.go.jp/columns/opinion/20080521_02.html 参照（二〇一六年八月一日最終閲覧）。

＊27 前掲、遠藤・遠藤「なぜいま日本の安全保障なのか」一六〜一八頁。

＊28　遠藤誠治「パワー・シフト時代の安全保障構想」遠藤誠治責任編集『日本の安全保障2　日米安保と自衛隊』岩波書店、二〇一五年、三〇七～三〇八頁。

＊29　川島真「問題としての中国」前掲、遠藤・遠藤責任編集『安全保障とは何か』。

＊30　NHK放送文化研究所の世論調査によれば、アメリカの核の傘の必要性について「今も将来も必要ない」が二〇一〇年には三五％だったのが二〇一五年には四九％に増加していることが注目される。政木みき「原爆投下から70年 薄れる記憶、どう語り継ぐ～原爆意識調査(広島・長崎・全国)より～」『放送研究と調査』二〇一五年一一月号、参照。

＊31　前掲、寺島「『親米入亜』の総合戦略を求めて」。

＊32　前掲、遠藤「パワーシフト時代の安全保障構想」注24、三一九～三二〇頁。

＊33　前田哲男「九条の軍隊の可能性――PKO・緊急支援・災害対応」前掲、遠藤責任編集『日米安保と自衛隊』。

＊34　遠藤乾・遠藤誠治「『共通の安全保障2・0』へ」遠藤乾責任編集『日本の安全保障8　グローバル・コモンズ』岩波書店、二〇一五年、三四九～三五〇頁。

＊35　「リベラル懇話会政策提言書　国際関係分科会」https://libekon.files.wordpress.com/2016/07/e383aae38399e383a9e-383abe68787e8a9b1e4bc9ae694bfe7ad96e68f90e8a880e69bb8efbc889-e59bbde99a9be996a2e4bf82e58886e7a791e4b-c9aefbc89.pdf 参照（最終閲覧二〇一六年八月一日）。

＊36　引用は、チャールズ・カプチャン（坪内淳監訳）『ポスト西洋近代はどこに向かうのか――「多様な近代」への大転換』勁草書房、二〇一六年、二二九頁より。原著は、*No One's World: The West, the Rising Rest, and the Coming Global Turn*, New York: Oxford University Press, 2012.

＊37　メアリー・カルドア「反核運動――権力・政治・市民」坂本義和編『核と人間Ⅰ　核と対決する20世紀』岩波書店、一九九九年。

＊38　本章で述べられている見解は、執筆者個人のものであって、所属する団体を代表するものではありません。

（梶原　渉）

第III部

対抗構想

第7章 安保と戦争法に代わる日本の選択肢
安保条約、自衛隊、憲法の今後をめぐる対話

1 戦争法案反対運動からみえてきたもの

戦争法が提起した日本の安全保障をめぐる二つの道

安倍政権による戦争法案の提出と強行は、日本の安保・外交政策のあり方をめぐる大きな議論を呼び起こし、日本の安全保障をめぐる二つの方向・路線の対立をあらためて浮き彫りにした。

第一の方向は、戦争法案を推進した安倍政権を先頭に、現与党が主張・推進する路線である。これは、戦後、とりわけ冷戦後に強化された日米同盟を深化させ、米軍のグローバルな戦争・介入に、より積極的

に加担し日米共同作戦体制を具体化することで抑止力を高め、強大化する中国の軍事的脅威や北朝鮮の挑発に対抗して日本の安全を確保するという路線である。この路線は、日本がアメリカを盟主とする世界秩序の維持に積極的に加担することで、日本の大国としての存在を確立しようという安倍晋三首相の意欲にも裏づけられて一気に推進されたものであった。

それに対して、戦争法による日米同盟の深化、自衛隊の戦争加担の方向は決してアジアの平和を促進し日本の安全を確保しない、と主張する路線が立ち向かった。むしろ日本の平和と安全は、日本が、海外での武力行使やアメリカの戦争と一体となった加担をしないことで保持され、そうした立場を堅持することでアジアの平和構築に対しても発言力をもてるという立場である。

戦争法反対の二潮流

この戦争法に反対する第二の方向の内部には、序章でも指摘したように、安保条約にもとづく米軍基地の存在や自衛隊の存在に対して異なる見解をもち日本の平和と安全保障のあり方についても異なる構想をもった二つの潮流が存在していたことが注目される。その二潮流が、安保や自衛隊についての意見の相違を乗り越えて、自衛隊が海外で戦争することには反対という一点で共同し合流することで戦争法反対の大きな流れができたのである。

戦争法反対の第一の潮流とは、政府が推進してきた日米安保体制そのものに真っ向から反対し、憲法九条の「武力によらない平和」の方向を支持し、安保条約を廃棄して米軍基地を撤去し、自衛隊を縮小・解散して、九条の理念により日本の平和を実現することをめざす潮流（＝安保廃棄派）である。この潮流は、戦争法の制定を、日米安保体制がもっている本質の徹底であるという側面と、にもかかわらず国民の運動によって政府解釈というかたちで自衛隊の活動に課されていた制約をはずし自衛隊を海外での武力行使に踏み込ませる転換である、という側面の両方からその危険性をとらえている。

それに対して、第二の潮流は、安保条約と自衛隊による安全保障のあり方を基本的に容認しながら、その安保と自衛隊は、あくまで憲法九条にかかわる政府解釈により合憲と認められる制約の範囲にとどまるべきであり、集団的自衛権行使、後方支援拡大によるアメリカの戦争への加担―日米同盟深化の方向は日本の安全に寄与しないという視点から戦争法に反対する立場である。この潮流（＝「リベラル」派）は集団的自衛権や戦争法は日米安保体制からの転換、逸脱であるととらえる。

戦後の平和運動も九〇年代以降の自衛隊の海外派兵に反対する運動も、第一の潮流にある市民運動や労働組合運動によって担われてきたが、戦争法反対運動では、それに第二の潮流が合流して大きな流れとなったのである。

憲法改悪反対運動における二つの潮流

じつは、戦争法反対運動でできたこうした合流の構図は、すでに、改憲に反対する九条の会の運動などで先駆的に形成されていた。第4章、第5章で振り返ったように、九〇年代に至るまで改憲反対運動を担ってきた社会党、共産党などの革新政党、労働組合、知識人、市民運動は、すべてが、安保条約や自衛隊を違憲とみなして反対してきた人々であった。これが改憲反対運動においても第一潮流であった。

それに対し、九〇年代に入り、自衛隊の合・違憲でなく自衛隊の海外派兵の是非が争点となり、また社会党が村山政権の成立を機に、安保・自衛隊合憲論に転じたことも相俟って、二〇〇〇年代の改憲反対運動、その典型としての九条の会の運動では、第一潮流の勢力にくわえて、安保条約も自衛隊も合憲だがその海外派兵を容認させるような改憲は許さないという第二潮流がくわわった。九条の会に代表される改憲反対運動は、こうした第一潮流と第二潮流の合流によって大きな流れを形成したのである。

この点を、自らは自衛隊違憲論に立って九条の会の呼びかけ人でもあった故奥平康弘は、二〇〇七年にこう語っていた。「九条の会で地方の行脚をしてみたら、自衛隊は合憲だと思うが、海外派遣はできないと考える人が少なからず存在することに気づいたわけです。こういう人たちは、集団的自衛権行使を認める憲法改正に反対であるとして、自分も九条の会に入りますというわけですね。……それを言い換えれば先制攻撃を行わない等々の歯止めをかけることが憲法なのだということで、その点で断固として守らなければならないというわけですから、憲法改正反対という一点において、ぼくは共同戦線を組めると思います。……憲法解釈の分かれ目である自衛隊の存在をどう考えるかということについては、ある程度矛を納めて、今のところは憲法改正の反対に専念しようと。九条の会はこういう考え方ですよ」[*1]。

辺野古新基地反対運動をめぐる二つの潮流

また、同じく沖縄において盛り上がった辺野古新基地建設反対運動においても、類似する構図があることが注目される。すなわち、辺野古新基地建設に反対する陣営にも、大きくいって二つの潮流[*2]があり、その二潮流が合流して「オール沖縄」の反対陣営を形成しているのだ。

一つは、安保条約による米軍の駐留と基地そのものに反対し、米軍撤退と基地の撤去を求める立場から辺野古新基地反対、普天間基地撤去を求める潮流、新崎盛暉の言を借りれば「基地反対派」である。この潮流は、辺野古、普天間だけでなく沖縄のすべての基地の撤去を求め、また沖縄だけでなく本土の米軍基地にも反対している。この潮流は、日本の平和、沖縄基地問題の解決には安保条約の廃棄が必要と考えている。[*3]それに対して、第二の潮流は、安保・日米同盟には賛成であり米軍基地も必要だが、それが沖縄に集中していることは許せない、沖縄にこれ以上新基地建設は許さないという、沖縄「差別反対派」の立場である。いうまでもなく、翁長雄志知事は、この第二潮流の旗手である。[*4]それにくわえて、第二潮流のなかには、安保条約と米軍基地の存在は日本の安全には必要としながら、海兵隊の沖縄常駐はもはや必要なく辺野古新基地建設はアメリカの戦略からいっても軍事的合理性がなく、いらないという立場からの反対論者も含まれている。元官房副長官補として歴代政権の安保政策に携わりながら、集団的自衛権行使、戦争法に反対している柳澤協二[*5]などがこの立場である。

日本とアジアの平和構築をめぐる二つの潮流の違い

戦争法案反対、辺野古新基地建設反対運動では、こうした第一の潮流と第二の潮流の相違は棚上げし、戦争法案阻止、辺野古新基地建設阻止で大同団結することで大きな盛り上がりが起こった。

しかし、では、戦争法を廃止し、辺野古新基地を阻んでどんな日本を展望するのか、あるいは安倍政権の追求する戦争法と辺野古新基地建設の道に代えていかにして日本の平和を実現するのかという構想の点では、この二つの潮流の間には相当大きな隔たりがあると推測される。ここで、あえて「推測される」と書いたのは、じつは、この二つの潮流の平和構想については、その各々の潮流の内部でも、また、二つの潮流相互の間でも、詰めた議論や検討が必ずしもなされていないからだ。

このうち、第一の潮流の構想は、すでに第4章で振り返ったように、知識人や社会党、共産党が五〇年代以降さまざまなかたちで議論してきたし、この構想に対する批判もかなりにのぼっている。

ところが、第二の潮流の構想に関しては、その内容は論者によってもかなりの違いがあり、そもそも正面から検討されたことは少ない。当面する戦争法反対に力を集中せざるをえないこと、安保廃棄派も「リベラル」派との違いを論ずることで共同に亀裂が入るのを避けたいという理由があったと思われる。

たとえば、戦争法に反対する「リベラル」派の論者のなかでは、自衛隊を「専守防衛」の範囲にとどめろ、という主張が主流を占めている。しかし、その「専守防衛」の自衛隊というのはいったいいかなる自衛隊なのか、戦争法成立直前の自衛隊なのか、あるいは過去には一度も実現したことがなく改革によってつくられるべき自衛隊なのかは必ずしも明確でない。じつは「専守防衛」は政府も否定していない。戦争法の通過を予定した二〇一五年度の「防衛白書」も、二〇一四年七月一日の閣議決定と戦争法案を前提にして「専守防衛」は維持されている、と明言している。この白書の見解をとらないとしても、では、イラク派兵、インド洋海域への派兵を行なった自衛隊——それを根拠づけたイラク特措法やテロ対策特措法にもとづく自衛隊活動は、専守防衛の自衛隊だったのかそうでないのか、という疑問が出てくる。第二潮流の論者のなかでも、こうした点については、大きな違いがあると推測される。

「リベラル」派の論者の構想では、安保条約についても同様の幅がある。「リベラル」派の論者は、戦争法を推進する「日米同盟の強化、深化」は、六〇年に改定された現行安保条約を大きく逸脱している点から反対するという点で一致しているようにみえる。しかし、現行安保条約からの「逸脱」はすでに九七年ガイドライン、周辺事態法以来一貫して推進されてきた。となれば、いつの時点の安保条約の運用に戻るのか、という問いが出てくる。たしかに、今回の戦争法は、集団的自衛権を容認している点では、六〇年安保条約の構造の変更であることは間違いないが、戦争法さえ廃止すれば、周辺事態法や有事法制はそのままで六〇年安保条約の枠に戻るのか、という疑問が湧くのである。

本章の課題

戦争法案、辺野古新基地建設反対の点で一致するこうした二潮流の平和構想を検討し、政府が推進する戦争法―日米同盟強化の方向での安全保障構想に代わる、アジアと日本の平和保障を探求することは、戦争法廃止を進めるうえでも欠かすことのできない作業である。しかも、この作業は、戦争法の発動が予想される事態のもとで緊急性を増している。

多くの国民が戦争法に反対したのは、自衛隊が海外で戦争する国になることに対する危惧と懸念であった。安倍政権の立憲主義を蹂躙するやり方がそれに拍車をかけた。しかし、安倍政権のやり方に強く反対する人が七五%にのぼりそのやり方をよしとする人は一五%程度にとどまるのに対し、戦争法に賛成する人々はどの世論調査でも三〇%にのぼった。安倍政権による立憲主義を蹂躙したやり方には反対だが、戦争法そのものには賛成という層がいることが注目される。さらに強行採決以後の動向をみると、依然戦争法反対が多いが賛成も徐々に増加しているのである。その要因を推測させる数字がある。たとえば、『読売新聞』の世論調査[*6]で、中国による南シナ海での人工島建設に対するアメリカのイージス艦派遣の是非を問う質問に対し、賛成が八一%にのぼり反対はわずか一〇%にとどまった。同じ時期のNHKの世論調査[*7]では、米軍の行動に対して日本政府が支持表明をしたことへの是非を問うていたが、「適切だ」が六一%に対し「適切でない」は八%にとどまったのである。さらに、一一月の共同通信の世論調査では、南シナ海への自衛隊の派遣に対して「賛成」が五二・七%に達し、「反対」の三九・九%を上回った[*8]のである。

こうした世論調査にみられるのは、多くの国民は、日本が海外で戦争する国になることには反対しているが、同時に、中国の脅威や北朝鮮のミサイル開発さらにはテロの危険性などに対して、どうすれば日本の安全は確保できるのかという点についての不安と関心を強くもっていることである。そうした「脅威」に対しては日米同盟によるアメリカの力が必要なのでは、という点から、安倍政権の企図に強い危惧を抱きつつ戦争法や安倍政権への支持の増加が生まれている。

政府の推進する戦争法と日米同盟強化に代わる選択肢を示すことは、この点からも戦争法反対論の緊急の責務である。そこで、本章では、安倍政権の推進する戦争法と日米同盟強化の方向に対抗し、それに代わる平和の構想を、安保廃棄派の立場から「リベラル」派の構想との対話をつうじて明らかにしたい。

こうした作業を行なうことは、決して、戦争法廃止へ向けての第一潮流と第二潮流の共同を妨げるものではない。むしろ、こうした検討は、戦争法に反対し辺野古新基地建設に反対する運動の共同を前進させ強化するうえでも不可欠の作業ではないかと思われる。

2 「リベラル」派は安保条約や日米同盟、自衛隊をどうしようとしているか

まず、戦争法案反対の陣営内での第二潮流＝「リベラル」派の安保・平和構想から検討しよう。

九〇年代までの対抗は、安保・自衛隊派 対 安保・自衛隊反対派の対抗がつらぬかれていたため、安保・自衛隊を容認しながらその拡大に反対するという第二潮流は層としては存在しなかった。八〇年代後半に

小林直樹らにより提唱された自衛隊の違憲・合法論にしても、九〇年代初頭に提案された「平和基本法」論にしても、いずれも自衛隊の違憲性は明示していたから、いまの「リベラル」派との違いは明らかであった。

「リベラル」派が本格的に台頭したのは、二〇〇〇年代に入って、自衛隊の海外派兵が現実のものとなって以降のことであった。その画期となったのは、9・11テロ事件を機とするブッシュ政権の圧力をもろに受けた小泉政権による自衛隊のインド洋海域への派兵、さらにイラク派兵であった。こうした戦後日本の安保・防衛政策を大きく転換する事態を危惧し、従来、安保・自衛隊を容認し実際にその政策遂行にかかわってきた人々も含めて、戦後防衛政策の転換に反対する第二潮流が台頭したのである。

これら潮流については、すでに第6章で詳しく検討されているので、ここでは、その特徴を行論に必要なかぎりで摘示しておきたい。とりあげたいのは、孫崎享、柳澤協二、寺島実郎である。「リベラル」派のなかでもここでとりあげる三名はいずれも、自民党政権とりわけ安倍政権の安保防衛政策を批判しつつ、それに対抗する構想を、積極的に模索・発表してきたからである。そのうち孫崎は、とくに、戦後の安保政策を対米従属の所産として一貫して批判的に検討してきた。柳澤は、防衛官僚の出身ということも手伝って、いまの自衛隊の海外での武力行使に反対し自衛隊改革論を検討している。そして寺島は、経済を含めた日本の改革構想の全体のなかで、日米同盟強化に対抗する安保政策のあり方を提案しているという特徴をもっている。そこで、以下ではこの三人の改革構想に焦点をあてて検討したい。

(1) 孫崎享——安保と対米従属を最も強く批判

孫崎の議論は、「リベラル」派の論者のなかでは戦後日本のおかれた対米従属的地位を最も鋭く追及し、それを前提に対抗構想を組み立てていることが特徴である。

まず孫崎は、戦後日本の安全保障政策が、アメリカへの従属下でその戦略を補完するべく進められたと主張する。講和にさいしてアメリカは、米軍基地の自由な使用の確保をめざし、かつ日本が大国として復活しふたたびアメリカの脅威とならないよう日本には攻撃能力をもたせなかった。[*9] 米軍基地もアメリカの世界戦略の拠点づくりという意図とともに日本の無力化の意図もあった。自衛隊も「米国の意思で創設され[*10]」た。日本全土に米軍基地を張りめぐらせたアメリカは、しかし、日本が侵略されたからといって日本を助けるために動くわけではない。また、アメリカの核の傘といっても、その国益にかなわなければ核攻撃に対してアメリカが核で反撃することはない。こうした安保体制のもとで、日本は米軍に基地を許している。「自分の国の上空を他国軍に支配されている国など世界にはない[*11]」従属国となっている。しかも、冷戦終焉以降、日米同盟は極東から世界へと大きく変質[*12]している。いまやアメリカの世界戦略に日本が全面的に動員される状況が生まれている。六〇年の安保条約からの逸脱が起こっている。アメリカが求めている集団的自衛権行使も、「自衛隊を米国の戦争に利用させる仕組み[*13]」にほかならず、日本の国益に反するものだ。

さらに、近年、中国の大国化でアジアの情勢は激変した。[14]アメリカはアジア・太平洋地域のパートナーを日本から中国へ変えた。もはやアメリカは日本を守るために中国と軍事的に対決することはない。[15]日本も中国と軍事的に対決する力はない。それにもかかわらず日本が相変わらず「日米同盟の強化」を繰り返しているのは、環境の厳しさを認識できていない誤りだ。

そこで孫崎の対案は以下のようなものとなる。

第一、アメリカは日本を守ってくれないことを前提にアメリカと距離をとる独自の戦略を立てることが必要だ。日米安保は、六〇年の時点、極東中心の運営に戻す。[16]第二に、日本が繁栄し、安全が守られてきた経済重視路線を再評価しなければならない。また、アメリカと距離をおくためにNATOと協調することが重要だ。EU、ASEAN[17]から外交関係の原則を学び、紛争の平和的解決、経済的共同体などの経験を参考にすべきである。東アジア共同体のような構想も望ましい。[18]第三に、中国との関係では経済が抑止力になっているので個別に複合的相互依存関係を積み上げることが必要である。[19]尖閣領土問題については、棚上げ論でいく。第四に、辺野古新基地建設をはじめとした基地問題については、「海兵隊は沖縄にはもちろん日本の各地にもいなくていい[20]」という。孫崎は、鳩山政権では普天間基地の県外移転を進言している。

(2) 寺島実郎――日米安保体制の「再設計」

寺島実郎は、戦後日本のトータルな改革の重要な柱として内需拡大を中心とする経済成長の再建とならんで日米安保体制の「再設計」を提案している点で注目される。

寺島は、戦後日本は、「安全保障の問題を全て米国に任せて、自分は平和愛好者だというキレイゴトを生きてきた」[*21]と断ずる。しかし、その日米同盟は、冷戦期には機能したが、冷戦終焉後は事情が変わったので日米同盟の枠組みは変えていかねばならないと主張する。情勢の激変にもかかわらず相変わらず中国の脅威論を唱えて日米同盟の「深化」を主張したり米軍基地はアジアの公共財だなどというのは、「ばかげた議論」「浅はかな話し」と一蹴する。だが、そうかといって、「日米同盟を否定するのではなく」、同盟を「進化」させねばならないと寺島はいう。具体的には「常識に帰れ」、ということで寺島は以下のような主張を行なう。そもそも「一つの独立国に外国の軍隊が駐留していることは……不自然なこと[*22]」であり見直すべきだ。「どこまでお互いに協力し合えるかを議論し、あくまで安定状況を見ながら……基地なき安保[*23]」を構想すべきだという。「基地の段階的縮小と日米地位協定の改定[*24]」である。

(3) 柳澤協二――自衛隊の専守防衛への改組

三人目に注目されるのは柳澤協二である。柳澤の場合は、防衛官僚であったことからも、自衛隊の改革に重点をおいた構想が注目されるので、その自衛隊の改組構想に焦点をあててみておきたい。

柳澤の場合も、冷戦時には軍事対立は不可避であり日米同盟による抑止力は不可欠であったが、冷戦後「冷戦構造が根底から変化[*25]」し日米同盟そのものの存在意義が問われるに至った、という。とくに、冷戦後のグローバル経済のもとで米中の経済関係も緊密化し、冷戦時の米ソ関係とはまったく異なり「米中は戦争しない[*26]」状況が生まれた。さらにグローバル経済が普遍化し相互依存が強まり「戦争という手段が合理性を欠くようになってきている[*27]」結果、日米同盟や抑止力という考え方を根本的に見直す時代になった。いまや「抑止や同盟を意図して減らせる時代」になったというのである。

アメリカの要求も、その世界戦略の発信基地である「在日米軍基地を守ってくれ[*28]」ということにとどまり、集団的自衛権で自衛隊に米軍を守ってほしいという要求はない。政府は、戦争法でアメリカの戦争に加担しようとしているが、自衛隊は現在程度の「防衛力によって、アメリカの能力の足りない部分を補完できるだろうか。ましてや、他国を守っている余裕があるんだろうか[*29]」といわざるをえない。

こうした冷戦後の情勢の変化のもとでは、日米同盟の解消というような「極端な考え方は別にして[*30]」も、同盟は「相対化」していく必要がある。同盟を相対化しても日米間に「多少の摩擦を生み出す可能性はあ」るが、「アメリカがアジアのルールメーカーであろうとする限り、日本を見捨てることは、アメリカの国益からしても[*31]」できない。

こうした情勢の変化をふまえた今後の日本の防衛力のあり方について、柳澤は、端的に冷戦時の「報復的抑止力」から「勝手なことをさせないぞ」という「拒否的抑止力」を有する軍隊、言い換えれば「専守防衛[*32]」の軍隊への転換を提言する。戦争という手段が非合理的になったいまでは、相手の破壊を前提とした抑止力は必要ない。「意図しない衝突」が武力紛争に発展する可能性があるから「侵略を阻止するための防衛の必要性がなくなること」はないが、それは「相手国を壊滅させるためのものとは根本的に異なり、相手国の武力攻撃を阻止しうるだけの力であって、言葉の本来の意味での『専守防衛』のための力[*33]」で十分である。この拒否的抑止力とでもいうべき力を「しずかに[*34]」もてばよい。地域諸国に対する支援も「情報分野とか能力構築で……ちゃんとやればいい」というのである。

3 安保条約と米軍をそのままに日本の平和は実現するのか？

以上、検討した「リベラル」派の議論には共感できるところが多数ある。とくにこれら論者がいずれも〝安倍政権の進める集団的自衛権行使容認をはじめとする日米同盟強化の方向は、決して日本とアジアの平和をもたらすものではない〟という視点から反対の論陣をはっている点では、安保廃棄派と共同できることはいうまでもない。

しかし、これら論者の議論にはいくつか今後の日本の平和を展望していくうえで疑問がある。そのうち最も大きい違和感は、彼らの議論が、認識としては対米従属の問題性や米軍基地の問題、米軍の意図などについて的確に指摘しているにもかかわらず、安保条約の廃棄や自衛隊の縮小・解散、とくに安保条約、日米同盟の解消という展望を頭から否定している点である。

この点は彼らの言説に少なからぬ矛盾を生んでいるように思えるので、以下、その点を検討しよう。

(1) アメリカの日本に対する一貫した志向の過小評価

戦争法は安保マフィアの妄想か?

第一の疑問は、これら論者の構想の背後にある情勢認識、アメリカの戦略についてである。それは、彼らが、冷戦後のアメリカの世界戦略とりわけオバマ政権の世界戦略と日本への圧力――すなわちアメリカの戦争に全面的に加担しアメリカの肩代わりを求め、そのために日本に対して集団的自衛権行使をはじめとした既存の政府解釈の改変を求める圧力――を過小評価し、集団的自衛権や日米同盟強化の動きを、アメリカのごく一部の勢力の要求にもかかわらず日本政府がアメリカの意思と誤解した結果ととらえていることである。さらに、その延長線上で、戦争法制定を強行した安倍政権の動きを、アメリカの意思とは関係のない安倍の個人的思い込みからでた政策にすぎない、ととらえる見方である。たとえば孫崎は、安倍政権がアーミテージなど「ジャパンハンドラー」の意思をオバマ政権の意図だと読み誤っている結果、アメリカとの関係が悪化しているという。寺島も、アーミテージら「安保マフィア」のいうことは決してアメリカ政府の意思ではないのに日本の政府、外務省はそれをアメリカの意思と誤解しているという。たしかに、アメリカの支配層内にもさまざまな考え方が存在していることはいうまでもない。また米中関係が、冷戦期の米ソ関係とは著しく異なることも、序章でもふれたとおり、事実である。しかし、そのことは、冷戦後、アメリカが政権の交代による変化にもかかわらず、日本に対しては一貫して、アメリカの市場秩序維持のための戦争への加担を強く求めてきたことを否定するものではない。

一九九五年の東アジア戦略報告、九六年日米安保共同宣言におけるグローバルな協力の確認、九七年ガイドラインによる「周辺事態」での米軍の作戦行動への後方支援の要請、二〇〇一年の9・11事件以後の自衛隊へのアフガニスタン、イラクへの派兵圧力、〇五年の日米同盟再編によるアメリカのグローバルな軍事行動への加担の要請、一五年ガイドラインと戦争法によるアメリカの戦争に対する全面的加担体制。こうしたアメリカの要求は、その支配層の一部ではなく、クリントン―ブッシュ―オバマ政権と続くアメリカ政府の一貫した要求を現している。安倍の集団的自衛権行使容認の閣議決定、戦争法もこうしたアメリカの意図にそったものであることは、一五年ガイドラインと戦争法の符合をみても明らかである。

冷戦後アメリカの世界戦略と日本の比重

こうした「リベラル」派のアメリカ対日政策の過小評価は、じつはそれにとどまらず、アメリカの世界戦略全体をつらぬく攻撃性の過小評価と結びついている。

「リベラル」派の情勢論でとくに注目すべきは、冷戦終結による根本的な情勢転換論である。冷戦後は、経済のグローバル化による米中経済の緊密化の結果、米中戦争はなくなったとか、米中の共同管理体制が進んだとかいうきわめて単純な見方がそれである。アメリカと中国の全面戦争を避ける志向が双方の大国間にあることはたしかだが、それは論者たちがいうような冷戦後の経済のグローバル化の単純な帰結ではないし、その結果、戦争のない世界がもたらされたことも、まったく意味しない。詳しくは序章、第1章をみてほしいが、そもそも、「リベラル」派がいうのとは異なり、米ソ冷戦時代とて、アメリカは、ソ連との直接の戦争を避けつつ自由陣営維持のためベトナムその他への侵略戦争や介入を繰り返したし、冷戦後も中国との直接の戦争を避けつつ、自由な市場の維持・拡大、確保を求めてイラクやアフガニスタンはじめ戦争と介入を繰り返している。柳澤の言とは異なり、冷戦後のグローバル経済と相互依存のもとで自動的に戦争が政治の手段でなくなるなどということは起こっていない。グローバル経済秩序維持のためにいかに戦争が政治の手段として多用されているかは、むしろ冷戦後のほうが戦争が増えていること、アメリカの戦争はまったく減っていないことをみても明らかである。

冷戦後のアメリカの世界戦略の特徴という点でいえば、序章で指摘したように、アメリカは、冷戦後の拡大した自由市場秩序の維持と管理、テロや独裁政権による市場の攪乱を防ぐために、同じく自由市場の維持に利益を見出す中国とも一面では提携しつつ、他方で中国が自国勢力圏の覇権的な囲い込みを行なうことに対しては、場合によれば武力によってでもそれを阻止するという二面戦略をとるに至った。

対する中国の世界戦略も二面性をもっている。改革解放政策以後、より明確には鄧小平体制確立以来、中国は、独特の覇権大国をめざして、一方では、冷戦後の拡大した自由市場への中国資本の進出を確保すべく自由な市場秩序維持のためにテロ掃討などでアメリカや日本と共同しつつ、他方、石油や資源の確保に不可欠とみなされる戦略的な領域では、経済「援助」と軍事的・政治的な圧力を駆使して、優越的な覇権の確立を追求してきた。アメリカの二面戦略は、こうした中国の二面性に対応したものでもある。

このような二面性をもったアメリカの世界戦略が、冷戦後の対日政策を一貫して規定してきたことに注目しなければならない。冷戦後、アメリカは世界市場秩序の維持と管理のためにも、また中国等の覇権的行動を抑止するうえでも、二重の意味で、日本とりわけ沖縄基地の維持に腐心してきたし、市場秩序維持の戦争にも覇権的行動抑止のための作戦行動にも、自衛隊を動員しようとしてきた。

こうしてみれば、冷戦後の米中緊密化のもとで、あるいは中国の弾道ミサイル網の整備の結果、アメリカの世界戦略が変わり海兵隊の沖縄駐留はいらなくなったとか沖縄基地もいらなくなる可能性があるなどというような「リベラル」派の言説は、グローバル化が米中の覇権争いを新たな段階に引き上げていることをみない非現実的な見方にほかならない。この議論の最大の問題点は、戦争法を廃止したり沖縄基地の撤去をめざすにはアメリカの世界戦略を批判し、それとの正面切った厳しい闘いが不可避であるという、運動の重要性をあいまいにする点にある。もし「リベラル」派のいうことが正しければ、アメリカは黙っていても早晩日本から撤退することになるが、事態は明らかにそれとは逆の方向に進んでいる。

⑵ 安保条約のもとで、日米同盟の相対化、非軍事化は可能か?

以上のような情勢認識をふまえて、「リベラル」派が共通して主張する処方箋は、言葉は論者によりさまざまであるが、「日米同盟の相対化」あるいは「日米同盟の見直し」論である。第二の疑問として、彼らは不思議なことに、あれだけ日米同盟の抑止力論を批判しながら、日米同盟の根幹にある安保条約の見直しあるいは廃棄については口をつぐむ。そして、なぜか、抑止力論の本体である日米同盟の存続を強調するのである。

日米同盟・安保条約の自明視

孫崎の場合、占領期以来アメリカは自己の戦略のために安保条約を締結し自衛隊もつくってきた、しかも、自己の国益のためにのみ米軍を配置しているから日本が侵略されたときにも日本の防衛に立ち上がるとは限らない、いわんや中国が大国化した現在ではアメリカは日本を守るために中国と戦争することなどありえないと断言する。また本国に他国の軍事基地があることなどは異常だとも繰り返し指摘する。となれば安保条約の見直し・廃棄は不可欠のはずだが、その点にはなぜかふれない。

寺島も、「日米同盟を大事に」[*35]「反米、反安保、反基地はダメ」[*36]だと繰り返す。寺島の反安保論に対する憎しみ、罵倒は半端ではない。寺島は、翁長沖縄県知事と同席したシンポジウムにおいて、翁長を持ち上げるつもりであろう、「翁長知事は保守の人です。かつての『反米』『反安保』『反基地』という革新の三題噺みたいな話しをしているひとではありません[*37]」（傍点引用者）というのである。革新が嫌いなのはいいが、説明抜きでこういう罵倒を繰り返すのはきわめて無責任である。

柳澤の場合は、核武装とこみでしか日米同盟の解消を想定しておらず「そういう極端な考え方は別にして[*38]」とそれを一蹴している。注目すべきは、柳澤にとっては核武装とセットのそれしか日米同盟の解消という選択肢はないことである。

ここで問題なのは、寺島や柳澤は、なぜ「反米、反安保、反基地」はダメなのか、その理由についてはまったく語らないことである。日米同盟の問題性については指摘しながら、日米同盟の存在自体は疑わず自明の前提視されているのはなぜであろうか。おそらく彼らのなかでは、「異常」とはいいながら、その異常――安保や米軍基地――をぬきにした安全保障を想定できないほどにその異常が常識と化しているのであろう。

安保条約の六〇年段階への「引き戻し」論

もっとも、安保条約にまったくふれないわけではない。孫崎は、先にも紹介したように、グローバル化した日米同盟を六〇年安保条約の地点に戻せと提言する。たしかに、六〇年安保条約は六条で米軍基地を拠点にした米軍の活動を「極東における国際の平和と安全の維持」のために限定して、世界レベルの活動を容認していないし、五条でも日本の施政権下にあるいずれか一方への攻撃に対する共同行動を義務づけているにすぎないから、日本に集団的自衛権行使を義務づけてもいない。九〇年代以後の一連の日米同盟強化は条約改定ぬきの改定にほかならず、安保条約からの「逸脱」であることは明らかである。

しかし、この点については二つの点を指摘しなければならない。一つは、六〇年安保条約は、日本全土にわたる自由な米軍基地の設置を容認し、「極東における国際の平和と安全の維持」を名目とすれば米軍の自由な基地使用を保障するという点で、不平等な日米関係の根幹をなしていることである。したがって、たとえ日米同盟を六〇年安保条約時に戻したところで沖縄基地をはじめとして日本全土に展開する米軍基地の状態も、またアメリカの世界戦略にしたがった米軍の活動も制限することはできない。

また条約六条は米軍の「極東における国際の平和と安全の維持」のための活動を認めているが、これは米軍の行動が「極東」に限られることを意味したものではなかった。条約の改定交渉時に「極東」の範囲をめぐる国会の追及を受け日本政府は、条約六条は米軍の活動区域を「地理的に限定したものではない」が、米軍の軍事活動は「極東の平和と安全の維持」という目的に限られる結果その行動も「おおむね当然極東の地域に」限られるという公式見解を発表した。ところが交渉においてアメリカ側は、これを認めることを拒んだのである。[*39] アメリカは当初から、自己の行動は「極東」に限られることを認めてこなかったのである。

二つ目は、六〇年安保条約から冷戦後におけるその改変・強化を推進してきたのはいうまでもなくアメリカであり、それに追随した日本政府であったことだ。その到達点が一五年ガイドラインであり、戦争法である。安保条約からの「逸脱」は決してアメリカの一部や安倍の思いつきではなくアメリカとそれに追随した日本政府の一貫した意思にもとづく方針であった。だから、日米同盟を六〇年安保の時点に戻す、すなわち、自衛隊の海外での米軍支援をすべてやめ米軍の活動をいまより狭く限定させるには、日本政府のみならずアメリカ政府との厳しい対決をへなければならない。アメリカはその世界戦略の根幹にかかわる修正に応じる気はさらさらなく、協議に入ること自体否定することは容易に想像できる。つまり六〇年安保に戻すということ自体、国民的運動がなければできない。いったい孫崎はどういう力によって実行するつもりなのだろうか。

「日米同盟の相対化」とは何か

「リベラル」派の日米同盟見直し論の最大の問題点は、安保条約に手をつけない「日米同盟の相対化」とは何かがまったくわからないことである。孫崎にいわせれば、それは安保条約を六〇年段階に引き戻せということかもしれないが、前述のとおり、それに大きな問題がある。

「相対化」の中味を語っているのは寺島である。寺島は、日米地位協定の見直しと基地の段階的縮小、「基地なき安保」を提言している。この提言は、決して新しいものではなく、一九六〇年代に、社共の安保廃棄構想に対抗して、民社党が出した「駐留なき安保」がすでに提案していたし、鳩山由紀夫も「駐留なき安保」構想を提唱していた。のちにもう一度検討するが、個々の米軍基地の撤去は地位協定では二五条の定める合同委員会によるとなっているが、合同委員会には実質的権限はない。いわんや米軍基地全部の撤去を行なうには日米地位協定の抜本改定が不可欠であることは寺島のいうとおりである。しかし、寺島のいう「基地なき安保」つまり米軍基地全体の廃止のような米軍の地位の抜本的変更を、協定改定だけで、安保条約の見直しなくしてできるであろうか。それが無理なことは明らかである。なぜなら、安保条約六条は日本の全土で、制限なく米軍の基地使用を認めているからである。寺島は「基地なき安保」を実現するために、日米戦略対話を開始し、「数十年かけて」というが、たとえ何十年かけようが、安保条約の見直しぬきに基地なき安保などできるはずはないのである。

柳澤に至っては、「日米同盟の相対化」の中味は一切提言されていない。柳澤の言説から推測すると、同盟の相対化とは次の二つである。一つは、アメリカの対テロ戦争に後方支援などのかたちでも加担しないことである。もう一つは、中国、ロシア、北朝鮮など体制の異なる国々とも共存するということである。なるほど、この二つだけなら、安保に手をふれずに実行に着手することはできるが、前者は戦争法の廃止のみではなく周辺事態法の廃止を必要とするから、安保体制の根幹に手をつけざるをえなくなり、柳澤のいうような「多少の摩擦」にとどまるかははなはだ疑問である。しかし、この点の検討は後述する。

(3) 安保条約をそのままに、沖縄基地の削減・撤去は可能か？

「リベラル」派の構想に対する第三の疑問は、第二の疑問の延長線上にあるが、安保条約や日米地位協定をそのままにして、沖縄における米軍基地問題の抜本解決、いやそれどころか普天間基地の撤去ですらできるのか、という疑問である。

そもそも、「リベラル」派の論者は沖縄基地の問題に関してさまざまな発言を行なっており、いずれも辺野古新基地建設に反対を表明しているが、それについて具体的解決策を提示しているとはいいがたい。たとえば孫崎は、沖縄問題に再三ふれており「沖縄独立論」などにも共感を示しつつ、こういう。「私は、海兵隊は沖縄にはもちろん、本土の各地にもいなくていい[*40]」と。また「日本政府が海兵隊の行き先を考えなければならない問題ではありません[*41]」とも語っている。きわめて正論である。だが、孫崎のいう海兵隊の撤退を実現するには、沖縄の基地の大半の廃止が必要になる。先にもいったように、少なくとも日米地位協定の抜本改定が不可欠となることは明らかである。なぜそれを提起しないのであろうか。

そうした地位協定抜本改定、普天間基地撤去が難しいと考えたからであろうか、孫崎は、民主党政権時代、鳩山の諮問に応えて、普天間基地の「県外移転」を主張している。これは二つの意味で疑問がある。一つは、県外移転論は、アメリカ側の「代替施設」論を前提にしているが、これは、孫崎のいう威勢のよい「日本政府が海兵隊の行き先を考えなければならない問題ではありません」という言説と真っ向から矛盾していることだ。二つ目は、県外移転ということは本土のどこかに移転することになるが、それを孫崎は容認するのかという点である。

寺島も、柳澤も同じく、辺野古新基地建設には反対を表明しているが、いったいどうやってそれを実現するかについては明言しない。寺島は、辺野古問題の解決のためには、「日米の戦略対話」によって沖縄の基地が「東アジアの抑止力」に必要か否かを議論せよというのである。そうすれば、辺野古はいらないという結論になるといいたいらしい。「日米の戦略対話を提起することです。一九九三年にドイツが行なったのと同じように、テーブルの上に日本における全ての米軍基地を載せて、ほんとうに東アジアの抑止力にとって大事なものは引き受け、それほど必要性のないものや、優先度の低いものはしっかり見直し、次のステップを構築することです[*42]」と。しかし、まずドイツでの協議は決して抑止力にとって必要かどうかを検討したものではない。そもそも、「抑止力」の存在を認めたうえでアメリカと日本が軍事戦略上、膝を割って話せば結果がどうなるかは眼にみえている。なぜなら安保条約にもとづいて全国に展開している米軍基地はまさしく「抑止力にとって大事なものは引き受け」るか否かの判断だけで決めた結果、いままでその存続を容認されてきたからだ。ちなみに、寺島とともにシンポジウムに出席した翁長は、寺島とはまったく異なり、辺野古の問題を徹底して沖縄住民の見地からのみ提起していた。ひとたび「抑止力」論、戦略論を持ち出せば、辺野古新基地建設すらやめさせることはできないことを承知していたからだ。

柳澤に至っては、中国の軍事力強化の結果、沖縄は中国の弾道ミサイルの射程距離となり、アメリカの戦略にとって不要のものと化したと繰り返し、アメリカにとっては沖縄からの撤退こそ「軍事的合理性がある」(?!)という。だから、と柳澤は続ける。基地反対の市民運動ばかりやっていないで「そのこと自体(辺野古への移転――引用者)がアメリカの国益とあっていないではないかというところで[*43]」アメリカにわからせてあげねばならないというのである。もし柳澤のいうとおりなら、そんなことをいままで提起しなかった日本政府は、自民党政権も民主党政権もバカだったということになる。それどころか、柳澤の論理を使えば、海兵隊どころか日本にある米軍基地全体が「軍事的合理性」のないものとなるはずだが、それは先の寺島のいう「基地なき安保」論となる。これをアメリカは軍事的合理性の見地から呑むということになるが、こうした言説は、あまりにも実態とかけ離れているのではなかろうか。

いずれにしても、普天間基地撤去問題で「リベラル」派からは、歴代の沖縄知事が繰り返し提起した地位協定の見直しすらまともに提案されないのはきわめて興味深い。あとで述べるように、少なくとも普天間基地の撤去をはじめとする沖縄基地の廃棄を求めるには、日米安保条約六条の改廃を前提にして地位協定の廃止、少なくとも二条の改定が不可欠である。

(4) 安保条約を前提にして、自衛隊を「専守防衛」に引き戻すことはできるのか?

第四の疑問は、柳澤のいう、自衛隊の「専守防衛」への改組論に対する疑問である。

柳澤は、先に述べたように、改革すべき自衛隊像を、「報復的な抑止力」は不必要であるとして「拒否力」

あるいは「専守防衛のための力」にすると提言する。しかし、この提言には二重三重に疑問が湧く。

専守防衛論の原型「基盤的防衛力」論——安保と自衛隊のセット論

第一に、この「専守防衛」論は、相手国に脅威を与えない、勝手なことをさせない、相手国の武力攻撃を阻止しうる力というのであるが、これは、アメリカの強大な「報復的抑止力」を前提し、それとセットになっているのではないかという疑念である。柳澤はその点を故意にあいまいにしているようだが、安保体制を容認しているかぎり、アメリカの抑止力を前提にしているといわざるをえない。

そもそも、「専守防衛」論あるいは「拒否的抑止力」論は、一九七〇年代に入りそれまで拡大を続けてきた防衛費の伸びを制限する議論として、当時防衛次官であった久保卓也らによって唱えられ一九七六年の「防衛計画の大綱」で規定された「基盤的防衛力」論にその原型を求めることができる。*44

「基盤的防衛力」論は、国際的にはベトナム侵略戦争の破綻、中ソ対立、米中和解でデタント状況が生まれたことを背景に、国内的には高度成長期に第一次防から第四次防に至る防衛力整備計画で自衛隊装備が肥大化し違憲論に反論できなくなる状況に対処するために立てられたものであった。

「基盤的防衛力」論の第一の特徴は、安保体制により抑止力、攻撃力の役割を担う米軍の日本への駐留と展開を前提とし、それとセットにすることで自前の防衛力の「限定」をはかるという構想であったことである。そのため、第二に、この構想は、敵に対する矛としての役割を米軍が果たし、盾としての役割を自衛隊が果たすという役割分担を前提したものであった。この構想の立役者の久保卓也はいう。

「日米安保体制のメリットは、……一面では、日本への侵略を企図する国は、日米安保体制が健在であれば、米国との本格的な対決を避けるような侵略態様を選ぶだろう。長期間かつ大規模な戦争になれば必然的に米国を招き入れることになる。したがって、日米安保体制があることによって、侵略の規模や質を制約しえ、その結果これに対応すべき我が防衛力も、量・質の面で限定されてよいことになる[*45]」「他面、安保体制の存在によって、我が国は専守防衛に専念し、……戦略的攻撃力や機動的攻撃力……を米国に期待することができる[*46]」と。そこで、基盤的防衛力構想とは、安保体制の抑止力が機能していることを前提に、起こりうる侵略は「奇襲的小規模侵略[*47]」であるとの想定のもと、そうした侵略に対処しうる防衛力を装備するというものであった。したがって、基盤的防衛力構想で想定される防衛力は、小規模侵略に対し米軍の来援が来るまでもちこたえる能力、「相手国をして容易に侵略を許さないような」力、「拒否能力[*48]」といわれるものである。柳澤の「専守防衛」論「拒否的抑止力」論がこの「基盤的防衛力」論を下敷きにしていることは明らかだ。しかし、もし「専守防衛」論が安保体制の抑止力を前提にしたものだとすれば、日本がいくら自衛隊の専守防衛を叫んでも、「敵」からみれば、ちっとも「専守防衛」とはみなされない。自衛隊はつねに米軍と一体の軍とみなされてきたし、現在もそうである。逆に、もし柳澤の「専守防衛」論が安保体制の抑止力を前提にしないのであれば、安保条約の意義はなくなるはずである。

安保をそのままに「専守防衛」といえるのか？

第二に、自衛隊を真に敵の脅威とならない「専守防衛」の軍隊に変えるには、日米同盟を解消してはじめて可能となると思われるが、柳澤は、あれほど「抑止力」はいらないといいながら、なお日米同盟を前提にしている点である。

自衛隊を名実ともに、「拒否力」「専守防衛」にするには、まず安保条約を廃棄して、全土からの米軍の撤退を実現し、そのうえで米軍との一体的運用を前提にその補完をめざして進められてきた自衛隊の装備、編成の抜本改革をはからねばならないはずである。これまたアメリカとの大きな摩擦とやりとりをへて、自衛隊の自己改造はできるはずであるが、柳澤は、そうしたことをまったく想定していないようだ。

ちなみに、柳澤は、日米同盟の見直しの選択肢として三つをあげている。一つは、自前の核武装による日米同盟解消、第二は日米同盟の負担軽減、第三は日米同盟強化の道である。*49 先にも指摘したように、柳澤にはこれらとは違う選択肢、日米同盟解消、自衛隊解散の選択肢はおろか、日米同盟解消と「専守防衛」の組み合わせという選択肢さえ提示されていないのである。

鳩山政権の苦闘と挫折の教訓は何か？

こうしてみると、ここでとりあげた、孫崎や寺島、柳澤らの対抗構想を少しでも実現するには、安保と日米地位協定に手をつけずにはできないのではないか、というのが筆者の疑問である。

じつは、安保条約や日米同盟の存在自体は容認しながら沖縄基地問題の解決をはかろうとして、最大限の努力をしたのが鳩山政権であった。政権奪取前の民主党のマニフェストには、日米地位協定の抜本改定さらには、普天間基地の国外移転、最低でも県外移転が謳われ、鳩山政権は、実際に普天間基地の国外、県外移転を追求した。鳩山が真摯に追求したことは明らかだ。しかし、鳩山政権は日米同盟の堅持を前提にしていたし、オバマ政権は、鳩山政権の甘い期待とは裏腹に断固として普天間の辺野古移転を曲げなかった。鳩山政権は屈服を余儀なくされた。こうした鳩山政権の苦闘と挫折こそ、安保や地位協定に手をつけずには、基地問題のほんの少しの解決もできないことの何よりの証拠ではなかろうか。

4 安保のない日本の構想

以下では、今後の日本とアジアの平和を実現するうえでの討論の素材として、私たちの平和・安保構想の輪郭を提示したい。まず第4節~6節では、私たちのめざす日本の平和構想の目標を提示する。どんな平和をめざすのかがはっきりしなければ、選択肢にはならないからだ。第4節では安保廃棄、第5節では自衛隊の解散という目標を提示する。そのうえで、第6節では、平和を実現するうえでも不可欠の経済改革・新たな福祉国家の構想を平和構想とセットで提示する。第7節では、目標に至る接近の道を検討する。

(1) 安保条約・日米同盟は、日本とアジアの平和の確保に役立たない

先に検討した論者は、共通して、いまや日米同盟の強化は日本の平和と安全保障に役に立たないと主張しながら、日米同盟、安保条約自体の存在は自明のこととして認めている。しかし、はたして日米同盟、あるいは米軍の日本での駐留なくして日本の安全は守れないのであろうか？

多くの論者が証明の必要もないほど自明のことと認めている背景には、敗戦時における米軍の単独占領以来の、戦後日本の特異な、根深い対米従属の経験があると思われる。戦後日本は占領による強制的な米軍駐留と安保条約によるその状態の固定化を認めたまま七〇年にわたって米軍駐留を容認してきた。対米従属の歴史はきわめて長く、戦後の安全保障をアメリカぬきに構想したことは一度もなかったのである。

しかし、安保条約とそれにもとづく米軍の駐留は、戦後日本の安全には効果がなかったどころか、日本はそのおかげで、朝鮮戦争、ベトナム戦争をはじめ、アメリカの極東さらには世界的レベルでの戦争と介入の拠点になることで、世界の軍事的対立と戦争に加担させられた。とくに、沖縄の全面占領期に「銃剣とブルドーザー」で拡張され、返還後も安保条約を根拠に存続する膨大な米軍基地は、それなくしてはアメリカの戦争が遂行できなかったといえるほど、その世界戦略に大きな役割を果たしたのである。

冷戦期の「戦争しない国」は何によって守られたか

まず冷戦期の安保体制からみてみよう。安保肯定派は、戦後日本の繁栄は、安保条約があってこそであり、憲法九条などは何の役にも立たなかったと主張するが、これは誤りだ。むしろ、憲法とそれを擁護する国民の声、運動の力で安保条約がアメリカの求めたような十全の軍事同盟条約＝攻守同盟条約になれなかったことが、戦後日本の平和が維持された大きな要因である。

そもそも、冷戦期にあって、日本の平和を脅かしていたのは、日米同盟派や「リベラル」派がいうように、米ソの全面戦争、ソ連や中国が日本に侵攻する危険性であっただろうか。米ソの核戦争の危険性はたしかに存在したが、米ソ両大国は、お互いの直接対決を避けながら自国の利益を擁護することで暗黙の合意を行なっていた。序章の結論を繰り返しておこう。アメリカもソ連も冷戦期に戦争を繰り返したが、それら戦争は、米ソ両国が各々自由陣営、「社会主義」陣営の維持・拡大をめざし、主として自己の勢力圏下にある従属国に対して侵攻するものであった。アメリカは、自陣営内の「自由な」市場が、革命や民族独立運動によって覆される危険が生じた場合に、容赦なく介入した。朝鮮への介入、ベトナム侵攻はいずれもそうした戦争であった。

他方、ソ連も、東ヨーロッパを中心とする自己の地理的勢力圏が侵される危険がある、あるいは逆に拡大できると判断したときには、国際的非難などものともせず介入した。朝鮮戦争での北朝鮮への加担、[*50]ハンガリー事件での軍事介入、一九六九年のチェコ侵攻などはその例である。七九年のソ連のアフガニスタン侵攻も、七八年の革命を機に新たに自国の勢力圏に組み込むことをもくろんでいたアフガニスタンがその勢力圏から離反するのを「防止」するための軍事介入であった。[*51] 注目すべきは、アメリカ、ソ連による戦争や軍事介入の多くが、軍事同盟条約を口実に行なわれていることであった。

したがって、冷戦期に日本が、ある日突然、ソ連や中国の核攻撃に遭う危険性は、安保条約があろうがなかろうがなかった。むしろ、日本が戦争に巻き込まれるとすれば、それは、一つはアメリカの戦争に加担して侵攻先の軍やそれを支援しているソ連等との戦闘に巻き込まれる場合か——韓国、台湾などがアメリカのベトナム侵略戦争に集団的自衛権で加担したのはその事例である——、アメリカが起こした戦争の基地となることで報復により日本の米軍基地が攻撃される場合であった。いずれも、安保条約により生ずる戦争の危険性であり、日本がそうした戦争に巻き込まれなかったのは、他国の類似の条約と異なり、日米安保条約が憲法のおかげで「片務的」でありアメリカの戦争への条約上の加担義務がなかったからであり、また憲法を擁護する国民の声を受けて時の政府がアメリカの要請を断ったからだ。安保条約があるから平和が守られたのではなく、安保条約が十全の発動ができなかったから平和が守られたのである。

アメリカは冷戦期、NATO、CENTOなど多国間軍事同盟とともに二国間軍事同盟条約網を精力的に締結した結果、安保条約類似の二国間条約は、日本以外に韓国でもフィリピンでも存在したが、日本以外の国々では、ベトナム戦争のように、集団的自衛権を理由にアメリカの戦争に加担し戦争に巻き込まれた経験をもつ。戦後アジアでは、アメリカの戦争に基地提供や経済的協力を含め加担をしたにもかかわらず、日本だけが直接軍を派兵して戦争に参加することを免れたのである。

寺島や柳澤は冷戦期には、安保条約、日米同盟は対ソ抑止力として有効であったと論ずるが、筆者はきわめて疑問である。いったいどこが有効であったのか、証明はされていない。孫崎は、冷戦期も含めて、安保と米軍駐留は徹頭徹尾アメリカの世界戦略のためであって、核の傘も含めて、日本の安全には効果はなかったと論じているが、こちらのほうが説得的である。

冷戦後の安保条約・日米同盟

では、冷戦後の安保・日米同盟はどうであろうか。この点では、孫崎のみならず、寺島、柳澤も、〝冷戦後は、経済のグローバル化のもとで米中の戦争の可能性はなくなり、抑止力の必要はなくなり、日米同盟の相対化が可能だ〟と論ずる。「リベラル」派のいうように、経済のグローバル化がただちに米中の戦争の可能性をなくしたり米中二極支配になったりする単純な事態をもたらさないことは先に指摘した。しかし、もし論者のいうように、冷戦後は抑止力の必要性がなくなったというのであれば、柳澤らの日米同盟存続論は、彼ら自身の主張からいっても矛盾するものとなる。

近年、安倍政権は、中国の軍事大国化、北朝鮮のミサイル開発などの動きをとらえその脅威に対抗するためには日米同盟の「深化」が必要だと主張しており、それに同意する世論も強い。しかし、中国の「脅威」については序章で指摘したとおりである。たしかに、冷戦後においても新たな戦争や軍事的対決の危険性はあるし、中国の大国主義・覇権主義も否定できない。問題は、こうした世界の対決激化、アメリカの覇権主義的行動、中国の軍事大国化・覇権の追求を、日米同盟強化で抑えることはできるのかという点である。安倍政権の追求する日米同盟の強化、アメリカの戦争・介入への加担による抑止力強化の動きは、むしろ、中国の軍事大国化に口実を与え、軍事対立を激化する方向に進むしかなくなる。中国の軍事拡大を抑制するために日本がとるべき方法は、日米同盟の強化ではなく、平和国家としての旗幟を鮮明にしたうえで、アメリカ、中国、ロシアを含めて、紛争の武力によらない解決、軍備の縮小の機構を北東アジアレベルで確立することであり、そのイニシアティブをとる以外にない。

⑵ 安保条約の廃棄によるアジアと日本の平和保障への前進

そこで、ここでは、まず日本がめざすべき平和構想の基本骨格を明らかにしておこう。

安保と基地のない日本

第一は、安保条約の廃棄と米軍基地の撤去である。安保条約の廃棄は、六〇年の改定安保条約十条にもとづく、適法的な行為である。

「第十条（前略）もっとも、この条約が十年間効力を存続した後は、いずれの締約国も、他方の締約国に対しこの条約を終了させる意思を通告することができ、その場合には、この条約は、そのような通告が行なわれた後一年で終了する」。

これによって地位協定も付属の特別法もなくなり、沖縄の米軍基地の撤去は可能となる。沖縄の自主的平和的地域建設が可能となる。また横田、厚木、横須賀基地をはじめ本土の基地――寺島、孫崎が口をそろえていう、独立国にはあるまじき米軍基地はなくなる。

さらに、安保条約を廃棄することは、自衛隊が米軍の補完部隊である現状を改革する梃子となる。あとで検討するように、自衛隊の改革の第一段階は、自衛隊が、柳澤のいう「専守防衛力」になることだが、それは、安保廃棄により自衛隊と米軍との一体化した状態を抜本的に改革することからはじまるからだ。

北東アジア非核、平和保障機構の形成

安保条約を廃棄し、米軍基地を撤去することは、日本が、名実ともに、憲法九条の掲げる「武力によらない平和」を実現する大きな一歩になる。安保と米軍基地を容認しながら、アジア諸国に日本が平和国家であることを訴えても、完全な信頼は得られない。安保廃棄は、日本が中国の軍事主義に対して対抗軸となる最も強いメッセージであり、自主的平和外交を展開する大きな力となる。

しかし、安保を廃棄し、米軍基地を撤去して、中国や北朝鮮の「脅威」は大丈夫なのか、という疑問が生じる。近年の中国は、急速に軍事大国化し東シナ海、南シナ海でも自国領土を力で主張して紛争の多国間解決に積極的ではないからだ。したがって、安保廃棄、米軍の撤退は、中国の軍事大国化の抑制や北朝

鮮の核開発の停止、北東アジアの平和保障の制度構築と同時に実現しなければならない。この構築の過程は、あとで検討するように、戦争法廃止の連合政権の段階から精力的に進められねばならない。これぬきには安保条約の廃棄についての国民の合意を得ることはできないからだ。

まず確立しなければならないのは、アメリカ、ロシアを含めた北東アジアの非核と紛争の非軍事的解決を約束する条約の締結とそれを実行に移す平和保障機構の創設である。

この条約・機構においては以下のことが確認されねばならない。

第一は、紛争の非軍事的解決の原則の確認である。領土にかかわる、またその他の紛争についての北東アジアレベルの紛争解決機構の設置も必要である。

第二は、核の先制不使用原則の承認と、朝鮮半島、日本に対する核不使用保障である。

第三は、加盟国間での核運搬設備を含む核装備の削減と査察体制の整備の合意である。

この第二、第三に関する合意を実現する作業は、この対象に、アメリカ、ロシア、中国という核三大国が含まれているため、世界的レベルの核削減にも大きな影響を与えるが、同時に、「核兵器禁止条約」の締結など世界レベルの核兵器廃絶の動きと連動して行なわれねば実現できない。とくに、第二次大戦後その世界戦略の中心に核威嚇政策をすえてきたアメリカや、急速に覇権主義化を強めつつある中国、さらに核を含め軍事力に国策を依存しつつあるロシアにこれを受諾させるには強力な国際的な運動と力が不可欠である。

第四は、通常軍備の軍縮である。核装備のみでなく、通常軍備の軍縮についても日本がイニシアティブをとらねばならないし、さしあたり、自衛隊の装備は、憲法上の制約のため、他国とくらべると相対的に防衛的な性格に限定されているため、軍縮のイニシアティブをとる資格をもっている。同時に、日本にとっては、こうした軍縮を進めることが安保と自衛隊のない日本を実現・強化する不可欠の前提となる。

5 自衛隊をどうするか?

自衛隊については、安保条約の廃棄、アジア、世界レベルでの平和保障機構の創設、強化と相俟って、縮小・解散がはかられるべきである。

ところで、この自衛隊の改革については、第4章でもふれた平和基本法作成の主たるメンバーであった前田哲男が長年にわたり研究、発言してきた。[*52] 前田は基本的に安保条約、自衛隊存続論といえるので、筆者とは立場は異なるが、その改革論は筆者の第一段階改革の部分では参考になる。それから、第5章でも言及された憲法学者の水島朝穂は、早くから、違憲の自衛隊の「平和憲法的解編」を主張し具体化してきた。[*53] 水島のいう「解編」とは「憲法の平和主義にもとづく、『自衛隊の解散と、非軍事組織の新たな編成』」を意味する。この立場は、基本的に本書と同様であり、これも参考にした。

(1) 自衛隊の縮小・解散の二つの段階

自衛隊の縮小・解散は、安保条約の廃棄を前提に、国民の合意を得つつ行なうことになる。その過程は、北東アジアの平和保障との関連で、二つの段階で行なわれねばならない。第一段階は、安保条約を廃棄したのち自衛隊の最も大きな欠陥である対米従属性を断ち切り、政府が自衛隊の合憲の条件として掲げた「自衛のための必要最小限度の実力」、あるいは「リベラル」派のいう「専守防衛的」自衛隊を実現する過程である。この段階では依然として自衛隊の違憲性は残るが、この改革により、国民の多くが危惧する自衛隊の海外派兵、アメリカの戦争への加担の危険性をさしあたり防ぐことが可能となる。

続く第二段階において、北東アジアと世界レベルの軍縮、平和保障機構の形成と並行しつつ、国民の合意を得て、自衛隊を解散し、「憲法適合的でかつ有益な非軍事組織に転換する」[*54]。

いずれにせよ、自衛隊の縮小・解散の過程は、安保条約廃棄のそれよりさらに長期の事業となるであろう。水島がいうような「違憲でない状態に転換するための長い過程[*55]」が不可避である。

(2) 自衛隊の縮小・解散の第一段階――自衛隊の対米従属性打破、真の「専守防衛力」へ

第一段階の改革は、自衛隊を真に、柳澤をはじめ「リベラル」派のいう「専守防衛力」、政府の解釈による自衛隊の合憲の条件でいえば「自衛のための必要最小限度の実力」の水準にすることである。改革の

主要点は以下のとおりである。

自衛隊の対米従属性、米軍の補完部隊としての性格の打破　自衛隊を、文字どおりの「専守防衛」に引き戻す最大のポイントは、米軍を撤退させることを前提に、米軍への自衛隊の従属を断ち、米軍との兵器・作戦の緊密な連携や相互運用を切り離すことである。

米軍基地の撤去だけでなく、基地の共同使用さらには九〇年代以来精力的に進められた日米共同作戦体制の破棄が必要である。戦争法と一五年ガイドラインの廃止は、自衛隊の編成の自主化の第一歩となる。

真に「専守防衛」にするための自衛隊の装備、編成の改変　対米従属性の切断の過程と並行して、真の専守防衛軍に転換する改革がとられねばならない。

日米共同作戦体制づくりをめざして、自衛隊の改変の指針となってきた「国家安全保障戦略」「防衛計画の大綱」を破棄し、「平和構築戦略」「平和計画の大綱」を策定し、平和のためのイニシアティブ、専守防衛原則を打ち出す。自衛隊の海外任務を本務と位置づけた自衛隊法の再改正をはじめ関係法令を、自衛隊の「専守防衛」的性格に適合するように改正する。ミサイル防衛をはじめとしたアメリカの補完となるような装備の廃棄、正面装備の削減、自衛隊の組織・編成の改革を行なう。

北海道の基地をはじめとして、自衛隊基地、駐屯施設の縮小、廃止を行なう。

災害派遣をはじめ、憲法の平和主義から評価される活動、装備の充実　反面、自衛隊の諸活動のうち、国民の評価の対象となり、また憲法の平和主義の見地から評価される活動については、軍事的性格を取り除きつつ充実する。それに必要な非軍事的装備の充実をはかる。

(3) 自衛隊縮小・解散の第二段階

続く第二段階は、自衛隊を解散し、諸機能のうち平和主義に合致したものは諸官庁、民間に分散する段階である。第一段階から第二段階への移行はかなり長い過程と経験を積む必要がある。その詳細をいまから具体的に検討することはあまり現実的でもない。第二段階に入るにはいくつかの条件を成熟させることが不可欠である。その条件のうち、以下のものが重要であろう。

(a) 北東アジアレベルの軍縮、平和保障機構の成熟のみならず、アジアレベル、世界レベルでの軍縮と平和保障の前進。この条件の構築に日本が主導的役割を果たすことが不可欠である。

(b) 軍隊の廃止、九条の実現についての国民の確固たる支持が表明されることである。

(c) (b)の条件ともなるが、新たな福祉国家型の政治が前進し、国内的には、新自由主義改革を停止し、社会保障と地域の産業の再建が進んでいること、それと並行して、グローバル企業の活動に対する多国間の共同の規制が進展し、世界、アジアでの格差が縮小し、軍事的抗争に発展しかねないテロや紛争が減少していることである。

こうした条件を整備したうえで、自衛隊を解散する。大まかな輪郭のみ提示しておきたい。

①自衛隊の本隊として残った国土防衛的機能は、国境警備の警察的活動として海上保安庁と統合して国

土交通省に移管する。

②災害復旧的業務は、軍事的性格をぬきにして他の諸組織と統合し国際災害救援隊*56、国内緊急災害救援隊として再編成する。

いずれにせよ、こうした二段階の過程は、安保条約の廃棄とならんで、国民の強い合意と現実の国際的平和構築の推進と並行して行なわねばならないので、きわめて長期にわたる過程となるであろう。

6 多国籍企業の規制による経済構造の改革と市場規制

(1) 平和国家と福祉国家の連結

平和国家と多国籍企業経済の規制、改革の必要性

序章でも指摘したように、冷戦後の新しい戦争と紛争の泥沼化の大きな根源となっているのは、①多国籍企業の野放図な展開、②それを保障するため、グローバル競争大国が主導して多国籍企業の活動の自由を強制するルールづくり（WTOなど）、自由市場秩序の維持・拡大のための戦争や軍事力行使、③それにより地域や国家の統合を破壊された諸勢力の反発、武力行使、④さらには、こうした地域や国家の破壊を容認してきた地域の独裁政権に対する民衆の蜂起、⑤それに対する大国のさらなる介入、大国同士の対立、などにある。[*57] そうであるかぎり、世界の戦争と軍事的対峙の事態を克服するには狭義の平和保障の施策だけでは不可能である。それは日本が平和国家への道を歩むうえでも不可欠の条件、前提となる。

第一、日本が平和国家への道に踏み出すには、日本の対米従属下の軍事大国化、日米同盟強化を求めているアメリカに対決するだけでなく、それを支持している財界、日本の多国籍企業の活動に対しても、進出先の国や地域に「自由に」進出しその地域や国家の地場産業や経済、環境などを破壊するのを規制する措置をとらねばならない。多国籍企業の活動を規制することなくして、日米軍事同盟強化と日本の軍事大国化を求める衝動はなくならないからだ。

第二、しかも、こうした多国籍企業の活動は、進出先の国民経済を変質させ、従属的な構造に変えてしまう。世界の平和が基本的には、各国のバランスのとれた国民経済の再建により実現の基礎を得るという点からも、多国籍企業の規制は不可欠である。こうした各国国民経済の再建なくして、テロや紛争を根絶することはできないからだ。

第三、そのうえで、平和国家の形成のためには、多国籍企業本位の政治を転換し、新自由主義改革を停止し福祉国家型の経済構造を作り上げねばならない。日本経済の多国籍企業化が、日本の国民経済や社会にも深刻な打撃を与えているからである。大企業の相次ぐ海外進出によるいわゆる「空洞化」により、国内の中小企業は大きな打撃を受けているばかりでなく、多国籍企業は、その自由な活動のためにも、また、自らの競争力強化のためにも、新自由主義的改革による農業や都市自営業に対する保護の切り捨て、弱小産業や中小企業の淘汰などを迫ってきた。TPPはその最新の試みである。こうした新自由主義的改革に対抗して弱小産業や弱者が安心して暮らせる国民経済の再建が緊急課題となっており、この経済改革の課題は、安保のない日本をつくるための平和構想の不可分の一環をなしている。

中東諸国におけるテロの拡大、ISの横行、ヨーロッパ諸国でのテロ、アメリカの戦争の長期化にともなう矛盾の顕在化、さらにイギリスのEU離脱の国民投票などは、こうした改革の緊急性を示している。

平和国家と新たな福祉国家

以上の理由から、平和国家は、新たな福祉国家と不可分であり、新たな福祉国家の重要な環である。*58 旧い福祉国家は、列強帝国主義の時代、第二次世界大戦後の現代帝国主義の時代に戦争や冷戦と不可分で形成され展開した。その点では旧い福祉国家は「戦争国家」でもあった。しかし、世界を股にかけて活動する現代の多国籍企業は、一方で企業の活動を安定させるために戦争を支持すると同時に、企業の負担を増大させ、競争力を弱める福祉国家の政治に激しい攻撃をくわえ新自由主義改革を求めるようになった。したがって、そうした多国籍企業本位の政治の転換をめざす新たな福祉国家は、同時に平和国家をめざさねばならない。戦後日本の平和構想のなかでも、必ずしも十分とはいえないが、つねに平和構想と経済構想の連関が意識されてきたことは、第4章の検討で明らかにしてきた。

先駆的試みとしての都留重人の経済構造改革論

すでに、平和問題談話会のなかに平和構想と経済構造の改革を結合する視点はあったが、しかしこの段階では、全面講和と中立により経済の自立を達成する、具体的には日中貿易を実現する、という比較的単純な構想であった。この視点を発展させて、平和構想のなかに、日本の軍事化を生い立たせている経済構造の改革の必要性を主張したのは、都留重人であった。[*59] 都留は、安保を廃棄することにともなう直接の経済的影響の検討にとどまらず、より根本的な経済構造の改革、すなわち軍事支出を求める現代の資本主義経済の構造そのものの改革の必要性を主張した。都留は現代経済の構造を変えないと安保体制の最終的な克服はできないと主張したのである。

都留が「軍事化なくして経済繁栄を続けうるような日本経済のしくみ」として提起したのは、独占価格の国民的監視機関の設置、金融機関に対する管理による利子率の低下、経済の二重構造の打破、国民福祉を優先する経済政策など、一言でいえば、独占体の規制による「福祉国家」型経済への転換であった。現代の大国化が多国籍企業の要請にもとづいて生じている現状では、こうした都留の視点を大幅に拡充・発展させ、経済構造の転換を行なうことが、日本の平和構想には不可欠の措置となる。

(2) 新たな福祉国家による新自由主義改革の停止と多国籍企業規制

新自由主義改革の停止と福祉国家の建設

多国籍企業の規制による経済構造の改革の骨格は、次の諸点である。

第一は、現在推進されている新自由主義的改革、「規制緩和」を根本的に再検討し、多国籍企業の要望する国際分業の見地から切り捨てられる農業や地場産業など弱小産業の保護と育成をはかることである。また同じく新自由主義的改革で改変された雇用、医療をはじめとした社会保障制度、教育制度などについては拡充する。そのために財政も抜本的に福祉国家型に転換しなければならない。その詳細は、福祉国家構想研究会の研究を参照[*60]してもらうことにして、ここでは省略する。

これらの改革によって、他国を侵害しない相対的に自立した国民経済を再建しなければならない。こうした国民経済再建と新福祉国家をめざす運動の焦点の一つは、基地経済の克服をめざして構想を具体化している沖縄である。沖縄は軍事大国化を阻止する運動でも、また新たな国民経済を形成する運動でも、二重の意味で焦点となると思われる。

多国籍企業の活動規制と自由市場ルールの見直し

第二は、多国籍企業の進出先の活動に対して環境や労働条件、他国の国民経済への影響などの見地から規制を行なうことである。この規制は、全世界的に展開している多国籍企業の規制であることから、一国だけで行なうのは、効果の点でも多大の困難をともなう。そこで、こうした改革は少なくとも先進諸国、とりわけEU諸国との連携により同時に行なわなければならない。そのため、新自由主義的改革と多国籍企業に対する「社会運動の高度な国際連帯」と「福祉国家連合」*61の結成が不可欠となる。

7 安保廃棄へ至る道

安保条約の廃棄、米軍基地の撤去は、戦後日本がほぼ全期間そのもとにあったアメリカへの従属を断ち切るというだけでなく、アメリカの世界戦略、アジア・太平洋地域における前進展開戦略にとって致命的ともいえる大きな痛手となるから、アメリカの強い反発と干渉を受けることは必定である。アメリカの介入、干渉に対して、強い決意で安保条約を廃棄する道をとる国民的団結がなければ、この実現は覚束ない。いずれにしても長い道のりを要する国民的大事業である。

そこで本節では、ここで示したアジアと日本の平和を実現する道筋、それへの接近の道筋を検討したい。安保のない日本づくりの第一歩は、保守政権のもとで進められ安倍政権によって強行された日米同盟強化、アメリカの戦争への加担、憲法破壊の策動を阻む闘いからはじまる。

(1) 戦争法廃止の連合政府

国民的事業となる戦争法廃止

総がかり行動実行委員会という共同を中心とした戦争法反対の運動は安保闘争以来の高揚をもたらし、安倍政権に大きな打撃を与えると同時に、運動に大きな確信を与えた。戦争法反対運動はその闘いのなかから、戦争法を廃止するための共同の組織を生み出し、この共同は、民進、共産、社民、生活四党の選挙共闘にまで発展した。戦争法反対から廃止への共同の発展の直接のきっかけは、二〇一五年九月一九日戦争法の強行採決の当日に、共産党から提起された戦争法廃止の国民連合政府構想であった。この連合政府構想自体は一致をみなかったが、戦争法反対の共同は、戦争法廃止、立憲主義を取り戻すという点での共同に発展をみたのである。戦争法を廃止して日米同盟と自衛隊を以前の状態に戻すだけでも、廃止で一致した勢力による連合政府の樹立は必要不可欠である。同時に、この政府ができれば、それは日本を平和の方向に転轍する大きな梃子となるであろう。

連合政府の必要性――戦争法廃止自体が大事業　たしかに、戦争法を廃止するには、理論上は、連合政府ができなくとも可能である。戦争法の廃止を主張する政党政派が、衆参両院の選挙で勝利して多数を獲得すれば、戦争法廃止の連合政府でなくとも、たとえば民進党政権のもとでもできる。廃止法を可決すればすむからである。

しかし、戦争法の廃止とは、冷戦後の九〇年代にアメリカ主導で進められてきた日米同盟強化の流れを止め逆転させる、かつてない事業である。平和運動、憲法運動によって、九〇年代以降に保守政権が進めてきた日米同盟強化―自衛隊の戦争加担の体制づくりを大きく遅らせることはできたが、周辺事態法にせよ、テロ対策特措法、イラク特措法にせよ、運動がその制定を阻めたことはなく、その結果、着実に自衛隊の海外派遣体制は進行しつづけてきた。戦争法は、こうした自衛隊の海外での活動に対する制約の最終的打破を求めて登場したものであるだけに、戦争法を廃止することができれば、この動きにはじめてストップをかけることができるからである。

戦争法は第2章で検討したように、冷戦後、アメリカの戦争への自衛隊の全面的加担体制づくりの一応の完成をめざすものであった。その体制は、一五年ガイドラインというかたちで日米により合意されたものである。すでに、戦争法の制定をふまえて、日米間では、この一五年ガイドラインにそった日米軍事同盟体制の再編が進行している。

戦争法廃止は、国会で戦争法の二つの法律を廃止すればできるが、これは一五年ガイドラインの事実上の破棄に等しい事態をまねくことになる。そのため、戦争法廃止と同時に政府は、日米協議を行ない、アメリカ側に方針の転換を通知し、いままで進行した共同作戦体制の見直しを提起しなければならない。これは、日米同盟の事実上の再検討にほかならない。それだけに、戦争法廃止勢力が国会で多数を占める「危険」が現実化するならば、アメリカはあらゆるかたちでこうした政治勢力の多数化を阻み、またそれら勢力の切り崩しを行なうことは必定である。また、アメリカと協力して一五年ガイドラインの実行に踏み出している自公政府、外務省、防衛省も全力をあげてその阻止に動くであろう。

そうした策動を防いで戦争法の廃止に踏み切るには、戦争法廃止を掲げるすべての政党が連合して政権を握り、とくに、外務省、防衛省を掌握して、その抵抗を押し切って実行することが不可欠である。政府に共同で参画することで、アメリカとの機敏なやりとりも可能となる。戦争法廃止に大きな抵抗がある場合には、あらためて信を国民に問うことも必要となるかもしれない。いずれにせよ強力な政権でなければ、内外の抵抗を押し切ってこれを実行することは不可能である。

連合政府を実現するうえでの課題　しかし、戦争法廃止の共同から戦争法廃止をめざす連合政府の樹立へと進むには、大きな課題がある。

まず、戦争法を廃止してどんなかたちで日本の安全を守るかについては、まだ共同の勢力内では一致をみていないため、この点での合意をつくることが不可欠である。戦争法廃止の共同の内部には、戦争法の廃止から安保廃棄に進むことを主張する共産党から日米同盟は維持するがその強化は認めないという立場に立ってその廃止を求める民進党まで、大きな幅がある。後者は、戦争法は廃止するが、戦争法が推し進めた施策のうち国連ＰＫＯにおける自衛隊の協力業務の拡大、そのための武器使用の拡大や周辺事態法の拡充による在外邦人の待避にさいしての米軍支援、米軍への後方支援業務の拡大、さらには尖閣諸島の紛争への自衛隊の出動を迅速化する改革などは充実させると主張している。現に二〇一六年通常国会には、戦争法関連二法の廃止法案とともに、民進党は、領域警備法案、周辺事態法等改正案、国連ＰＫＯ協力法改正案を提出している。したがって、共同の勢力内では戦争法にたどり着いた、これまでの日米同盟の攻撃的強化の一連の動き――すなわち、自衛隊の海外派兵、武力行使の体制を推し進めてきた周辺事態法、有事法制などの再検討に踏み込む合意はない。また辺野古新基地建設に対しては、新基地建設の中止、普天間基地撤去では一致しているが、それをいかにして実現するかについては合意をみていない。戦争法、沖縄基地に関しては、以上のような点での政策的合意が不可欠となる。

こうした合意をつくることは容易ではないが、条件はある。戦争法廃止の合意が成立した背後には、自衛隊が海外でアメリカの戦争に加担して戦争することはさせない、辺野古に基地はつくらせない、普天間をはじめ沖縄の基地は何とかしたいという切実な要望に応えようという共通の意欲があるからだ。

そうした条件をふまえて、連合政権づくりの合意は、以下の諸点で、行なうべきではないか。

①自衛隊の海外での戦争加担、武力行使はしない。後方支援の名目でも周辺事態法による現状を拡大しない。国連ＰＫＯは現状維持、海外での貢献は非軍事分野で行なう。この原則にもとづき、自衛隊と安保の運用の現状を広く点検する。

②安倍政権による憲法改正に反対する。憲法九条の改正、それと一体となって戦争する国づくりに不可欠の緊急権規定条項の創設には反対する。

③紛争を武力で解決しない、武力によらない紛争解決ルールづくりのイニシアティブを発揮する、紛争

の軍事化に資するような自衛隊の軍事能力、権限拡大はしない。

④沖縄については、辺野古新基地建設は撤回、普天間基地は撤去、それに必要な日米地位協定の見直しをめざす。6・19県民大会で掲げられた海兵隊の撤退、沖縄基地の廃止に向けて、地位協定をはじめとする法制の見直しを開始する。

⑤共同の場では、共産党は、周辺事態法や有事法制の見直し、さらに安保条約の廃棄・再検討、自衛隊の縮小・解散は求めない。他方、民進党は、領域警備法制定、周辺事態法やPKO協力法の改正は求めない。また辺野古については、基地建設阻止に同意する。

戦争法廃止の連合政府の課題　戦争法廃止の連合政府は、現在の「市民連合」や野党共闘の政策などを前提にすると、戦争法の廃止、辺野古新基地建設反対を一致点とした過渡的な政権となる。

海外で戦争する体制の転換　連合政府の第一の課題は、戦争法の廃止と戦争法制定にともなって進んでいる共同作戦体制をもとに戻すことである。これはすでに指摘したように、廃止と並行して、すでに進められている日米共同司令部の見直し、さらに戦争法の実行のための自衛隊の編成、装備の変更をもとに戻すことを不可避とする。そのためには、日本側の措置だけをとっても、自衛隊の海外侵攻軍化を推進することを決定した二〇一三年防衛計画の大綱の見直しが不可避である。

それと同時に、新政権は、戦争法を生み出すもととなった一五年ガイドラインの見直し協議をアメリカ側に対して求めなければならない。新政権が戦争法を廃止すれば、当然日米協議は不可避となる。

そのうえで、新政権は、先の合意にもとづき、日米同盟と自衛隊のあり方につき、以下の諸点で広範な見直しと点検を行なう必要がある。

①思いやり予算の縮小・廃止が検討されねばならない。

②また、安倍政権によって戦争する国づくりの一環として強行された特定秘密保護法は廃止を検討する。海外での戦争・武力行使を前提にした国家安全保障会議（ＮＳＣ）―国家安全保障局も、廃止を含めた見直しをすべきである。

③九〇年代以降、自衛隊の海外での活動を行なうためにつくられた周辺事態法、有事法制の廃止を含めた見直しを行なう。

辺野古と沖縄基地解決へ向けて――日米地位協定の改定　連合政府の第二の課題は、辺野古新基地建設の中止と普天間問題解決である。辺野古については、連合政府は、辺野古新基地建設工事の中断を行ない、沖縄県側との協議のもとで事態の根本的決着のための作業にただちに入らねばならない。

まず辺野古新基地については、普天間基地の辺野古移転という合意の見直しを求めて日米協議を要求しなければならない。鳩山政権の試みからいえば、アメリカ政府が容易に応じないことは明らかだ。

基地の廃止については、日米地位協定二五条にもとづく日米合同委員会があるが、とうていここでは決着がつかないので、より高次の政府レベルの交渉が不可避である。沖縄県民の多くは、普天間基地の存続にも強く反対しているから、辺野古と普天間は一体で解決をはからねばならない。

これは、沖縄の地域的な、一つの基地の移転という問題ではなく、安保条約にもとづいて沖縄に居座る米軍基地そのものの存立を問うという意味で日米同盟の根幹にかかわる問題である。翁長知事が繰り返し強調するように、沖縄の基地は、住民の意思に逆らって米軍が「銃剣とブルドーザー」で建設を強行し、それを沖縄返還時に安保条約下の基地として追認したものである。したがって、沖縄の基地撤去は沖縄県ではなく日本政府が解決する責任をもっている。

しかし、辺野古にくわえて普天間の撤去となれば、日米安保体制の根幹を揺るがす問題となるので、アメリカ政府は容易に協議に応ずることはない。

ところで、沖縄返還時に、沖縄の基地を包括的に安保体制のもとに組み込めたのは、安保条約六条が日本の安全のみならず「極東における国際の平和と安全の維持」のためなら地域を問わず基地の設置と米軍の活動を保障したこと、それを受けて、地位協定二条が、これまた地域を指定せず、基地設定を容認したことによっている。これらの条項による米軍の包括的な基地設定権を前提とするかぎり、アメリカ政府は、自国の戦略上の理由を盾にとれば、日本側からの基地の廃止要求を一蹴することができるのである。

ではどうするのか。戦争法廃止の連合政府は、先にみたとおり安保条約の扱いについての合意を前提にしておらず、その多数は安保条約と日米同盟に賛成する立場であろうから、安保体制の存在そのものを問うことはできない。しかし、ドイツにおけるNATO地位協定の補足協定の経験などをふまえれば、地位協定の根本的見直しは提起できるし、またそこに踏み込まねば辺野古—普天間基地の解決はできない。

すでに、一九九五年の米軍人による少女暴行事件などを直接の契機にして、当時の大田昌秀沖縄県知事から村山首相に提出された「地位協定の見直しに関する要請」では、米軍基地見直しのための地位協定二条の改正が謳われていた。また、続いて、稲嶺恵一知事時代の沖縄も、「日米地位協定の見直しに関する要望」を政府や駐日アメリカ大使らに提出した。さらに、民主党も、二〇〇九年のマニフェストで、「日米地位協定の改定を提起し、米軍再編や在日米軍基地のあり方についても見直しの方向で臨む」という方針を打ち出していた。地位協定問題にふれてこなかった翁長知事も、一六年の米軍属による女性殺害事件を受けて地位協定の抜本改定に言及した。

そこで、これらのうち、大田知事時代の「要請」が基地の廃止を含む抜本的な地位協定の改正論であるので、これを参考に、連合政府段階においてなすべき地位協定改定を検討しよう。

安保条約と地位協定における全土基地方式　あらためて確認しておこう。いわゆる全土基地方式を定めている安保条約六条とそれを受けた地位協定二条とは、以下のようなものである。

「第六条　日本国の安全に寄与し、並びに極東における国際の平和及び安全の維持に寄与するため、アメリカ合衆国は、その陸軍、空軍及び海軍が日本国において施設及び区域を使用することを許される。」

「第二条（施設・区域の提供と返還）

1 (a) 合衆国は、相互協力及び安全保障条約第六条の規定に基づき、日本国内の施設及び区域の使用を許される。個々の施設及び区域に関する協定は、第二十五条に定める合同委員会を通じて両政府が締結しなければならない。『施設及び区域』には、当該施設及び区域の運営に必要な現存の設備、備品及び定着物を含む。

(b)合衆国が日本国とアメリカ合衆国との間の安全保障条約第三条に基く行政協定の終了の時に使用している施設及び区域は、両政府が(a)の規定に従って合意した施設及び区域とみなす。」

続いて、第二項はこう規定して両政府の協議による返還を可能としているかにみえる。

「2　日本国政府及び合衆国政府は、いずれか一方の要請があるときは、前記の取極を再検討しなければならず、また、前記の施設及び区域を日本国に返還すべきこと又は新たに施設及び区域を提供することを合意することができる。」

しかし、先に指摘したように、個々の基地の使用の基準は、「極東における国際の平和と安全の維持」という包括的なものであるから、アメリカ側が応ずる可能性はきわめて低い。

地位協定二条の改定による基地返還要求の明記　そこで、一九九五年に沖縄県が提出した「要請」は、以下のような改正案を提起している。

「地位協定第二条を見直し、日本国政府は、施設・区域の所在する都道府県や市町村から意見を聴取し、施設・区域の存在が、当該自治体の振興開発等に悪影響を及ぼしているばあいは、米国政府に対し、その返還を要請し、米国政府は、その要請に応じなければならない旨を明記する[*62]」というものである。

この「要請」は、日本政府が地方自治体の意見聴取をふまえ、基地が「振興開発等に悪影響を及ぼす」と認定した場合、返還を求め、米国政府はそれに応ずる義務があるとするものである。

普天間基地をはじめとした沖縄や本土基地の見直しを行なう基準として、この「振興開発等」はやや狭い。それに対し二〇〇〇年の稲嶺知事時代の要望[*63]は、県からの要望に対して日米両政府が「検討」し「意向の尊重」を行なうにとどまるもので、九五年要請よりは弱いが、反面、見直しの基準については、「住民生活の安全確保及び福祉の向上のため」と、より広く設定されていた。それをふまえ、連合政府の地位協定改定案では、基地の存在が「当該自治体の住民生活の安全確保あるいは生活に重大な悪影響を及ぼしている場合」という基準のもとで、日本政府が基地返還請求できるようにすべきである。

また、連合政府は、基地返還のほかにも最低限、以下の諸点で協定改定を提起し実現すべきである。

一つは、協定第三条を改定して、地域住民に大きな影響をもたらす騒音や環境保護については国内法にしたがうこと、またそれに関連して関係自治体の基地内への立ち入りを認めることである。

二つ目は、協定一七条の刑事手続き規定の改正である。とくに、九五年の少女暴行事件で問題となった、被疑者の拘禁をいかなる場合でも、日本側ができるよう明記すること。

三つ目は、米軍人軍属等による犯罪被害の補償について日米両政府が責任を負うことである。

四つ目は、協定二五条の日米合同委員会の手続きにおいて、関係自治体の意向聴取さらに合意事項の公表義務なども不可欠である。

また連合政府は、地位協定一七条の刑事裁判権、一八条の民事賠償権、また米軍による「民間の港湾・空港の利用権」、四条における返還時の原状回復義務免除、などの見直しも早急にはじめなければならない。こうした改定、とりわけ、協定二条の改定にアメリカ政府が応じるには、日米両国政府の間で日米同盟と米軍の存在についての再検討が不可欠であり、安保条約を認めるもとでも米軍の日本全土への制限なき展開についての歯止めと改善の合意が確保されねばならない。

本来、こうした見直しは、冷戦後に日米間で包括的に行なわれるべきであった。とくに村山政権下の九五年、沖縄で少女暴行事件が起こったときがこうした地位協定の包括的な見直しの機会であったと思われる。だが、村山政権は何も動かず、次の橋本政権では逆に安保条約、日米同盟の拡大が合意され、地位協定改定には踏み込まず普天間返還も米軍の機能を損なわないかぎりで行なうとされた。

連合政府は、地位協定の見直しにより、安保条約のもとでも普天間基地撤去をはじめとした基地問題解決へ前進しなければならない。

憲法堅持と九条外交

連合政府がとりくむべき第三の課題は、憲法擁護の原則を打ち出し、日本外交の原則として、諸外国にあらためて憲法九条の堅持とこれを日本外交の方針とすることを宣言することである。戦争法廃止の共同においては、「安倍改憲に反対」という合意はあるが、憲法改正そのものへの反対という合意はない。しかし、安倍改憲の中心が憲法九条の改変、自衛軍の設置と自衛権の明記にあることは明らかであるかぎり、九条の改変には反対するという点での合意は可能ではないか。

それをふまえ、連合政府は、むしろ九条にもとづく外交の第一歩を踏み出すことが求められる。現在の北東アジアの現状、すなわち中国が軍事大国化を強め、北朝鮮が核実験を繰り返している現状では、日米同盟を解消し、安保条約を廃棄して、米軍基地を撤去するという道は、たとえ、望ましい理想と認められても、とうてい現実的対案として国民の合意を得ることはできない。安保条約の廃棄の成否は、この外交により北東アジアの平和を現実的に構築できるか否かにかかっているといってもよい。

侵略戦争の責任と謝罪　連合政府の外交の第一は、歴史問題にはっきりと決着をつけることである。まず、歴代政府があいまいにしてきた日本による植民地支配と侵略戦争を含め、日本の行動について、国民的議論を起こし、あらためてアジア諸国に対する謝罪と被害者に対する個人賠償の検討を開始しなければならない。

北東アジアにおける軍事的緊張の緩和と非核・平和保障機構づくり　連合政府の外交の第二としてとりくむべき課題は、北東アジアの緊張緩和と平和保障の制度づくりである。そのために、日本は、憲法九条が謳う「武力によらない平和」の理念を自国の外交原則とすることを宣言し、それにもとづく既存の外交政策の根本的転換を行なう。

1　まず日本は、北東アジアに対し、あらためて非核三原則を宣明し、とりわけアメリカに対して第三原則の実行の確約を求める。武器輸出を禁止した武器輸出三原則を復活させ、国連安保理の常任理事国五カ国をはじめ、武器輸出大国にこの実行を働きかける。

2 北朝鮮に対しては、従来政府がとってきた北朝鮮に対する威嚇政策を再検討し、拉致問題の解決と日朝平壌宣言の履行をあらためて宣言する。

3 中国に対しては、歴史問題での原則と九条の原則を宣言したうえで、中国の覇権主義を是正し緊張緩和を促進する措置を強力に推進する。すぐあとで述べるように六カ国協議を再開しその機構の強化を推進するとともに、中国政府のとっている南シナ海、東シナ海における覇権主義的態度を改めるよう、紛争の非軍事的解決、領土紛争の北東アジアレベルの機構による解決方式を二国間協議で推進する。

4 北朝鮮の核問題の解決をめざしてつくられた六カ国協議を再開、拡充し、これを北東アジアの非核と紛争解決の機構に強化することを提案すべきである。いままで日本は、六カ国協議において、唯一の被爆国であり、また九条をもっているにもかかわらず積極的なイニシアティブはまったく発揮してこなかった。連合政府は、この六カ国協議の再開、強化のイニシアティブを発揮しなければならない。北朝鮮の核開発の抑止の問題をより包括的な北東アジアの非核構想のなかで検討解決することを提案する。北東アジアで、朝鮮半島と日本を非核武装地域として、六カ国が合意することで北朝鮮に核開発放棄を認めさせる。

5　先に指摘した、北東アジアにおける、核の先制不使用協定、核軍備の削減、査察の協定締結のイニシアティブを連合政府段階からはじめなければならない。また「核兵器禁止条約」の締結など国連が主導する核兵器の禁止・廃絶に関するとりくみと連携することが不可欠である。

6　さらに進めて、紛争の軍事的解決の禁止を協定すべきである。このさいには、ASEANでつくられた「行動規範」を参考にして、ASEANに先んじて、より実効性のある北東アジア版の「行動規範」の策定を日本がイニシアティブをとって行なうことが求められる。

国連外交　連合政府がとりくむべき外交の第三は、国連を舞台にした平和・軍縮外交の展開である。先にあげた核廃絶も、国連のレベルでの核大国に対する要求、圧力がなければ実効的にはならない。

また、政府は、ASEANとの連携にも積極的なイニシアティブを発揮し、アジア・太平洋地域の領土・領海問題の多国間での解決の仕組みづくりにとりくむことが求められる。

また、WTOなどでも、連合政府は、各国の農業や地場産業を保護し各国が国民経済を再建する余裕をもてるような改革のイニシアティブをとる。

(2) 安保廃棄への国民的合意づくりと安保廃棄の連合政府

戦争法廃止の連合政府のもとでの政治を経験するなかで、日本とアジアの実効性のある平和構築を前進させ、そのさらなる強化のために、安保条約廃棄、安保体制の打破に向かわねばならない。戦争法廃止の政府を、その経験と合意をふまえて安保廃棄をめざす連合政府に発展させねばならない。

安保廃棄の国民的合意

安保条約をめぐる国民意識　そのためには、戦争法廃止の政府の経験を積むなかで安保条約廃棄の国民的合意を獲得する必要がある。

現代日本においては、安保条約が日本の安全保障に役に立っていると考える国民は、八割を超えている。六〇年安保条約改定をめぐる攻防の直後の一九六三年には、安保条約が日本に役立っていると考える人は三七・三%、役立っていないと答えた人は、一六・一%であった。[*64] その後七〇年代に入ると、安保が役に立っていると答える人は六〇%台にのぼり、冷戦終焉後になると、一時、その回答はやや減少したが、その後連続的に上がり、二〇〇〇年代に入ってからは役に立つと答えた人が七〇%台となり、一二年からは八〇%代に入り、一五年一月には八二・九%と過去最高にのぼっている。

また日本の安全を、安保条約と自衛隊の組み合わせで守ると答える人は、二〇一五年調査では、八四・六%にのぼり、それに対して、安保を廃棄して自衛隊だけで守る自主防衛論は六・六%、安保廃棄、自衛隊の縮小廃止で守ると答えた人はなんと二・六%にとどまった。[*65]

一九六九年には、安保＋自衛隊で守るという回答は四〇・九%、自主防衛は一二・九%に対し、安保廃棄も九・六%であった。安保廃棄の構想が最も増えたのは、七二年調査で、一五・五%にのぼった。ところが、一九七五年から安保＋自衛隊でという回答は五割台に、七八年からは六割台に、さらに二〇〇〇年からは七割台に、一二年からは八割台にのぼり、いまや、日本の安全は、安保条約と自衛隊で、と考える人が圧倒的多数になっている。

こうした安保条約に対する支持の増加は、近年の日本をめぐる安保環境が「厳しく」なり、「日本が戦争に巻き込まれる危険性」が高くなったという認識が広範な国民に普及した結果でもある。二〇一五年調査[*66]では、日本が戦争に巻き込まれる危険があると答えた人は七五・五％にのぼっており、かなりの部分は、その要因を中国の軍事大国化を中心とする「国際情勢の緊張、対立の増大」に求めている。これに対して、日本が戦争に巻き込まれる危険はないと答えた人は一九・八％と、二割を割っている。

しかし、ここで注目されるのは、危険がない理由を問う質問に対し「安保条約があるから」と答える人は、最も多く四七・九％を占めるのに対し、「戦争放棄の憲法があるから」と答える人も四三・一％と拮抗していることである。もともと冷戦期においては、日本が戦争に巻き込まれる心配はないと答えた人のなかで、安保があるからと答えた人は、憲法があるからと答えた人を下回っていた。たとえば、一九八八年には、安保があるからと答えた人は二九％だったのに対し、憲法があるからと答えた人は四〇・三％にのぼっていた。この比率は、九七年にひっくり返るが、現在なお、安保とならんで憲法が日本の戦争巻き込まれを防いでいると答える人がいることは注目される。同時に、日本が戦争に巻き込まれない理由として自衛隊があるからと答えた人は、安保、憲法とくらべて一貫してきわめてわずかであることも注目される。

安保廃棄への合意形成　こうした安保条約に対する意識をみると、国民の多くは、安保条約による米軍の存在と憲法のもとでの自衛隊の海外での戦争の禁止によって日本の平和が守られてきたと考えていると推測できる。そして、安保に対する期待と依存の高まりは、日本をめぐる「脅威」の増大に比例していると考えられる。

実際には、安保条約による米軍のプレゼンスが日本の平和を支えたわけではなく、むしろ安保条約と米軍の存在はつねに、とりわけ冷戦終焉後には、アメリカの戦争への加担圧力を強めたにもかかわらず、安保条約への期待感が高いことは注目される。

こうした国民意識を変えるには、先に検討したように、戦争法廃止の連合政府が、その外交により、アジアにおける平和保障の体制を構築することにより、国民が、武力によらない平和保障の有効性についての確信を強める以外にない。戦後自民党政権のもとでは、政府は、アジアと世界の平和のために独自のイニシアティブを発揮したことは一度もなかった。それが、国民のなかでの安保依存意識を維持した大きな要因となったと思われる。

アジアレベルの平和秩序の推進と自衛隊の縮小・解散

安保条約廃棄による基地撤去とアジアレベルの平和保障体制の強化を実現するなかではじめて、日本は自衛隊の縮小・解散の方向の合意を獲得し、名実ともに憲法による平和保障の体制に進むことができる。

現代日本の国民意識においては、自衛隊を容認する意識はきわめて強い。自衛隊に対してよい印象をもっている人は、二〇一五年調査では、九二・二％にのぼるのである。[*67] こうした自衛隊に対する好印象は、一九六〇年代から、いくつかの時点の例外――安保廃棄の運動が強まった七二年にはよい印象は五八％、冷戦終焉後の九一年には六七・五％――を除けば、ほぼ一貫して漸増しつづけてきた。

しかし、この中味については、二つの点を指摘しておく必要がある。

一つは、自衛隊に対する好感は、自衛隊の増強や軍事大国を求める意識ではなかったことである。総理府（内閣府）は一貫して自衛隊の増強の可否を質問してきたが、冷戦時からほぼ一貫して、自衛隊については、「今の程度」が四割から六割を占めてきた。それに対して、増強論と縮小論は、時々で変化してきたが、冷戦終焉の九一年には、増強論は七・七％だったのに対し縮小論は二〇％にのぼったのである。その後、ジグザグはありながら、近年にかけて、増強論が増加し、縮小論が減少している。その結果、二〇一五年には、増強二九・九％に達し、逆に縮小論は四・六％と、冷戦終焉以降最低を記録している。近年の増強論は明らかに、中国に対する脅威論と並行しているのである。

二つ目に指摘しておきたいのは、国民の自衛隊に対する親近感や支持は、自衛隊の災害派遣における活躍によるものが大きいという点である。自衛隊の存在する目的を問う質問に対し、なんと八一・九％が災害派遣と答え、「国の安全の確保」の七四・三％を上回っていること、この傾向は冷戦時以来一貫していることがこれを如実に示している。しかも、今後自衛隊に力を入れてもらいたい領域については、災害派遣が七二・三%と、国の安全の六九・九%を上回っていることである。また自衛隊の災害派遣活動に対しては、じつに九八%が積極、消極の支持を与えていることも自衛隊に対する国民の期待の所在を示している。

こうした国民意識は、安保条約を廃棄して、アジアと日本の平和の体制が革新される段階では、自衛隊を、災害派遣と非武装の国際的な支援活動に専念する組織へと国民的合意を得つつ改組することを展望できる。

8 戦争法廃止から安保のない日本へ

以上、検討したことからの結論は、現在のような軍事的対決の激化する時代において、アジアと日本の平和を実現するには、憲法の「武力によらない平和」の理念を実現する道をおいてないということである。しかも憲法を実現する道は決して日本一国だけでは開けない。憲法の構想を世界的秩序として具体化する努力によってのみそれが可能であるということである。

この道はきわめて理想主義的にみえるが、決してそうではない。日本国民は一貫して憲法改正に「NO」をいいつづけることによって、九条を核とする憲法の理念をわがものとしてきた。九条の非戦の思想は、不十分ながら海外での武力行使をしないという原則として維持されてきた。安倍政権は、戦争法によって、この原則を覆そうとしているが、それに反対する戦争法反対運動が未曾有の高揚をもたらし、戦争法廃止の連合の展望を示している。この戦争法廃止の連合こそ、安保のない日本を追求するうえで唯一の道である。

私たちは、戦争法反対運動が切り拓いた、この展望を手がかりに、安保のない日本への道を切り開いていかねばならない。

◉注

＊1 奥平康弘『憲法を生きる』日本評論社、二〇〇七年、一八四頁。
＊2 二つの潮流について、新崎盛暉「戦後日本における沖縄の位置」孫崎享ほか編『終わらない〈占領〉──対米自立と日米安保見直しを提言する!』法律文化社、二〇一三年、五〇頁。
＊3 さしあたり、新崎盛暉『日本にとって沖縄とは何か』岩波新書、二〇一六年。
＊4 翁長雄志『戦う民意』角川書店、二〇一六年。
＊5 柳澤協二・伊波洋一『対論　普天間基地はなくせる──日米安保の賛成・反対を超えて』かもがわブックレット、二〇一二年。
＊6 『読売新聞』二〇一五年一一月一〇日付。
＊7 NHK、二〇一五年一一月九日放送。
＊8 『京都新聞』二〇一五年一一月三〇日付。
＊9 孫崎享『日米同盟の正体──迷走する安全保障』講談社新書、二〇〇九年、二三二頁。
＊10 孫崎享「日米関係の実相」前掲、孫崎ほか編『終わらない〈占領〉』一五頁。

＊11　孫崎享／マーチン・ファクラー『崖っぷち国家日本の決断』日本文芸社、二〇一五年、一〇〇頁。
＊12　前掲、孫崎『日米同盟の正体』三頁以下。
＊13　前掲、孫崎「日米関係の実相」一一頁。
＊14　孫崎享『不愉快な現実——中国の大国化、米国の戦略転換』講談社新書、二〇一二年、四〜五頁。
＊15　同前、第九章。
＊16　前掲、孫崎『日米同盟の正体』二五〇頁。
＊17　前掲、孫崎『不愉快な現実』二三九、二四七頁。
＊18　同前、二六三頁。
＊19　同前、二六四頁。
＊20　前掲、孫崎／ファクラー『崖っぷち国家日本の決断』二一三頁。
＊21　寺島実郎『われら戦後世代の「坂の上の雲」——ある団塊人の思考の軌跡』ＰＨＰ新書、二〇〇七年、一五一頁。
＊22　寺島実郎・柳澤協二「日米同盟を相対化する道筋」柳澤編『脱・同盟時代——総理官邸でイラクの自衛隊を統括した男の自省と対話』かもがわ出版、二〇一一年、二三頁。
＊23　同前、三六頁。
＊24　同前、二七頁。
＊25　柳澤協二「現代に生きる専守防衛」自衛隊を活かす会編著『新・自衛隊論』集英社新書、二〇一五年、二七頁。
＊26　同前、二四頁。
＊27　同前、三四頁。
＊28　同前、二六頁。
＊29　同前、三一頁。
＊30　同前、二八頁。

＊31　同前、三二九頁。
＊32　同前、三二～三三頁。
＊33　同前、三二一頁。
＊34　同前、三三頁。
＊35　前掲、寺島・柳澤「日米同盟を相対化する道筋」一四頁。
＊36　同前、二六頁。
＊37　寺島実郎「日米同盟を見直し、日米戦略対話を」朝日新聞取材班ほか編『沖縄と本土――いま、立ち止まって考える辺野古移設・日米安保・民主主義』朝日新聞出版、二〇一五年、三五頁。
＊38　前掲、柳澤「現代に生きる専守防衛」二八頁。
＊39　波多野澄雄『歴史としての安保条約――機密外交記録が明かす「密約」の虚実』岩波書店、二〇一〇年、一五二頁以下。
＊40　前掲、孫崎『崖っぷち国家日本の決断』二一三頁。
＊41　同前、一二七頁。
＊42　前掲、寺島「日米同盟を見直し、日米戦略対話を」三七頁。
＊43　前掲、柳澤・伊波『対論　普天間基地はなくせる』二七頁。
＊44　この点詳しくは、渡辺治『日本国憲法「改正」史』日本評論社、一九八七年、五〇六頁以下、参照。
＊45　久保卓也「日米安保条約を見直す」『国防』一九七二年六月号、二一頁。
＊46　同前、二一頁。
＊47　久保卓也「防衛白書あとがき――私見」『国防』一九七六年八月号、二五頁。
＊48　同前、二五頁。
＊49　前掲、柳澤「現代に生きる専守防衛」二八～二九頁。
＊50　不破哲三『スターリン秘史――巨悪の成立と展開６　戦後の世界で』新日本出版社、二〇一六年。

＊51　不破哲三『スターリンと大国主義』新日本新書、一九八二年、金成浩「冷戦期ソ連外交における安全保障観と国境」『ロシア史研究』二〇一五年。
＊52　前田哲男「合憲的自衛力への三条件」『世界』一九九一年八月号ほか。
＊53　水島朝穂「自衛隊の平和憲法的解編構想」深瀬忠一ほか編『恒久世界平和のために――日本国憲法からの提言』勁草書房、一九九八年、同「平和政策への視座転換」深瀬忠一ほか編著『平和憲法の確保と新生』北海道大学出版会、二〇〇八年など。
＊54　前掲、水島「自衛隊の平和憲法的解編構想」六〇二頁。
＊55　前掲、水島「平和政策への視座転換」二八七頁。
＊56　前掲、水島「自衛隊の平和憲法的解編構想」では、「国際災害救援隊」構想が自衛隊廃止後の主要組織として提言されている。同、六〇二頁以下、参照。
＊57　この点についての文献は多岐にのぼるため列記しないが、さしあたり以下。総論的には、渡辺治「アメリカ帝国の自由市場形成と現代の戦争」、浅井基文「アメリカの覇権主義とグローバル戦略の展開」、以上いずれも、渡辺治・後藤道夫編『講座戦争と現代1　「新しい戦争」の時代と日本』大月書店、二〇〇三年、参照。最新のものでは、長沢栄治・栗田禎子編『中東と日本の指針――「安保法制」がもたらすもの』大月書店、二〇一六年。
＊58　この点、後藤道夫「新福祉国家論序説」渡辺・後藤道夫編『講座現代日本4　日本社会の対抗と構想』大月書店、一九九七年、二宮厚美「新福祉国家建設と平和構想」渡辺治・和田進編『講座戦争と現代5　平和秩序形成の課題』大月書店、二〇〇四年、参照。
＊59　都留重人「安保体制に代るもの」『世界』一九五九年一一月号。
＊60　福祉国家構想研究会の以下を参照。医療・社会保障の福祉国家型への転換については、二宮厚美・福祉国家構想研究会編『誰でも安心できる医療保障へ――皆保険50年目の岐路』大月書店、二〇一一年、福祉国家と基本法研究会・井上英夫・後藤道夫・渡辺治編『新たな福祉国家を展望する――社会保障基本法・社会保障憲章の提言』旬報社、二〇一一年。教

育については、世取山洋介・福祉国家構想研究会編『公教育の無償性を実現する——教育財政法の再構築』大月書店、二〇一二年。雇用については、後藤道夫・布川日佐史・福祉国家構想研究会編『失業・半失業者が暮らせる制度の構築——雇用崩壊からの脱却』大月書店、二〇一三年。財政の転換については、二宮厚美・福祉国家構想研究会編『福祉国家型財政への転換——危機を打開する真の道筋』大月書店、二〇一三年。

＊61 前掲、後藤「新福祉国家論序説」四七一頁。

＊62 「地位協定見直し要望書」一九九五年一一月四日、本間浩『在日米軍地位協定』日本評論社、一九九六年、三九三頁以下。

＊63 「日米地位協定の見直しに関する要望」「要請事項の内容及び説明（日米地位協定）」二〇〇〇年八月二九・三〇日。

＊64 総理府「防衛問題に関する世論調査」一九六三年六月。

＊65 政権府大臣官房政府広報室「自衛隊・防衛問題に関する世論調査」二〇一五年一月。

＊66 同前。

＊67 同前。

（渡辺　治）

執筆者

和田　進（わだ　すすむ）　1948年生まれ　神戸大学名誉教授

小沢　隆一（おざわ　りゅういち）　1959年生まれ　東京慈恵会医科大学教授

三宅裕一郎（みやけ　ゆういちろう）　1972年生まれ　日本福祉大学教授

清水　雅彦（しみず　まさひこ）　1966年生まれ　日本体育大学教授

梶原　渉（かじはら　わたる）　1986年生まれ　原水爆禁止日本協議会事務局

編者
渡辺　治（わたなべ　おさむ）1947年生まれ
一橋大学名誉教授
主な著書：『日本国憲法「改正」史』（日本評論社，1987年），『〈大国〉への執念　安倍政権と日本の危機』（共著，大月書店，2014年），『現代史の中の安倍政権』（かもがわ出版，2016年）ほか。

福祉国家構想研究会
新たな福祉国家型の社会再建をめざして，現代日本の状況を批判的に分析し，対抗構想を提起する。医療・教育・雇用・税制・財政・政治などの諸領域における研究者と実践家，約80名からなる研究会。代表：岡田知弘（京都大学教授）・後藤道夫（都留文科大学名誉教授）・二宮厚美（神戸大学名誉教授）・渡辺治（一橋大学名誉教授）。

DTP　編集工房一生社
装幀　臼井弘志

新福祉国家構想⑤
日米安保と戦争法に代わる選択肢――憲法を実現する平和の構想

2016年10月13日　第1刷発行　　定価はカバーに
2018年5月1日　第4刷発行　　表示してあります

編　者　渡　辺　　治
　　　　福祉国家構想研究会
発行者　中　川　　進

〒113-0033 東京都文京区本郷2-27-16
発行所　株式会社　大　月　書　店　　印刷　三晃印刷
　　　　　　　　　　　　　　　　　　製本　中永製本

電話（代表）03-3813-4651　FAX 03-3813-4656　振替 00130-7-16387
http://www.otsukishoten.co.jp/

ISBN978-4-272-36075-8　C0336　Printed in Japan

誰でも安心できる医療保障へ
皆保険50年目の岐路
二宮厚美・福祉国家構想研究会編　四六判二四〇頁　本体一九〇〇円

公教育の無償性を実現する
教育財政法の再構築
世取山洋介・福祉国家構想研究会編　四六判五二〇頁　本体二九〇〇円

失業・半失業者が暮らせる制度の構築
雇用崩壊からの脱却
後藤道夫・布川日佐史・福祉国家構想研究会編　四六判二八〇頁　本体二二〇〇円

福祉国家型財政への転換
危機を打開する真の道筋
二宮厚美・福祉国家構想研究会編　四六判三二〇頁　本体二四〇〇円

大月書店刊
価格税別